恩格斯现代性批判思想研究

许　良　著

上海财经大学出版社

图书在版编目(CIP)数据

恩格斯现代性批判思想研究/许良著．一上海：上海财经大学出版社，2016.12

ISBN 978-7-5642-2600-8/F·2600

Ⅰ.①恩… Ⅱ.①许… Ⅲ.①恩格斯著作研究 Ⅳ.①A811

中国版本图书馆 CIP 数据核字(2016)第 274994 号

□ 责任编辑 李嘉毅
□ 封面设计 杨雪婷

ENGESI XIANDAIXING PIPAN SIXIANG YANJIU

恩格斯现代性批判思想研究

许 良 著

上海财经大学出版社出版发行
(上海市中山北一路 369 号 邮编 200083)
网 址：http://www.sufep.com
电子邮箱：webmaster @ sufep.com
全国新华书店经销
上海华教印务有限公司印刷装订
2016 年 12 月第 1 版 2016 年 12 月第 1 次印刷

700mm×960mm 1/16 14 印张 233 千字
定价：43.00 元

前 言

马克思、恩格斯生活于科学技术与资本主义蓬勃发展、资本主义现代性快速推进的时代，对当时种种不合理的社会现实有着深刻的体认和洞察，而历史唯物主义的创立和发展就是马克思、恩格斯对资本主义现代性的批判过程。

就马克思恩格斯现代性批判思想研究而言，近年来已取得了可喜的进展，但国内学者更多关注马克思的现代性批判思想，对恩格斯现代性批判思想的研究则处于附属地位，常常采用“一体化”的观点，即采取“马克思恩格斯××思想”的叙事模式，将马克思和恩格斯两个人的哲学思想视为一个整体不加以区别，这实际上是对恩格斯现代性批判思想的忽视。事实上，与马克思一样，尽管恩格斯没有直接使用过“现代性”这一概念，但这并不等于他没有关于现代性批判的思想和立场。事实上，与西方思想家主要从观念、文化、价值等单一维度来理解现代性不同，恩格斯把现代性理解为包含资本、政治、经济、文化、科学、技术等多方面内容的“总体性” 存在 ，并致力于对资本主义现代性的总体性批判。

在国外，恩格斯的现代性批判思想正受到许多学者的关注。例如，亨利(1991)认为，恩格斯对资本批判做出了重要贡献；托尼·克利夫(2001)认为，恩格斯比马克思更早地开始了资本和现代性的批判；等等。美国著名批判理论家、媒体文化理论家和“左派”学者道格拉斯·凯尔纳从对“现代性”分析的角度考察了青年马克思与恩格斯的关系。他认为，尽管以前的理论家也对现代社会和古代社会做了区分，但实际上是马克思和恩格斯最先对现代性做了严格而全面的历史分析。在这个过程中，又是恩格斯先于马克思对现代和前现代社会的区别进行了深入的分析批判。

本书在深入研究国内外相关文献的基础上，通过现代性批判的开局——走向历史唯物主义的“另一条道路”、技术——物质生产劳动的核心与灵魂、实践论科学观、历史的自然与自然的历史、科学技术与社会、科学技术与资本——恩格斯现代性批判的双重维度、科学技术与人类解放七章内容，系统阐述了恩格斯的现代性批判思想，突破了对恩格斯哲学思想研究的已有格局，对于全面深入地把握经典马克思主义理论体系具有积极意义。

许　良

2016年11月

目　录

导　论

随着经济全球化的快速推进，现代性的浪潮有力地冲击着全球的每一个角落。现代性在推动世界经济、科学技术等快速发展的同时，也引发了全球性生态危机、社会冲突等各种问题，激起了广泛思考和深入研究。何谓现代性？现代性所导致种种弊端的根源何在？为此，人们纷纷回到马克思恩格斯的经典，寻找超越资本主义现代性、走出当代社会危机的灵感与思想指南，这正是国内外积极进行的马克思恩格斯现代性批判思想研究的重要动因。因为当代世界仍是资本所主导的世界，这与马克思恩格斯的时代并未发生本质性的变化。

何谓现代性？现代性有什么本质特征？这是一个看似简单却尚未达成共识的概念。

韦伯把现代社会与理性化联系起来，把理性看作现代性的根本特征和现代西方社会的基石，把资本主义看作现代性的开端。

卡林内斯库在《现代性的五副面孔》中认为，西方“现代性”的概念源自现代与古代的区分。“现代”这一概念指的是任何与“现在”有着密切关联的事物。卡林内斯库认为，“现代”概念表示的是一种时间观念，这种时间观念是线性不可逆的，是连续性的。由此，人们往往将西方历史划分为古代、中世纪和现代三个部分：“古典时代和灿烂的光明联系在一起，中世纪成为浑如长夜、湮没无闻的‘黑暗时代’，现代则被想象为从黑暗中脱身而出的时代，一个觉醒与‘复兴、预示着光明未来的时代’。”[①]如他所言，现代是一种不同于过去的时代，具有不同于以往的全新的时代

① ［美］卡林内斯库：《现代性的五副面孔》，商务印书馆2002年版，第18页。

意识。那么,这种"全新的时代意识"的核心又是什么呢?

在哈贝马斯看来,作为一项"未完成的事业",现代性对近代以来人类的发展曾发挥了积极作用,只是在发展过程中,其被工具理性所利用,在物质利益的驱使下发生了异化,陷入危机的"泥潭"。面对现代性所带来的种种困境,人们不应该选择逃避,而是要正视问题。他基于对现代性的深入批判,在揭示启蒙现代性内在困境的基础上指出,现代社会各种病症的根源并不在"理性"自身,各种问题都是人为的、后天形成的。因此,他主张用以"主体间性"为中心的交往理性来代替以"主体"为中心的实体理性,其理论为人类反思和走出现代性危机提供了重要启示。秉持执着与彻底的批判精神,我们不禁追问:造成"现代社会各种病症的根源的人为性动因何在?

安东尼・吉登斯从资本主义、工业主义、监控和军事暴力四个维度展开其现代性批判。他认为:"现代性指社会生活和组织模式,大约 17 世纪出现在欧洲,并且在后来的岁月里,程度不同地在世界范围内产生影响。"①"在其最简单的形式中,现代性是现代社会或工业社会的缩略语"。现代性用全新的社会状态使得人类与旧的社会秩序相分离,这具有重要而深刻的变革意义。"在外延方面,它们确立了跨越全球的社会联系方式;在内涵方面,它们正在改变我们日常生活中最熟悉和最带个人色彩的领域。"②现代性意味着人类全新的存在状态,无论是生活方式还是工作方式都具备了全新的视野,而资本主义不过是现代性所呈现的经济形态。

马歇尔・伯曼将现代性看作人类现代生活的一种体验和经验。他认为:"今天,全世界的男女们都共享着一种重要的经验——一种关于时间和空间、自我和他人、生活的各种可能和危险的经验。我将把这种经验称作'现代性'。"③伯曼从感性、直观的角度来理解现代性,将其视为"大漩涡"。现代性允许人们去改变自己和世界,同时又威胁并摧毁着人类所拥有的一切。现代社会处于不断变化之中,人类有能力适应社会的不断变化,这正是建设真正意义上的现代社会的希望所在。

---

① [英]安东尼・吉登斯:《现代性的后果》,译林出版社 2000 年版,第 1 页。

② [英]安东尼・吉登斯:《现代性的后果》,译林出版社 2000 年版,第 4 页。

③ [美]马歇尔・伯曼:《一切坚固的东西都烟消云散了》,商务印书馆 2003 年版,第 15 页。

利奥塔认为:“资本主义是现代性的名称之一。”[①]詹姆逊则从文艺批判的视角展开其对资本主义现代性的批判。

以上综述表明,对“现代性”内涵的阐释往往具有复杂的哲学、社会学、心理学等多方面的意蕴,因而难以对其做出确切的定义和解释。从社会、经济和政治的视角看,现代性涉及现代的市场经济制度、民主政治体系等;从精神、文化和心理层面来说,现代性承载着理性、主体性原则,自由、民主、进步、控制观念,以及平等、博爱等现代社会的精神主旨和价值理念。

马克思、恩格斯生活于科学技术与资本主义蓬勃发展、资本主义现代性快速推进的时代,对当时种种不合理的社会现实有着深刻的体认和洞察。尽管他们没有直接使用“现代性”这一概念,但并不等于他们没有关于现代性批判的思想和立场。与多数西方思想家主要从观念、文化、价值等单一维度来理解现代性不同,马克思、恩格斯把现代性理解为包含资本、政治、经济、文化等多方面内容的“总体性”存在,并致力于对资本主义现代性的总体性批判。他们不是在编年史的意义上使用“现代”这一时间概念,而是从社会形态学意义上理解“现代”的含义。在恩格斯的大量著作中,虽然没有直接使用“现代性”“现代化”“技术哲学”等概念,但“技术”“工业”“手工业”“工场手工业”“现代大工业”“资本主义大工业”“资本”“资本家”“资本关系”“资本竞争”“资本主义”“资本和劳动”“资本主义生产方式”“资本主义生产和资本生产过程”“资本主义占有方式”“生产力的资本属性”“现代工业”“现代大工业”“现代经济学”“现代生产力”“现代生产资料”“现代资本”“现代资产阶级”“现代国家”“现代社会”“现代社会制度”“现代资本主义生产”“现代资本主义生产方式”等概念被频繁使用。他依据生产力和生产方式的变化,把 19 世纪称为“现代”,其主要含义是指“现代生产方式”,即资本主义生产方式。

在《反杜林论》的“社会主义”编中,恩格斯对空想社会主义理论家的观点做了深刻剖析,对大工业的资本主义应用所导致的不可调和的社会基本矛盾做了透彻分析。在他看来,现代社会突出的特征一方面体现为巨大的生产力的创造,另一方面体现为现代大工业的出现,由此大大改变了社会生产方式和整个社会的面貌。这种现代资本主义生产方式带

① [法]利奥塔:《后现代性与公正游戏——利奥塔访谈、书信录》,上海人民出版社 1997 年版,第 147 页。

来了巨大的社会变革，使“资产阶级在它的不到一百年的阶级统治中所创造的生产力，比过去一切世代创造的全部生产力还要多，还要大”①。正是通过对商品、技术、资本和不合理的资本主义制度的剖析与批判，恩格斯抓住了现代性的要害和根本——统率现代性诸多内涵的正是资本及其得以扩张的科学技术，由此对现代性理论提出了独特的、实质性的理解，完成了对资本主义现代性的深刻批判。因而马克思恩格斯的现代性批判总是体现为科学技术批判和资本批判，由此展示出透视资本主义现代性本质内涵的整体性和深刻性。

在马克思、恩格斯看来，资本主义生产方式的确立是传统走向现代的根本标志。现代性是在现代生产基础上资本运动的产物，是资本运动演绎的结果。而资本运动、资本增殖最有效的手段就是现代科学技术。资本是意志，科学技术是理性，后者作为工具理性服务于前者。因而，与马克思的现代性批判一样，恩格斯的现代性批判包含科学技术批判和资本批判两个基本维度，这也是近代科学技术与资本主义同步发展的历史事实。

在恩格斯生活的时代，资本主义快速发展，资本已渗入社会的各个方面，成为整个社会“特殊的以太”“普照的光”，资本的逻辑是主导性逻辑，决定着政治、法律、文化等方面的逻辑。“只有资本才创造出资产阶级社会，并创造出社会成员对自然界和社会联系本身的普遍占有。由此产生了资本的伟大文明作用。”②资本是构成现代性的基础，是标志现代性的基本原则和现代社会的本质范畴，现代性的“额头”上打着资本的烙印。资本被创造的过程就是现代性的形成过程，正是资本原则对存在的普遍抽象和全面贯穿形成了现代性的一系列特征。现代就是资本主义时代，现代文明就是资本主义文明。现代性批判就是揭示资本作为现代性原则的普遍贯穿及其内在限度。马克思、恩格斯在充分肯定资本主义进步性的同时，也深刻揭示了资本主义现代性的一系列消极后果。

“现代社会”是以现代大工业的出现为突出特征的，大机器生产引发的工业革命，开辟了世界历史发展的新时代，带来了社会生活方式、生产方式、政治及文化的全面变革。“英国工业的这一次革命化是现代英国

---

① 《马克思恩格斯选集》第1卷，人民出版社1995年版，第277页。

② 《马克思恩格斯文集》第8卷，人民出版社2009年版，第90页。

各种关系的基础，是整个社会的运动的动力。"[①]换言之，尽管"资本"在资本主义社会之前就已经存在，但现代科学技术赋予资本增殖的最有效模式，由此开启了人类现代化的历程。科学、技术或工业不仅是现代性及资本主义的基础，更是人的本质性的实践活动。

人类现代化的历史表明，现代性为理解科学和技术提供了基本背景和必要框架，科学与技术则是现代性发生与发展的根本特征与主导性力量。现代性世界就是一个技术化的世界，以"效率"思维为准则的技术理性对现代性进程具有决定性作用。没有汽车、火车、飞机、电话、手机、网络及信息技术，很难想象理性化、主体性、自由等现代性文化的核心观念。对此，荷兰特温特大学布里教授认为，如果脱离了现代性去理解现代技术，就像只有演员在舞台上而没有任何背景、服装和道具一样，很难获得好的效果。[②]

事实上，历史唯物主义的创立和发展就是马克思、恩格斯对资本主义现代性的批判过程。他们不是把现代性理解为启蒙运动所代表的精神原则、思维方式、文化风格等，从意识形态上把现代称为"理性的时代""启蒙的时代"等，而是用"资本主义时代"来指认现代，把现代同"资本"这一体现时代特征的本质性概念密切联系起来，通过对资本原则、资本辩证运动以及使其扩张得以快速实现的工具理性——"现代科学技术"的深刻批判，揭示了资本力量统治下"现代"的自然、经济、政治、文化、科学、技术等生产方式和生活方式的基本特征，指明了摆脱困境的现实出路，从而对"现代性"提供了独特的、实质性的和具有原则高度的理解与把握。因而，这种批判实际上就是对现代社会的历史唯物主义批判，具有存在论意义和总体性特质。

就马克思恩格斯现代性批判思想研究而言，近年来已取得了可喜的进展。在国内，胡大平《回到恩格斯：文本、理论和解读政治学》(2011)、朱传棨《恩格斯哲学思想研究论稿》(2012)、孙荣《恩格斯与马克思主义哲学》(2005)、余其铨《恩格斯哲学思想新探》(1992)等著作以专题的形式对恩格斯哲学思想的发展及其对马克思主义理论的重大理论贡献做了深入、系统的阐发，克服了与马克思"一体化"的传统研究模式，提出了

---

① 《马克思恩格斯选集》第1卷，人民出版社1995年版，第35页。

② Thomas J.Misa，Philip Brey and Andrew Feenberg Ed.*Modernity and Technology*.MIT Press，2003.p.34.

一些新的观点;刘戟锋《哲人与将军——恩格斯军事技术哲学思想研究》(1997)系统归纳并阐发了恩格斯的军事技术哲学思想和军事技术社会学思想以及军事技术进步与革命的关系、军事技术的军事功能及社会影响等。这些研究具有较高的学术价值,但并非从技术哲学、资本批判与现代性批判的新视域对恩格斯哲学思想所做的研究。在这些方面,国内已有的相关研究如下:在技术哲学方面,乔瑞金《马克思技术哲学思想论纲》(2002)、王伯鲁《马克思技术思想纲要》(2009)、牟焕森《马克思技术哲学思想的国际反响》(2003)、管锦绣《马克思技术哲学研究》(2015)等著作对马克思技术哲学思想做了深入研究,已有一系列相关论文发表。另有一批硕博论文对马克思恩格斯技术哲学、科技文化观、生态哲学思想做了较广泛的研究,而专门就恩格斯相关思想的研究相对较少。对马克思资本批判和现代性批判方面研究的著作有郗戈《从哲学革命到资本批判:马克思历史唯物主义基本范畴的当代阐释》(2012)、罗骞《马克思的现代性批判及其当代意义》(2007)、陈志刚《现代性批判及其对话:马克思与韦伯、福柯、哈贝马斯等思想的比较》(2012)等,相关学位论文和学术论文也较多,而专门对恩格斯资本批判和现代性批判思想进行研究的著作和学术论文较少,学位论文更少。总体而言,对恩格斯的相关研究往往处于附属的地位,许多论著常常采用"一体化"的观点,即采取"马克思恩格斯××思想"的叙事模式,将马克思和恩格斯的哲学思想视为一个整体,不加以区别,统归在马克思主义理论之下,但在内容上则主要侧重对马克思相关思想和著作的引证,或对马克思和恩格斯共同成果的引证,从而使对恩格斯的相关研究处于附属的地位和边缘化的状态。出现这种状况的部分原因在于马克思与恩格斯的大部分思想难以区分,但这并不意味着恩格斯没有自己相对独到的科学技术哲学思想、资本批判和现代性批判思想。

就国外而言,马克思的现代性批判思想受到了广泛关注和较深入的研究,而恩格斯的现代性批判思想却往往被忽略。对此,特雷尔·卡福曾评论道:"恩格斯被认为就是他应该成为的那种人,因此很少有人研究。即使有人仔细浏览他的著作,目的也经常是很好奇地试图说明马克思在多大程度上与它们一致。恩格斯本人对马克思的真知灼见的运用很少有人考察,因为恩格斯的思想几乎从来没有被当作独立的研究对象。"[①]某些西方马克思主义学者则提出了马克思与恩格斯观点不一致的"对立论"。他们认为恩格斯的哲学思想不仅与马克思的不一致,而且违背了马克思,甚至是反对马克思的,以至于在研究进程中将恩格斯的思想"剔除"。这种观点肆意歪曲、攻击恩格斯的学说,企图通过制造两者的对立来非难恩格斯,其实质在于动摇马克思主义哲学的理论根基。

与此同时,一批"马克思"学家,如卡弗、广松涉、琼斯、里格比、亨利、托尼·克利夫、道格拉斯·凯尔纳等对马克思与恩格斯思想发展的内在关系做了深入研究,得出许多富有启发性的观点,其中,恩格斯的科学技术批判、资本批判和现代性批判思想都受到了一定的关注。例如,亨利(1991)认为恩格斯对资本批判做出了重要贡献,托尼·克利夫(2001)认为恩格斯比马克思更早地开始了资本和现代性的批判。美国著名批判理论家、媒体文化理论家和"左派"学者道格拉斯·凯尔纳则从对"现代性"进行分析的角度考察了青年马克思与恩格斯的关系。他认为,尽管以前的理论家也对现代社会和古代社会做了区分,但实际上是马克思和恩格斯最先对现代性做了严格而全面的历史分析。在这个过程中,又是恩格斯先于马克思对现代和前现代社会的区别进行了深入的分析。"弗里德里希·恩格斯与卡尔·马克思是最早提出现代社会的系统观点并由此引出现代性批判话语的人之一,通过这种方式,他们开创了现代社会理论的问题式。在大多数经典社会理论的叙述中,通常只有马克思才被引作该问题式的主要创始人,而恩格斯则常常被忽略。马克思作为最早提出现代性理论和批判社会理论的人经常受到褒扬,正是这些理论把现代社会的兴起与资本主义的出现联系在了一起。然而,恩格斯比马克思更早关注到现代社会与前现代社会的差异,更早将目光集中在资本主义创立新社会的构成性作用上。正如我在这项研究中所表明的,19世纪30年代末到40年代,恩格斯在研究理论化现代社会的显著特征时发挥了重要的作用,他还启发马克思去了解资本主义在创建一个独一无二、全新的现代社会过程中所发挥的重要作用。因此,我认为分析现代社会的历史起源、新奇性及其与传统社会的断裂,恩格斯要早于马克思。因而,作为经典社会理论的创始人之一,恩格斯对马克思主义理论的发展

---

① Terrell Carver. *Friedrich Engels: His Life and Thought*. Macmillan Academic and Professional Ltd, 1989. p. xv.

做出了决定性的贡献，理应受到更多的赞誉。”[①]

然而，正如列宁所强调的：“要正确评价马克思的观点，无疑必须熟悉他最亲密的同志和合作者弗里德里希·恩格斯的著作。不研读恩格斯的全部著作，就不可能理解马克思主义，也不可能完整地阐述马克思主义。”[②]事实上，现代性批判同样是恩格斯哲学的主题。在其许多著作中，“技术”“工业”“机器”“资本”等概念被大量使用。例如，在《反杜林论》中，“资本”的概念就出现400多次（有相当的数量是出自对马克思《资本论》的引用）。恩格斯很早就在自己的著作中使用了“现代”意义层面上的概念和相关表述，如在《英国工人阶级状况》中出现28次，在《反杜林论》中出现124次，在《自然辩证法》中出现29次，在恩格斯与马克思合著的《共产党宣言》中出现36次等。

因而，在现代性批判视域下研究恩格斯的现代性批判思想，探讨、反思现代性问题，深刻认识恩格斯的现代性批判思想给予当代的重要启示，有助于重新审视恩格斯思想在马克思主义理论中的独特地位与重要贡献，有助于深刻把握当代社会的一系列问题。深入研究马克思恩格斯的合著及恩格斯的个人著作会发现，由于恩格斯对于科学技术史、科学哲学和技术哲学问题有着深入研究，因此，科学技术批判和资本批判两个密不可分的方面成为其现代性批判思想的核心。这是对近代科学技术和资本主义发展一体、同步的历史的深刻揭示。事实上，现代技术与现代资本主义是近代的“孪生子”，是同一个发展过程的不同方面，它们之间存在着密切的、历史的、动态的关联，两者互相融合、互相塑造、互为动力，共同促成了现代性的生成与发展。技术与资本的一体化是当代最具有世界历史意义的事件，以至于对所有重大的、根本的问题的探讨都必须把技术与资本的因素放在核心地位。因而，忽视技术、资本与现代性三者之间的内在关联，缺乏资本维度的科学技术哲学研究和忽视技术维度的资本研究都将导致研究的种种不足和片面性。换言之，只有在科学技术批判和资本批判的整体视域中，才可能达到对现代性的深刻把握，进而走出超越资本主义现代性的现实道路，这正是恩格斯现代性批判思想带给我们的理论价值和现实意义。

---

① ［美］道格拉斯·凯尔纳：《恩格斯、现代性与经典社会理论》，载《马克思主义研究》，2012年第8期。

② 《列宁专题文集 论马克思主义》，人民出版社2009年版，第50页。

第一章

现代性批判的开局

——走向历史唯物主义的“另一条道路”

1859年，马克思在《政治经济学批判》序言里回顾自己和恩格斯的合著《德意志意识形态》时曾指出：“自从弗里德里希·恩格斯批判经济学范畴的天才大纲(在《德法年鉴》上)发表以后，我同他不断通信交换意见，他从另一条道路(参看他的《英国工人阶级状况》)得出同我一样的结果。当1845年春他也住在布鲁塞尔时，我们决定共同钻研阐明我们的见解与德国哲学的意识形态的见解的对立，实际上是把我们从前的哲学信仰清算一下。这个心愿是以批判黑格尔以后的哲学的形式来实现的。”①这里的“另一条道路”是指与马克思最初通过黑格尔法哲学批判和科学抽象完成自己的世界观转变，从而走向唯物史观的不同道路，即在实际接触社会的过程中，通过对资本主义的批判完成的。用当代现象学的观点而论，这是“本质直观”的道路，是“面向事实本身”的态度和生活世界还原的思维方式，而非理论的态度，这正是历史唯物主义从尘世起源探究问题的根本原则，是马克思主义批判精神的最初展示。这里的直观绝非简单的感性经验，而是深入英国工人阶级实践生活与斗争的前沿，在与工人阶级融为一体的实践中亲身体验，直接而无中介地理解工人阶级本身，洞察人类历史和英国社会发展的本质，由此完全独立于马克思并在与马克思不同的领域里，对历史唯物主义的创立做出了重大贡献。

近代以来，科学技术对人类文明的进步所起的巨大作用是有目共睹的，然而，相应的负面作用也日益受到人们的关注。换言之，技术具有

① 《马克思恩格斯文集》第2卷，人民出版社2009年版，第592页。

正、负价值二重性。一方面，技术的应用有力地推动着社会生产力的发展、社会变革的发生；另一方面，与技术的发展相伴而生的一系列社会问题正日益困扰着人类。于是，技术对于人类究竟意味着什么？它将把人类带向天堂还是地狱？对此进行的深刻思考产生了表面对立的技术乐观主义和技术悲观主义思潮。这同样也是世界观尚未成熟的青年恩格斯所要面对和思考的问题，他由此而开展的以面向事实、本质直观为特征的技术批判与资本批判，为作为新哲学的历史唯物主义的创立奠定了重要基础。

恩格斯从人类最基本的实践活动——物质生产劳动为基础的“动词”思维方式出发，在生存论基础上以科学技术、资本为根本维度，对资本主义现代性进行了深刻批判，系统考察了科学技术和资本在推动现代文明发展方面的积极作用，深刻揭示了近代以来科学技术发展与资本主义产生和发展的内在一体性与互动机制。通过对以物质生产劳动为基础的人类历史发展的透彻分析、对科学技术的资本主义应用的深入研究，深刻揭示了资本主义现代性的种种悖论、资本与劳动的种种对立和矛盾，以及异化现象的历史根源，批判了资本主义私有制所导致的科学技术异化、人的异化给人类造成的消极影响，把批判的矛头指向资本主义私有制，揭示了自我异化的扬弃和自我异化走的是同一条道路的辩证历史过程，最后指出扬弃科学技术异化、超越资本主义现代性的现实道路在于从根本上消灭资本主义私有制，建立合理的社会制度。

历史唯物主义是马克思和恩格斯密切合作的光辉结晶，蕴含在他们绝大多数著作中的基本观点和思想都是他们深入探讨的结果与共同的精神财富，恩格斯是其当之无愧的创始人之一。与马克思从理论批判的方向走向历史唯物主义道路不同的是，恩格斯是基于对工人阶级生存状况和资本主义现实社会的深入考察与研究，对科学技术异化和资本的批判而走向历史唯物主义的。

第一节　19 世纪前期的工人运动

18 世纪后期，随着资本主义工业的发展，机器生产体系逐步取代手工工具，以机器为主的现代工厂制度日益取代以手工技能为主的手工作坊，由此导致大批手工业者破产，工人失业，引发在英国、法国、德国的一系列工人运动，为马克思主义的创立提供了重要的现实社会背景。

一、卢德运动

19世纪的英国被称为“世界工厂”，是第一个发生资产阶级革命和进行工业革命的国家。大机器的使用不但没有减轻工人的劳动，给工人带来劳动的欢乐和生活的幸福，反而使工人的生存状况日益恶化。面对严酷的经济环境与纺织厂的恶劣工作条件，当时工人把大机器视为贫困的根源，常以捣毁机器作为反对企业主、争取改善劳动条件的手段，发起自发的工人运动，以争取工作岗位、提高劳动待遇、改善劳动条件和生存条件为目标。相传其早期的首领为一个名叫卢德的工人，故以“卢德运动”而得名。1811年初，以诺丁汉郡为中心的一些纺织工人趁着夜色在工业城镇的郊区秘密聚集起来，焚烧机器、夜间突袭、捣毁商人的织袜机等反抗方式的工人运动形成高潮，此后，在约克郡、兰开夏郡相继爆发，但终被资产阶级所镇压。卢德运动是资本主义大工业初期，英国工人阶级抗议劳动异化而发起的自发运动，没有明确的指导思想与行动纲领，缺乏统一的组织。因为当时工人还没有认识到造成他们痛苦的真正原因，他们只知道一件事——机器有剥夺他们工作的危险，因而认定必须去捣毁机器。

二、法国里昂工人起义

19世纪上半叶，里昂已经成为法国丝织业中心。与大工业相伴而来的是丝织工人和手工业者惨遭剥削和压迫，生活极为困苦。1831年和1834年，法国里昂工人发动了反对资本主义剥削与压迫的两次武装起义，在法国的许多地区引起了强烈反响，有力推动了法国工人运动的发展。起义虽遭镇压，但它标志着法国无产阶级作为独立的政治力量开始登上历史舞台。

三、英国宪章运动

19世纪，英国工人阶级不仅经济上受到剥削，而且政治上也遭到极端歧视。19世纪40年代爆发的宪章运动就是工人阶级为争取生存权和政治权的一场声势浩大的工人运动。列宁认为，它是“世界上第一次广泛的、真正群众性的、政治性的无产阶级革命运动”。宪章运动标志着英国无产阶级开始作为一支独立的政治力量登上历史舞台，揭开了与资产阶级争夺政治权力的斗争的序幕。

四、德国西里西亚纺织工人起义

19 世纪前期，西里西亚是普鲁士的纺织业重镇。在资本主义大机器生产条件下，纺织工人深受剥削和压迫。1844 年 6 月以争取提高工资被拒绝为导火索，爆发了自发的纺织工人起义。尽管起义遭到镇压，但其有力地推动了工人运动的进一步发展，表明德国无产阶级作为独立的政治力量登上历史舞台。

19 世纪欧洲工人运动由自发到自觉的蓬勃发展，其经济要求和政治纲领逐步明确，日渐意识到种种罪恶的社会根源，标志着无产阶级已经作为一支独立的政治力量登上历史舞台，开始显示无产阶级的伟大历史作用。从捣毁机器的卢德运动到西里西亚纺织工人起义，是工人主体意识觉醒的证明。诚如恩格斯所说："如果说机器也给工人带来某种好处，那只是它向工人证明了社会必须改造，使机器不再为害于工人，而是造福于工人。"[①]与此同时，工人运动的不断发展也对革命的理论提出了迫切需要，从而为马克思恩格斯的现代性批判，并进而创立历史唯物主义学说提供了深厚的现实基础。对此，恩格斯在《社会主义从空想到科学的发展》中指出："自然观的这种变革只能随着研究工作提供相应的实证的认识材料而实现，而在这期间一些在历史观上引起决定性转变的历史事实却老早就发生了。1831 年在里昂发生了第一次工人起义；在 1838～1842 年，第一次全国性的工人运动，即英国宪章派的运动，达到了高潮。无产阶级和资产阶级之间的阶级斗争一方面随着大工业的发展，另一方面随着资产阶级新近取得的政治统治的发展，在欧洲最先进的国家的历史中升到了重要地位。事实日益令人信服地证明，资产阶级经济学关于资本和劳动的利益一致、关于自由竞争必将带来普遍和谐和人民的普遍福利的学说完全是撒谎。"[②]这表明唯物史观的创立是随着工业和技术的发展，随着无产阶级反对资产阶级的斗争的发展而成为历史和时代的产物。

第二节　历史唯物主义——马克思恩格斯合作的结晶

在马克思主义发展史上，马克思和恩格斯于 1844 年 8 月在巴黎再

---

① 《马克思恩格斯全集》第 2 卷，人民出版社 1957 年版，第 425 页。

② 《马克思恩格斯文集》第 9 卷，人民出版社 2009 年版，第 28 页。

次见面具有重要意义。此前，他们各自在《德法年鉴》等刊物发表了一系列论文，“在一切理论领域中都显出意见完全一致”。从此以后，作为志同道合的战友，他们开启了为创立历史唯物主义、为全人类的解放事业而共同奋斗的光辉历程。1845 年 2 月，为了彻底批判青年黑格尔派唯心主义的哲学基础，阐述自己初步形成的新观点，马克思、恩格斯合作发表了《神圣家族》一书。虽然该书主要是马克思完成的，恩格斯只写了一小部分，但其基本观点却是共同的。该书对青年黑格尔派及黑格尔思辨唯心主义进行了严厉批判，揭露了黑格尔思辨唯心主义的秘密，指出它不过是柏拉图主义的变种，其根本错误就在于颠倒了思维与存在的关系，片面夸大自我意识的作用，把自然界和社会看作自我意识的创造物。针对以布鲁诺·鲍威尔为代表的青年黑格尔派把人变成某种范畴、把历史看作自我意识发展过程的观点，马克思、恩格斯明确提出：“历史什么事情也没有做，它‘不拥有任何惊人的丰富性’，它‘没有进行任何战斗’！其实，正是人，现实的、活生生的人在创造这一切，拥有这一切并且进行战斗。并不是‘历史’把人当作手段来达到自己——仿佛历史是一个独具魅力的人——的目的。历史不过是追求着自己目的的人的活动而已。”①

恩格斯于 1885 年在《关于共产主义者同盟的历史》一文中回忆道：“我在曼彻斯特时异常清晰地观察到，迄今为止在历史著作中根本不起作用或者只起极小作用的经济事实，至少在现代世界中是一个决定性的历史力量；这些经济事实形成了产生现代阶级对立的基础；这些阶级对立，在它们因大工业而得到充分发展的国家里，因而特别是在英国，又是政党形成的基础，党派斗争的基础，因而也是全部政治史的基础。马克思不仅得出同样的看法，并且在《德法年鉴》(1844 年)里已经把这些看法概括成如下的意思：绝不是国家制约和决定市民社会，而是市民社会制约和决定国家，因而应该从经济关系及其发展中来解释政治及其历史，而不是相反。当我 1844 年夏天在巴黎拜访马克思时，我们在一切理论领域中都显出意见完全一致，从此就开始了我们共同的工作。1845 年春天当我们在布鲁塞尔再次会见时，马克思已经从上述基本原理出发大致完成了阐发他的唯物主义历史理论的工作，于是我们就着手在各个极为

---

① 《马克思恩格斯文集》第 1 卷，人民出版社 2009 年版，第 295 页。

不同的方面详细制定这种新形成的世界观了。"①

这里不仅明确指出了他们密切合作和共同奋斗的光辉历程的开始，同时指明：(1)马克思与恩格斯基本观点的一致性；(2)马克思与恩格斯为阐发共同的观点，在不同领域所进行的分工。这就不可避免地会出现两者的思想在根本观点一致的前提下，在具体的、个别的问题上存在差异性。

《国民经济学批判大纲》是青年恩格斯世界观形成和发展的里程碑，是恩格斯运用历史唯物主义观点分析、批判政治经济学问题的开始，为马克思主义哲学的创立奠定了基础。马克思称这一著作是经济学方面的内容丰富和具有独到见解的著作，是批判经济学范畴的"天才大纲"，其中表述了科学社会主义的某些一般原则。这一著作对当时正处于困惑中的马克思在知识视野、哲学倾向、政治立场、研究对象和研究范式等方面产生了重要影响，帮助他深入理解资本主义社会、无产阶级和共产主义，使他认识到必须从资本主义制度本身的矛盾性来批判这一制度。马克思在《1844 年经济学——哲学手稿》中认为《国民经济学大纲》是"内容丰富而有独创性的著作"。1859 年 1 月，马克思在《政治经济学批判》序言里回顾自己和恩格斯的合著——《德意志意识形态》时说："自从弗里德里希·恩格斯批判经济学范畴的天才大纲(在《德法年鉴》上)发表以后，我同他不断通信交换意见，他从另一条道路(参看他的《英国工人阶级状况》)得出同我一样的结果。当 1845 年春他也住在布鲁塞尔时，我们决定共同阐明我们的见解与德国哲学的意识形态的见解的对立，实际上是把我们从前的哲学信仰清算一下。这个心愿是以批判黑格尔以后的哲学的形式来实现的。"②马克思在《资本论》中多次引用《国民经济学大纲》中的许多论点，而且所遇到的许多问题都是与恩格斯通过书信和谈话来加以解决的。为此，马克思认为恩格斯的这部"重要的著作"的意义在《资本论》中做了充分的估计。可以说，马克思对恩格斯的《国民经济学批判大纲》和《英国工人阶级状况》等著作的赞扬、借鉴和引述贯穿于其一生的不同时期。正如马克思在 1864 年 7 月致恩格斯的信中所说："你知道，首先，我对一切事物的理解是迟缓的，其次，我总是踏着你

① 《马克思恩格斯文集》第 4 卷，人民出版社 2009 年版，第 232 页。

② 《马克思恩格斯文集》第 2 卷，人民出版社 2009 年版，第 592 页。

的脚印走。”[①]“没有你为我作的牺牲，我是绝不可能完成这三卷书的巨大工作的。我满怀感激的心情拥抱你！”[②]

《神圣家族》《德意志意识形态》和《共产党宣言》这三本合著是马克思、恩格斯在哲学上和政治上观点一致的卓越证明。尽管恩格斯所完成的不是著作的主要部分，但马克思和恩格斯都认为是他们共同完成的。即便是《资本论》等恩格斯没有署名的著作，也都是他们密切合作的光辉结晶。《资本论》第一卷即将出版时，马克思曾邀请恩格斯和他共同署名作为《资本论》第一卷德文第一版的作者，恩格斯没有同意，而这充分表明了马克思认为恩格斯是《资本论》当然的作者。就在1867年《资本论》第一卷德文第一版出版前后，马克思曾多次明确地向恩格斯表达了他的谢意。马克思在给恩格斯的信中说：“没有你，我永远不能完成这部著作。坦白地向你说，我的良心经常像被梦魔压着一样感到沉重，因为你的卓越才能主要是为了我才浪费在经商上面，才让它们荒废，而且还要分担我的一切琐碎的忧患。”[③]而马克思去世以后，对《资本论》第二卷和第三卷的出版，恩格斯同样付出极大的心血。这可以看作他们第三项重要的合作成果。

而马克思没有署名的《反杜林论》等著作也是他们共同探讨和研究的结晶。正如恩格斯在《反杜林论》序言中所说：“本书所阐述的世界观，绝大部分是由马克思所确立和阐发的，而只有极小的部分是属于我的，所以，我的这部著作如果没有他的同意就不会完成，这在我们相互之间是不言而喻的。在付印之前，我曾把全部原稿念给他听，而且经济学那一编的第十章(《〈批判史〉论述》)就是由马克思写的，只是由于外部的原因，我才不得不很遗憾地把它稍加缩短。在各种专业上互相帮助，这早就成了我们的习惯。”[④]马克思对《反杜林论》的重要意义也给予了很高的评价，他在把《反杜林论》寄给摩·考夫曼时指出：“这本书对于正确理解德国社会主义是很重要的。”[⑤]他还说：“真正有科学知识的人，都能够从恩格斯的正面阐述中汲取许多东西。”[⑥]这四项合作成果充分说明，马克

① 《马克思恩格斯全集》第30卷，人民出版社1974年版，第410页。
② 《马克思恩格斯全集》第31卷，人民出版社1972年版，第329页。
③ 《马克思恩格斯全集》第31卷，人民出版社1972年版，第301页。
④ 《马克思恩格斯全集》第20卷，人民出版社1971年版，第11页。
⑤ 《马克思恩格斯全集》第34卷，人民出版社1972年版，第322页。
⑥ 《马克思恩格斯全集》第34卷，人民出版社1972年版，第242页。

思和恩格斯是马克思主义的共同创立者，他们的名字将永远镌刻在马克思主义的丰碑上。

在《费尔巴哈论》的一个注中，恩格斯非常谦虚地指出马克思在创立新唯物主义（历史唯物主义或实践唯物主义）方面所起的决定性作用："我不能否认，我和马克思共同工作四十年，在这以前和此期间，我在一定程度上独立地参加了这一理论的创立，特别是对这一理论的阐发。但是，绝大部分基本指导思想（特别是在经济和历史领域内），尤其是对这些指导思想的最后的明确的表述，都是属于马克思的。我所提供的，至多除几个专门的领域外，马克思没有我也能很容易地做到。至于马克思所做到的，我却做不到。马克思比我们一切人都站得高些，看得远些，观察得多些和快些。马克思是天才，我们至多是能手。没有马克思，我们的理论远不会是现在这个样子。所以，这个理论用他的名字命名是公正的。"①

谈到他们的密切合作，马克思在《福格特先生》一文中曾明确地谈道："我们两人根据共同计划和事先取得的一致意见进行工作。"②恩格斯也曾指出："马克思和我，可以说是唯一把自觉的辩证法从德国唯心主义哲学中拯救出来并运用于唯物主义的自然观和历史观的唯一的人。"③1883年，在《共产党宣言》德文版序言中，恩格斯再次指出，历史唯物主义思想"在我看来这一思想对历史学必定会起到像达尔文学说对生物学所起的那样的作用，我们两人早在1845年前的几年中就已经逐渐接近了这个思想。当时我个人独自在这方面达到什么程度，我的《英国工人阶级状况》一书就是最好的说明。"④

这一事实本身就证明了他们对一系列重要问题的看法的基本一致性。因而，很难在马克思与恩格斯的哲学思想之间做出严格的区分，它们是水乳交融、不可分割的整体，但这绝不意味着没有区别。鉴于马克思和恩格斯的知识背景和研究分工的不同，他们对某些观点的阐释和理解上存在差异，但这种差异并不是本质性的。根据马克思和恩格斯在研究工作中分工合作的实际，马克思集中精力于经济学和历史领域的研

① 《马克思恩格斯全集》第21卷，人民出版社1965年版，第336页。
② 《马克思恩格斯全集》第19卷，人民出版社2006年版，第178页。
③ 《马克思恩格斯文集》第9卷，人民出版社2009年版，第13页。
④ 《马克思恩格斯文集》第2卷，人民出版社2009年版，第14页。

究。马克思自然观关注人类实践对自然界的影响,立足于从人与自然的对象性关系考察人与自然之间最基本的物质交换的社会条件,强调人与自然的协同共生、自然的人化和人的自然化之间的辩证统一。但马克思从未否定自然界事物发展的过程性、规律性和辩证性,否则就有悖于历史唯物主义的基本原则。在他看来,自然界的一切现象,不论是由人创造的,还是由物理学一般规律引起的,都不是真正的新创造,而只是物质的形态变化。“自然规律是根本不能取消的。在不同的历史条件下能够发生变化的,只是这些规律借以实现的形式。”[①]恩格斯关注工业(技术)、自然科学,他对物质生产、工业(技术)、科学与社会的相互作用进行了全面而深入的研究。他在《反杜林论》《自然辩证法》等一系列论著中,基于自然科学的最新成果,丰富和深刻了历史唯物主义。因而,在基本哲学观点相一致的前提下,他们在研究领域上的分工必然体现出在某些具体问题、具体观点上的差异。

因此,我们在强调马克思与恩格斯基本观点的根本一致性的同时,也要实事求是地看到由于分工的不同所导致的他们在某些具体观点上存在的差异性。只有这样,我们才能获得对马克思主义准确而全面的认识与把握,这才符合马克思主义的理论实际。

近年来,少数“西方马克思主义和马克思学”学者企图通过对马克思、恩格斯哲学文本的歪曲性理解,人为制造所谓“马克思恩格斯对立论”,极力贬低恩格斯的历史地位,进而达到否定马克思主义的目的。

西方马克思主义的创始人卢卡奇在《历史与阶级意识》中曾批评恩格斯把辩证法“应用”“推广”于自然界,认为恩格斯有悖于马克思的历史辩证法思想,恩格斯把实践理解为“实验和工业”是过于狭隘的等。当然,晚年卢卡奇对恩格斯自然辩证法的看法发生了根本性的转变。法兰克福学派的重要代表施密特也对恩格斯的“自然辩证法”等观点提出了尖锐批判。诺曼·莱文等西方马克思主义学者都曾提出马克思与恩格斯在自然观上的对立论观点,认为恩格斯把自然和历史对立起来成为两个互相分离的领域,从而背离了马克思的自然观。他们采取的是把具体观点上的差异性歪曲为根本性的矛盾,从而制造马克思与恩格斯之间的“对立论”。事实上,马克思与恩格斯之间有区别,但不是对立的。面对西方少数学者的这些错误观点,我们有必要全面、深入地研究恩格斯的

---

① 《马克思恩格斯文集》第10卷,人民出版社2009年版,第289页。

现代性批判思想，从而进一步丰富和深化对马克思主义的认识和理解，捍卫马克思主义的整体性与系统性。

在国内，与对马克思的深入研究相比，学界对恩格斯的研究往往处于附属的地位，缺乏对恩格斯技术哲学思想深入、系统的研究。但是，不认真研读恩格斯的著作就不可能全面、准确地了解和阐述马克思主义理论体系。对此，列宁曾指出："古老的传说中有各种非常动人的友谊故事。欧洲无产阶级可以说，它的科学是由这两位学者和战士创造的，他们的关系超过了古人关于人类友谊的一切最动人的传说。"[①]这是对这两位马克思主义共同创立者的人格的最高赞誉。这就决定了在很多方面我们不能够把马克思和恩格斯的思想人为地分割开来进行孤立的研究，这种做法会肢解马克思主义的完整体系。

马克思、恩格斯所创立的历史唯物主义的深刻根基就在于对资本主义有原则高度的批判，其中，"实践""物质生产劳动""生产力""生产关系""资本""工业""技术""阶级"都是密切联系的核心概念。进而言之，资本与现代科学技术是马克思、恩格斯现代性批判的两个核心所在。这就决定了在他们的理论中必然有着丰富而深刻的科学技术哲学思想以及关于科学技术与资本密切关联的秘密的深刻揭示。尽管马克思、恩格斯未曾使用过"科学哲学""技术哲学"这些概念，但在他们看来，实践、劳动、工业、技术往往是相通的，其中蕴涵着丰富而深刻的技术哲学思想。恩格斯也正是以技术性的劳动和劳动的人为研究核心，从劳动发展史中找到了理解全部社会史的钥匙，其中贯彻着鲜明的实践唯物主义观点，为当代技术、科学及人类发展过程中所遇到的一系列问题提供了科学的解答和指导。然而，由于恩格斯没有专门的技术哲学著作，甚至马克思、恩格斯都没有专门使用过"技术哲学"这一概念，这就需要我们对马克思、恩格斯的大量著作进行深入研究，从中探寻他们的技术哲学思想及其基本框架。这对于丰富马克思主义的理论体系，捍卫马克思主义的科学性和完整性，有力反驳国外马克思主义研究中的种种错误观点，正确认识和把握当代科学哲学和技术哲学中的一系列理论问题和现实问题具有重要的理论价值与现实意义。

既然"资本""科学技术"是现代社会的核心，那么对资本原则和资本运动的分析，对技术、技术异化的批判实际上就是对现代社会的历史唯

---

① 《列宁专题文集 论马克思主义》，人民出版社 2009 年版，第 58 页。

物主义批判，是现代性存在论批判的奠基性课题。历史唯物主义的创立与发展就是以资本批判、科学技术批判为核心的现代性批判的历史过程。但与马克思不同的是，就资本主义现代性批判而言，早期恩格斯是直接针对“原本”的批判，是沿着对现实的资本主义社会的批判分析而达到理论自觉的。而马克思则是在对黑格尔哲学的批判（黑格尔法哲学批判）和历史研究中通达历史唯物主义道路的。

第三节　不来梅时期——现代性批判的初始登场

幼时的恩格斯就对家乡巴门市工人阶级的悲惨遭遇耳闻目睹。1838 年 7 月从巴门来到不来梅学习经商，直到 1841 年 3 月，青年恩格斯的思想发生了重大变化，开始从盲目关注宗教与政治转向当时的“青年德意志”派，继而走向了革命民主主义。在赞赏技术（工业）的革命性作用的同时，他开始对资本主义和技术异化进行深入思考和批判，基于对伍珀河谷、不来梅以及曼彻斯特等地的技术（工业）的资本主义应用所导致的环境恶化、工人阶级的贫困以及各种尖锐的社会矛盾进行深切的体察、认真的思考和追问，实际上就是对资本主义现代性的批判性审查。

1838 年 7 月，恩格斯被派往德国北部城市不来梅学习经商，以便子承父业。然而恩格斯对此极为反感。正如他在写给马克思的信中所说：“做生意太讨厌，巴门太讨厌，浪费时间也太讨厌，而特别讨厌的是不仅要做资产者，甚至还要做工厂主，即积极反对无产阶级的资产者。”[①]他不喜欢父亲为他安排的舒适生活，认为那不过是最体面的庸人才要求的生活，与共产主义者是格格不入的。在不来梅期间，他接触了各种各样的人物，熟悉了工业资本主义的现实和商业资本主义的细节，了解了社会生活各方面的复杂情况，尤其被工人悲惨、凄凉的生存状况所触动。工作之余，他迫切地收集大量第一手资料，对资本主义现代性做批判性思考，开始关注社会和政治，发表《恩斯特·莫里茨·阿恩特》等论文抨击封建专制主义，反对宗教神秘主义；论文《伍珀河谷来信》表达了对资产阶级的批判和对无产阶级的同情。尽管这时的恩格斯还仅仅从情感和道德方面为社会的公平和正义而呐喊，还没有从根本上弄清资本主义社会剥削的原因，但已成为驱动恩格斯去探究造成这种现象的根源的强大

① 《马克思恩格斯文集》第 10 卷，人民出版社 2009 年版，第 30 页。

动力，进而为走向历史唯物主义奠定了正确的指向。在这里两年多的工作和生活经历对他的一生有着重要的意义，使青年恩格斯对资本主义的本质和现实的认知比青年马克思更加切中资本主义的要害。正是在这里，展示了他关于技术对人类自由与进步的巨大作用的高度赞赏，同时也充满了对技术异化以及资本主义现代性的批判。

15 世纪下半叶开始的文艺复兴是资产阶级革命的伟大时代。正是在这场伟大的革命中，现代科学和技术得到了迅速发展，成为推动社会发展的重要力量。恩格斯在青少年时代就对科学技术方面的信息有着极大的兴趣，对技术发明给予高度赞赏。1839 年初，恩格斯在为纪念美因茨杰出的发明家、欧洲印刷术的奠基者约·谷登堡而出版的《谷登堡纪念册》所写的赞美诗《咏印刷术的发明》中，就高度赞赏"有益的智慧发明"，讴歌印刷术给欧洲带来的激动、震惊、真理和自由，以及为世界造福的伟大发明家。诗中，恩格斯充满激情地写道：

"古代的人
从不随便馨香祷祝，
祭坛的香火只献给有益的智慧和发明。
……
大自然似乎认为，
单是这项发明已足以显示它的伟力，
从此它就变得悠闲而又悭吝，
再也没有把类似的奇迹赐予世人。
……
这里缺少的是什么？是广为流传的技巧？
既然大自然能按一个模型造就无数生命，
我也可以照此办理，进行发明创造！
让一条真理激起千千万万回声，
让山鸣谷应的巨响把真理宣告，
让真理鼓起清晰的双翼，飞向云霄！
……
谷登堡做了这番表白，
印刷术便问世流行，
看，欧洲感到激动、震惊，
迅速崛起，发出海潮澎湃的强音，

就像一阵狂飙骤然降临，
将地底的火苗从昏睡中唤醒，
于是烈焰升腾，传来阵阵轰鸣。
……
这是给理性的头颅戴上的第一顶桂冠，
于是人们就勇敢地提倡理智，
就如饥似渴地探求真知，
要用理智去把握飞速运行的天地。
哥白尼飞向天空的星系，
那里曾笼罩着无法穿透的云翳；
……
真理含着脉脉深情，
向我激动的心房发出渴求的声音，
我的心灵凝视着真理，
我的脚步追随着真理，
我不怕烈焰，不怕利剑，
我怎么会彷徨犹豫？
我怎么会退缩不前？
……
伟大的日子终于来临，
这一天，一个尘世凡人从人间耻辱中猛醒，
他怀着满腔愤激之情，
发出无比雄壮的声音，
他向全世界高呼：‘人是自由的！’
……
‘人是自由的！’
这欢呼声出自人的理性，
暴君的怒吼不可能把它压倒，
它震撼四方，响遏行云。
啊，自由，自由！
你这甜蜜的字眼一旦响起，
我就心潮起伏，豪情满腔，
我的心浸透了你的精神，

你那神圣的激情充满我的胸膛，
我的心展开火焰般的翅膀，
扶摇直上，在云间翱翔。
……
人们馨香祷祝，为的是感谢谷登堡，
他功德无量，却仅仅获得菲薄的酬报！
光荣属于他，
是他击溃了专制政权下的蒙昧势力，
是他让理智和心灵的力量直冲云霄！
光荣属于他，
是真理促使他乘胜前进，
是真理鼓励他动手进行硕果累累的创造！
我们的颂歌永不停歇，
我们要赞美为世界造福的英豪！”①

从中可以深切地感受到恩格斯对人类主体能动性，对技术带给人类的自由的热情讴歌，同时也展示了他反对封建专制的坚定信心与决心。

在《螺旋桨轮船及其在德国和美国之间的航运中的应用》这篇早期论文中，恩格斯开篇就说道：“现在我十分高兴，不仅能够把老阿基米德精神获得的新胜利详细介绍给本报读者，而且还能够告诉读者，这里已经准备开辟德国和美国之间的螺旋桨轮船航线。大家知道，伦敦的弗·佩·斯密斯先生发明一种方法把轮船的叶轮换成大为合理的阿基米德螺旋桨，安装在船的舵与船身之间的水面之下。这一发明已经应用于阿基米德号轮船，并十分出色地证明了它的合理性……正是在力学这样的领域中，这种发明是天才的真正标志。”②他怀着激动的心情，对轮船的功率、排水量、航速、机动性、各项优良的性能以及对运输业即将带来的意义重大的变化做了激动人心的描述。

与此同时，英国工业革命所导致的一系列残酷的社会现实却给他另一番感悟，从而引导他走向对资本主义社会和工业（技术）的深刻反思与批判。

在恩格斯的少年时代，经济相对落后的德国已开始了工业化进程，

① 《马克思恩格斯全集》第2卷，人民出版社2005年版，第29～38页。
② 《马克思恩格斯全集》第2卷，人民出版社2005年版，第242页。

他当时所生活的普鲁士莱茵省北部的伍珀河谷就已经成为新兴的工业区。在上下学的路上，他亲眼看见广大工人繁重的体力劳动、恶劣的工作环境和贫苦的生活状况，表现出对下层劳动人民的生存状况和权利的极度同情及对时代的叩问。伍珀河谷这个人口约 4 万人的城镇挤满了纺织厂、染坊、棉织品及丝织品加工厂等 200 多家中小企业。年轻的恩格斯对此做了深入调研，对包括工厂制度的后果、虔诚主义的影响在内的许多社会问题和社会关系做了深刻的描述。

1839 年初发表的《伍珀河谷来信》是恩格斯的第一篇政论文，文中通过大量实际材料，描述了由于近代资本主义工业发展所造成的伍珀河谷生态环境的破坏和社会情况的恶化、工厂劳动给劳苦大众带来的苦难。

信中，恩格斯不仅描绘了沿岸蔚蓝的天空、碧绿的草地、五彩缤纷的花园、重岩积秀的山峦，同时也关注到与这美丽如画的景色形成鲜明对比的环境污染、社会的肮脏及工人的极度贫困。他指出，在伍珀河谷这个德国资本主义最发达的地方，资本主义弊病也是最为触目惊心的。“河谷的外貌整个说来给人一种很愉快的感觉，但是实际观察一下就可看到，这种愉快的感觉在居民身上丝毫也看不出来……那些颓废沮丧、没有固定住所和工资收入的人；这些人天蒙蒙亮从自己的栖身之所——干草棚、马厩等处爬出来，如果不是在粪堆或房屋台阶上度过整个夜晚的话……在低矮的房子里劳动，吸进的煤烟和灰尘多于氧气，而且大部分人从 6 岁起就在这样的环境下生活，这就剥夺了他们的全部精力和生活乐趣。单干的织工从早到晚蹲在自己家里，躬腰曲背地坐在织机旁，在炎热的火炉旁烤着自己的脊梁……用不了 3 年，他们的肉体和精神就会被毁掉，5 个人中有 3 个人死于肺结核……下层等级，特别是伍珀河谷的工厂工人，普遍处于可怕的贫困境地；梅毒和肺部疾病蔓延到难以置信的地步；光是埃尔伯费尔德一个地方，2 500 个学龄儿童中就有 1 200 人失学，他们在工厂里长大——这只是便于厂主雇用童工而不再拿双倍的钱来雇用被童工代替的成年工人。但是大腹便便的厂主们是满不在乎的。”[①]而那些吮吸工人血汗的工厂主生活舒适，轻松愉快。工厂制度带来的资产阶级与雇佣工人的尖锐对立，在伍珀河谷表现得十分明显。

在《伍珀河谷来信》中，生态环境的破坏——人与自然关系的危机是恩格斯关注的重要方面之一。他在看到机器化生产创造巨大物质财富

---

① 《马克思恩格斯全集》第 2 卷，人民出版社 2005 年版，第 44～45 页。

的同时,也对环境破坏给予强烈的关注和批判。文章以生动的笔触描述了埃尔伯费尔德和巴门两个城市严重的环境污染状况。由于工业的发展,原本风景秀丽的伍珀河谷散布着烟雾弥漫和棉纱遍布的工厂,伍珀河水流经许多使用鲜艳燃料的染坊,泛着红色的波浪。"大家知道,伍珀河谷……是指伸延在大约3小时航程的伍珀河沿岸的埃尔伯费尔德和巴门两个城市。这条狭窄的河流泛着红色波浪,时而急速时而缓慢地流过烟雾弥漫的工厂厂房和堆满棉纱的漂白工厂。然而它那鲜红的颜色并不是来自某个流血的战场……而是完全源于许多使用土耳其红颜料的染坊。"①

《伍珀河谷来信》表明,恩格斯已认识到资本主义工厂制度与工人悲惨生活之间的联系,痛斥虔诚主义反理性本质带来的工人生活的贫困与精神的堕落,表达了对工人阶级的同情与对封建专制的愤怒。他将正统基督教统治、管理低效的政府、糟糕的建筑、工业污染、贫困和剥削都展现在同一个画面中,揭露了资本主义制度的剥削罪恶和虔诚主义的伪善面目,指出了手工业者的极度贫困,这些人由于遭受残酷的剥削而过着半饥半饱的生活。关于这些状况产生的原因,恩格斯一针见血地将其归咎于资本主义工业化。在早期思想中,恩格斯就关注到技术(工业)的资本主义应用对于生态环境的影响,展示技术批判与资本主义批判的密不可分和高度统一。显然,与青年马克思早期的反对封建专制的革命民主主义不同,恩格斯直面的恰恰是由资本主义工业发展带来的社会问题。

第四节　曼彻斯特时期——现代性批判的深化

1842年年底,22岁的恩格斯前往英国纺织业中心曼彻斯特,到他父亲入股的欧门—恩格斯公司的一个棉纺厂学习经商,这为恩格斯深入考察英国各阶层的生活提供了有利条件。此间,在妻子玛丽的带领和陪同下,恩格斯走遍了当地污浊肮脏的小巷,深入工人阴暗潮湿的栖身之地、肮脏的作坊,亲眼看见了工人悲苦、贫穷、暗无天日、失去一切生活乐趣——那些深受资产阶级剥削和压迫的无产阶级的悲惨命运,亲身了解他们的痛苦和欢乐、希望和要求,以及他们为反抗剥削阶级的压迫而进行的各种斗争。恩格斯与英国工人阶级融为一体,心灵相通而化为同

① 《马克思恩格斯全集》第2卷,人民出版社2005年版,第39页。

类，并与纺织女工玛丽终生相爱。同时，他还与宪章派及其领袖建立了联系，与鲍威尔、约瑟夫莫尔、卡尔沙佩尔等德国共产主义者同盟的成员密切交往。他作为英国无产阶级的一员在英国生活了 21 个月，由此对当时最发达的资本主义国家——英国社会的政治和经济情况有了全面、深入的认识和研究，为他提供了以面向事实本身、直观本质的方法理解工人阶级和把握历史发展规律的现实基础。

正如他在《英国工人阶级状况》卷首语中所说：“我是这样做的：我放弃了资产阶级的社交活动和宴会、波尔图酒和香槟酒，把自己的空闲时间几乎全部用来和普通工人交往；这样做我感到既高兴又骄傲。感到高兴，是因为这样一来我在获得实际生活时度过了许多愉快时间，否则这些时间也只是在上流社会的闲谈和令人厌烦的礼节中浪费掉；感到骄傲，是因为这样一来我就有机会对这个受压迫、遭诽谤的阶级给以公正的评价。他们尽管有种种缺点并且处境极为不利，仍博得每个人的尊敬，只有英国的锱铢必较的商人除外；我感到骄傲，还因为这样一来我就能维护英国人民，使他们不致日益受人鄙视。来自大陆的这种鄙视，正是你们国家当权的资产阶级极端自私自利的政策和全部行为的必然后果。”①

资本主义社会的现实促使恩格斯“从一个工业国必须具备的前提出发”，而不是从原则出发寻找“事物的本质”，揭露当时英国这个最发达的工业资本主义国家“本身所包含的矛盾”。这一时期他撰写并发表的重要著作有《英国对国内危机的看法》《国内危机》《各个政党的立场》《英国工人阶级状况》《谷物法》《国民经济学批判大纲》《大陆上社会改革的进展》《英国状况・十八世纪》等。

自轰动一时的《伍珀河谷来信》之后，恩格斯就把注意力放在了产业工人的生存状况上，并于 1842 年年底写成《英国工人阶级状况》一书。该书从作为资本主义大工业的产物的无产阶级的起源开始，研究了无产阶级的生活和斗争情况，考察了英国资本主义工业的发展对工人阶级的劳动环境、生存状况以及家庭等方面所带来的影响，以较完整的逻辑分析了工业（技术）革命在纺织业的起步——整个工业革命——交通——当时英国社会阶级结构的变革。该书是恩格斯运用唯物史观剖析英国资本主义社会的典范，体现了恩格斯已经达到从总体上探究资本主义社

① 《马克思恩格斯文集》第 1 卷，人民出版社 2009 年版，第 382 页。

会的发展历程的水平，标志着恩格斯对政治经济学理论的批判一开始就集中于与工业(技术)、资本、社会密切相关的一系列重大问题，蕴含着恩格斯对于科学技术的资本主义应用所导致的人与自然、人与人之间的尖锐矛盾的深刻把握。其研究不是基于哲学的理论运演，而是从直观的现实出发进行论证，思维方式和研究特点与马克思有明显不同。

与伍珀河谷的情况相比，恩格斯在曼彻斯特所目睹的工厂及居民区的生活状况则更为悲惨、凄凉。“这里的建筑也和朗—密尔盖特街一样密集而杂乱，大街左右有很多有顶的过道通到许多大杂院里面去；一到那里，就陷入一种不能比拟的肮脏而令人作呕的环境里；向艾尔克河倾斜下去的那些大杂院尤其如此；这里的住宅无疑是我所看到过的最糟糕的房子。在这里的一个大杂院中，正好在入口的地方，即在有顶的过道的尽头，就是一个没有门的厕所，非常脏，住户们出入都只有跨过一片满是大小便的臭气熏天的死水洼才行。这是艾尔克河畔杜西桥以上的第一个大杂院……下面紧靠着河的地方有几个制革厂，四周充满了动物腐烂的臭气。要到杜西桥以下的那些大杂院里去，大半要从一条狭窄而肮脏的台阶走下去，而要进入屋内就必须路过一堆堆的垃圾和脏东西……桥底下流着，或者更确切地说，停滞着艾尔克河，这是一条狭窄的、黝黑的、发臭的小河，里面充满了污泥和废弃物，河水把这些东西冲积在右边的较平坦的河岸上。天气干燥的时候，这个岸上就留下一长串凝板透顶的暗绿色的淤泥坑，臭气泡经常不断地从坑底冒上来，散布着臭气，甚至在高出水面四五十英尺的桥上也使人感到受不了。此外，河本身每隔几步就被高高的堤堰所隔断，堤堰近旁，淤泥和垃圾积成厚厚的一层并且在腐烂着。桥以上是制革厂；再上去是染坊、骨粉厂和瓦斯厂，这些工厂的脏水和废弃物统统汇集在艾尔克河里，此外，这条小河还要接纳附近污水沟和厕所里的东西。这就容易想象到这条河留下的沉积物是些什么东西。桥以下，可以看到陡峭的左岸上大杂院里的垃圾堆、脏东西、泥土和瓦砾。”①书中，恩格斯用较大的篇幅翔实地描述了纺织业中的漂白工、染色工、剪绒工、手工织工、丝织工、花边生产工、女缝工等不同工种的工人所不得不从事的单调、乏味、苦役般的劳动的场景。恩格斯写道：看机器、接断头，这种活动并不需要工人运用思想，也不许工人思考。这类劳动不需要肌肉紧张起来，身体连活动的余地都没有，不停地注视着

① 《马克思恩格斯全集》第2卷，人民出版社1957年版，第330页。

永不疲劳的机器，只要他喘一口气，拿着罚款簿的监工就会立刻在他背后出现，对工人说来这绝对是一种最残酷的苦刑。这种强制劳动剥夺了工人除吃饭和睡觉所最必需的时间以外的一切时间，使他连呼吸新鲜空气或欣赏一下大自然之美的机会都没有，更谈不上什么精神享受了。“他们不懂得自己累不累——这个问题从来没有人问过他们。”①工人为生存而不得不忍受的机械性的、强制性的劳动就是一种最残酷、最带侮辱性的痛苦。在最坏的情况下，工人情愿放弃自己已经习惯了的那一点点舒适和文明，只要能勉强地活下去就行。他们住猪圈也可以，只要不露宿街头就行。而事实上，他们往往是与鸡、狗、马等动物挤在一间屋子里，因而这些住房自然极其肮脏和恶臭，而且滋生了各种各样的虫子和传染病，这简直比猪圈还差。

残酷的工作环境导致工人健康状况极度恶化，英年早逝是极为平常的事情。漂白工人不得不经常吸入大量对肺部极为有害的氯气。干磨工平均很难活到 35 岁，湿磨工也很少能活到 45 岁。在磨光陶器的工房里，空气中充满了细微的矽土尘埃，把这种尘埃吸到肺里并不比设菲尔德的磨工把钢屑吸进去的害处小些。工人们患着喘病，要静静地躺一会儿都不可能，他们也都是得肺结核死掉的。在这种令人不堪忍受的生存状况和工作环境中，留给工人的是劳动过度和早死，他们已经沦为机器的奴隶，沦为资本家的奴隶，简直比美国的黑人更像奴隶。与之相伴的还有工人的大量失业。厂主可以用任何理由和无缘无故地解雇工人，导致工人仅有的一点可怜的谋生手段都被剥夺了。于是，可怕的失业和犯罪比比皆是。对于可怜的工人而言，“他知道，如果他今天还能够生存，那么，他明天是否还有这种可能，就绝对没有把握了”②。

在资本主义条件下，资本家把无产者不是看作人，而是看作创造财富的力量。工人劳动得到工资就像牛马劳动得到草料一样。工人像牛马一样地劳动，却过着牛马不如的生活。如果说自觉自愿地生产劳动是我们所知道的最大的享受，那么对工人强制劳动就是一种最残酷、最具侮辱性的折磨。而“产业革命只是促使这种情况达到顶点，把工人完全变成了简单的机器，把他们最后剩下的一点独立活动的自由都剥夺了，

① 《马克思恩格斯全集》第 2 卷，人民出版社 1957 年版，第 489 页。

② 《马克思恩格斯全集》第 2 卷，人民出版社 1957 年版，第 306 页。

可是，它却以此迫使他们思考，迫使他们争取人应有的地位"[①]。因而，在资本主义条件下，体现人的本质力量的科学技术却成了资本增殖的最有效手段，成了资本家用来剥削工人、聚敛财富的最有效工具。劳动为富人生产了奇迹般的东西，却为工人生产了赤贫。劳动生产了宫殿，却给工人生产了棚舍；劳动生产了美，却使工人变成畸形；劳动生产了智慧，却给工人生产了愚钝和痴呆；产业革命为少数人创造了财富，却给工人生产了贫困。这一切引起了恩格斯的深思、感叹以致愤怒。恩格斯对之怒斥道："英国工人把这叫做社会的谋杀，并且控诉整个社会在不断地犯这种罪。他们难道不对吗？"[②]

技术（工业）的资本主义应用导致生态恶化始终是恩格斯关注的焦点。《英国工人阶级状况》中对城市环境的污染以及各种恶劣的社会现象等做了详细描述。关于农村人口城市化的后果，恩格斯以伦敦为例进行了这样的描述："人口向大城市集中这件事本身就已经引起了极端不利的后果。伦敦的空气永远不会像乡间那样清新而充满氧气。250 万人的肺和 25 万个火炉集中在三四平方德里的地面上，消耗着极大量的氧气，要补充这些氧气是很困难的，因为城市建筑本身就阻碍着通风。呼吸和燃烧所产生的碳酸气，由于本身比重大，都滞留在房屋之间，而大气的主流只从屋顶掠过。住在这些房子里面的人得不到足够的氧气，结果身体和精神都萎靡不振，生活力减弱。因此，大城市的居民患急病的，特别是患各种炎症的，虽然比生活在清新的空气里的农村居民少得多，但是患慢性病的却多得多。如果说大城市里的生活本身已经对健康有不好的影响，那么工人区里的污浊空气的危害又该多么大呵，我们已经看到，一切能使空气变得更坏的东西都聚集在那里了……一切腐烂的肉皮菜帮之类的东西都散发着对健康绝对有害的臭气，而这些臭气又不能自由地散出去，势必要把空气搞坏。这样，大城市工人区里的脏东西和死水洼对公共卫生总要引起最恶劣的后果，因为正是这些东西散发出制造疾病的毒气；被污染了的河流冒出来的水蒸气也是一样……一切用来保持清洁的东西都被剥夺了，水也被剥夺了，因为自来水管只有出钱才能安装，而河水又弄得很脏，根本不能用来洗东西。他们被迫把所有的废弃物和垃圾，把所有的脏水甚至还常常把最令人作呕的脏东西倒在街

---

① 《马克思恩格斯全集》第 2 卷，人民出版社 1957 年版，第 283 页。

② 《马克思恩格斯全集》第 2 卷，人民出版社 1957 年版，第 305 页。

上，因为他们没有任何别的办法扔掉所有这些东西。他们就这样不得不弄脏了自己所居住的地区。”①此间，恩格斯虽然没有用“技术异化”“生态”等概念，却是对资本主义制度、技术异化、生态破坏的有力控诉，对资本主义现代性的种种悖论的深刻揭露与初步批判。

在《英国工人阶级状况》中，恩格斯对资本主义现代性的种种悖论、异化和局限性做了深刻的批判和揭露，指出资本主义自由、平等、人权、博爱等价值观的伪善性。在资本主义社会，人与人本质上处于异化和对立的社会关系中，资产阶级和财产统治着一切，穷人毫无权力，他们备受压迫和欺凌，宪法不承认他们，法律压制他们，因而资产阶级的民主制并不能治愈社会的痼疾。这样的自由、平等、人权、博爱等价值取向都受到资本主义生产方式的制约，是虚伪的，因而只具有抽象的、形式的意义。恩格斯愤怒地控诉道：“好一个自由！无产者除了接受资产阶级向他们提出的条件或者饿死、冻死、赤身露体地到森林中野兽那里去找一个藏身之所，就再没有任何选择的余地了。好一个‘等价物’！它的大小是完全由资产阶级任意规定的。”②

通过亲身的体验和考察，恩格斯深切体察到资本主义大工业的发展所导致的自然的破坏、生态的恶化和工人的悲惨遭遇，英国各阶级的状况，以及各阶级及其政党的对立和斗争情况，并对当时社会上出现的针对英国社会问题和工人状况的种种评论进行了认真研究，已经初步认识到资本主义社会技术异化、劳动异化的现实。《英国工人阶级状况》一书对早年马克思产生了重要影响。正如马克思在 1863 年致恩格斯的信中所说：“这本书写得多么清新、热情和富于大胆的预料，没有学术上和科学上的疑虑！连认为明天或后天就会亲眼看到历史结局的那种幻想，也给了整个作品以热情和乐观的色彩。”③马克思在论述英国资本家榨取剩余劳动的历史过程时写道：“英国从大工业产生到 1845 年这段时期，我只在某些地方提到，详细情况，请阅读弗里德里希·恩格斯的《英国工人阶级状况》(1845 年莱比锡版)。1845 年以后发表的工厂视察员报告、矿山视察员报告等，都说明了恩格斯对资本主义生产方式的精神了解得多么深刻，把他的著作和过了 18－20 年以后才发表的童工调查委员会

---

① 《马克思恩格斯文集》第 1 卷，人民出版社 2009 年版，第 409 页。
② 《马克思恩格斯全集》第 2 卷，人民出版社 1957 年版，第 360 页。
③ 《马克思恩格斯文集》第 10 卷，人民出版社 2009 年版，第 203 页。

(1863—1867 年)的官方报告稍加比较就可以看出,他对工人阶级状况的详细入微的描写是多么令人惊叹。”[①]1892 年,恩格斯在重印这部著作时所写的序言中指出:本书无论在优点和缺点方面都带有作者青年时代的痕迹,“但是当我重读这本青年时期的著作时,发现它毫无使我羞愧的地方”[②]。虽然将近半个世纪英国资本主义已大大发展,资产阶级的剥削手段和剥削方式也发生了某些变化,但是“下面这件重大的事实越来越明显了,工人阶级处境悲惨的原因不应当到这些小的弊病中去寻找,而应当到资本主义制度本身中去寻找”[③]。

在《谷物法》中,恩格斯指出,工业虽然可使国家走向富裕,但同时也会导致财富的两极分化,在这一过程中,一贫如洗的无产阶级不但不会消失,反而快速增长,由于他们永远也不能获得稳定的财产,其状况将日益恶化。

写于 1843 年底至 1844 年初的《国民经济学批判大纲》是马克思主义政治经济学的开篇之作,蕴含着恩格斯从人类的工业(技术)活动中真正理解历史发展之谜的萌芽。第一,从工业革命开始,恩格斯就以较完整的逻辑分析了工业(技术)革命在纺织业的起步——整个工业革命——交通——现代英国各种关系(所有制、意识形态、政治),最后是无产阶级的诞生。实际上,恩格斯在这里已从物质生产角度来解释市民社会,尽管他还没有从历史观上加以概括。第二,恩格斯从现实生活出发,着重考察了政治经济学产生和发展的历史,对资本主义私有制支配下经济学的一些基本范畴做了一系列批判,揭示了资产阶级政治经济学的阶级性,尖锐地指出,资产阶级政治经济学的任务和目的就是掩盖对劳动人民的掠夺,即为私有制服务。在恩格斯看来,商业活动是私有制所产生的第一个结果,并由此出现了商品的价值及与其相关的一些范畴,如工资、利润和地租等。私有制是造成资本主义社会中一切矛盾、对立和分裂状态的根源。只有建立合理的社会关系,消灭私有制,才能消灭资本和劳动对立这种反常的分离、社会的利益对立、竞争和无政府状态、周期性的经济危机、工人阶级的贫困以及资本主义的一切罪恶等现代性悖论。“我们知道,只要私有制存在一天,一切终究会归结为竞争。竞争是

① 《马克思恩格斯全集》第 23 卷,人民出版社 1974 年版,第 268 页。
② 《马克思恩格斯文集》第 1 卷,人民出版社 2009 年版,第 365 页。
③ 《马克思恩格斯文集》第 1 卷,人民出版社 2009 年版,第 365 页。

经济学家的主要范畴，是他最宠爱的女儿……私有制的最直接结果是生产分裂为两个对立的方面：自然的方面和人的方面，即土地和人的活动……其次，我们看到，人的活动又怎样分解为劳动和资本，这两个方面怎样彼此敌视……因为私有制把每一个人隔离在他自己的粗陋的孤立状态中，又因为每个人和他周围的人有同样的利益，所以土地占有者敌视土地占有者，资本家敌视资本家，工人敌视工人。在相同利益的敌对状态中，正是由于利益的相同，人类目前状态的不道德已经达到极点，而这个极点就是竞争。”①

恩格斯对政治经济学理论的关注一开始就集中于工业（技术）、资本、社会相联系的一系列重大问题，标志着恩格斯从人类的工业（技术）活动中真正理解人类历史发展之谜的开始。《国民经济学批判大纲》首先创立了被当代广泛使用的“产业革命”概念，揭示了它的发生、发展及对社会生活造成的重大影响，并以此作为分析技术革命、经济发展和社会问题的枢纽，其间也蕴含着恩格斯对于科学技术的资本主义应用所导致的人与自然的尖锐矛盾。《国民经济学批判大纲》对马克思产生了很大影响，甚至一度成为马克思巴黎时期经济学研究的参照。恩格斯对工人阶级的现实生活和斗争的深切体验和深入调研，比马克思更早地关注和体察到资本主义社会的技术异化、劳动异化等现代性悖论。他所采取的面向事情本身、加以本质直观的方式，对于擅长抽象思维和理论研究的马克思而言具有特殊的价值和意义。

在《大陆上社会改革运动的进展》中，恩格斯对资本主义民主制度进行了尖锐的批判，揭露它的矛盾性和欺骗性，指出这种自由只是徒具空名，因而实际上是奴隶制，无非是一种伪善的政治自由、假自由，政治平等也是如此。而真正的自由、平等只有在共产主义才能实现。这是恩格斯由启蒙现代性向现代性批判转变的重要标志。

以“英国状况”为题的三篇文章是恩格斯对英国工业革命、英国社会经济状况和政治变革深入研究的成果，体现了恩格斯已经明确认识到，要理解现代英国社会的经济和政治状况，必须到工业革命的历史中去寻找原因。在《英国状况・十八世纪》中，恩格斯开始关注科学、技术与社会之间的相互关系问题，研究了当时的科学技术发明与产业革命和资源消耗之间的内在联系，详细阐述了英国工业革命的过程、科学技术进步、

① 《马克思恩格斯全集》第3卷，人民出版社2002年版，第458～459页。

机器的发明和应用对推动人类社会发展的重大作用，并对技术的资本主义应用所导致的异化提出了尖锐批判。他认为：使用机械辅助手段，特别是应用科学原理是进步的动力。他从存在论的高度指出，18 世纪英国工业革命的作用和后果深刻改变了英国的整个社会状况，是现代英国各种关系的基础，是整个社会运动的动力。然而，工业革命却导致了严重的技术异化，它的第一个结果是利益被升格为对人的统治，展示人类本质力量的工业（技术）变成了少数资本家的垄断物，成为他们谋取私利和奴役群众的最有效手段。这是对人类创造性的莫大讽刺。

显然，在曼彻斯特时期的恩格斯并没有仅仅停留于感性的观察或内心的同情，而是对丑恶的社会现实进行深入的批判，探究其社会根源和无产阶级的解放之路。通过对资本主义社会的深入考察和研究，恩格斯最先提出了马克思主义的一些基本原理，如物质利益决定精神原则的思想；对私有制和资本主义经济范畴的批判分析；社会主义革命的必然性及暴力革命的原理；无产阶级的历史地位和作用；等等。对此，他在《关于共产主义者同盟的历史》一文中回忆道："我在曼彻斯特时异常清晰地观察到，迄今为止在历史著作中根本不起作用或者只起极小作用的经济事实，至少在现代世界中是一个决定性的历史力量；这些经济事实形成了产生现代阶级对立的基础；这些阶级对立，在它们因大工业而得到充分发展的国家里，因而特别是在英国，又是政党形成的基础，党派斗争的基础，因而也是全部政治史的基础。"①这是对马克思主义创立的独特贡献。此外，在对技术异化、生态危机等资本主义现代性悖论的分析与批判方面，此时的恩格斯已不像先前在《伍珀河谷来信》中那样，从主观上到工厂主管理方式的不合理方面找原因，而是明确认识到不合理的资本主义现实制度是资本主义现代性悖论的根本原因，标志着恩格斯从另一条道路走上了历史唯物主义。这一切都为马克思、恩格斯的未来合作，共同创立历史唯物主义奠定了坚实基础。

---

① 《马克思恩格斯文集》第 4 卷，人民出版社 2009 年版，第 232 页。

第二章

技　术

——物质生产劳动的核心与灵魂

在马克思、恩格斯那里，劳动不是经济学概念，也不是认识论概念，而是生存论概念，是人之为人的根本，是人之所以存在的根本确证方式。“劳动创造人”的科学论断正是把劳动提高到人类生存论的高度，从人类社会存在的根基彰显劳动的根本意义。马克思、恩格斯正是基于对劳动辩证法的深入研究，全面揭示了资本主义现代性的种种病象，进而对现代性做出根本性诊断和把握其历史命运的。

物质生产劳动是人的本质性的具有存在论意义的活动，是全部社会生活的起点和基础，是人与自然的统一和人与社会的统一的基础。在马克思、恩格斯看来，物质生产劳动之于自我意识或理性具有优先性，前者是后者的世俗根基和尘世起源，也是现代性的规范基础。他们正是“在劳动发展中找到理解全部社会史的钥匙的新派别”[①]。在这个意义上，哈贝马斯曾深刻地指出：“在实践哲学看来，构成现代性原则的不是自我意识，而是劳动。”[②]事实上，“劳动”（即感性的对象性活动）不仅是现代社会成就和矛盾的根本动力，而且是解决现代性自我分裂、自我矛盾的力量源泉。如果说科学技术与资本是现代世界的本质根据，那么两者的统一不是在物质生产劳动过程中被揭示出来，别的还会有什么地方呢？一方面，真正的“劳动是从制造工具开始的”，是以制造和使用工具（技术活动）为标志的；另一方面，资本无非是积累起来的劳动，即资本的本质被归结为劳动。由此，现代科学技术与资本构成了马克思恩格斯现代性批

---

① 《马克思恩格斯选集》第4卷，人民出版社1995年版，第258页。

② ［德］哈贝马斯：《现代性的哲学话语》，译林出版社2004年版，第73页。

判的两个基本维度。他们正是通过对劳动主体的深入研究，对异化劳动的深刻批判，开启了彻底的现代性批判道路的存在论前提和新的视域。这就不仅突破了从“我思”或“意识内在性”原则所进行的观念性的现代性批判的桎梏，而且以一种“反思现代性”的态度在现实历史展开的过程中探索现代性的出路，为人类解放指出可能性的道路，这便是未来共产主义。

达尔文以科学事实论证了人与其他动物一样，也是自然界长期选择的结果，由此揭穿了上帝造人的谎言。但是，类人猿为什么能进化成超出所有动物的人？由猿到人的转变是如何实现的？这是以自然选择为核心的达尔文进化论所无法回答的。这正是恩格斯《劳动在从猿到人转化过程中的作用》一文所要回答的问题。该文可谓历史唯物主义和现代性批判的典范之作，其中的“劳动”概念绝不能仅仅从经济学或认识论意义上去理解，而必须从存在论高度加以把握。恩格斯正是从存在论的高度去看待人类的物质生产劳动，才进一步提出“劳动创造了人本身”这一科学论断的。他在文中十分明确地指出：“甚至连达尔文学派的具有唯物主义精神的自然研究家们对于人类的产生也没有提出明确的概念，因为他们在这种唯心主义的影响下，认识不到劳动在这中间所起的作用。”①历史唯物主义把物质生活资料的生产看作人与动物区别和人类历史发展的基础，进而就包括技术、科学、政治、经济、文化等要素在内的整个人类社会的发展做出了深入、系统的阐发，揭示了人类历史发展的必然规律。

在历史的不同阶段，人类都面临着生存的挑战，需要利用技术战胜各种困难，但在诸多社会形态中，“以技术思维为主体的社会结构并不多见，并且这也只是在近代发生的事”。现代社会，技术已成为人类文明的核心要素，发展是第一要务和主导性理念(所谓进步强制)，“在发展变为所有社会的共同目标之前，大部分社会并不重视技术，而是看重其他价值，如怎样与自然协调，如何保证社会仪式不出差错，或者如何保护现有的权力机构等。从真正意义上说，只有在现代社会里，技术才担负起了无所不在的支配性作用”②。现代技术已经渗入人类历史的根基，是当代

① 《马克思恩格斯选集》第4卷，人民出版社1995年版，第381页。

② [美]丹尼斯·古莱特：《靠不住的承诺——技术转移中的价值冲突》，社会科学文献出版社2004年版，第3~4页。

社会最值得关注的实践活动之一。

自然进化和社会性劳动是人类起源中的两种重要因素，如果只有生物的自然进化，就不可能有真正的人产生。马克思、恩格斯并不否认自然过程对人的形成的意义，但相较于把人的形成解释为自然选择和地理环境等一些自然因素作用的结果，恩格斯对劳动在人的生存和发展过程中的根本作用的重视更具有科学性和本源性。

马克思、恩格斯以现实的人作为研究人类社会的出发点，而现实的人存在的第一个必不可少的、永恒的和决定性的因素就是物质生活资料的生产活动。马克思、恩格斯之前的哲学家脱离人的最本真的生存活动——尘世的物质生产实践活动去理解自由，从而未能揭示自己的真实意蕴。马克思、恩格斯真正抓住了劳动的本质，把现实的因而是真正的人理解为他自己的劳动的结果。正如马克思在谈到人与自然的一体性时所说："对社会主义的人来说，整个所谓世界历史不外是人通过人的劳动而诞生的过程，是自然界对人来说的生成过程。"①

感性的对象性活动是人与动物、人类社会与自然界相区别的最根本标志。在马克思、恩格斯看来，整个所谓世界历史不外是人通过人的劳动而诞生的过程。劳动是人类社会区别于猿群的最主要的特征，因为猿群的活动只是"收集"，而人则从事生产，通过对象性活动制造最广义的生活资料。在 1875 年 11 月 12 日致彼・拉・拉普罗夫的信中，为了说明人类社会的规律与动物"社会"的规律的重大不同，恩格斯把"动物最多是收集，而人则能从事生产看成是人类社会和动物社会的本质区别，因为人是唯一能够由于劳动而摆脱纯粹的动物状态的动物——他的正常状态是和他的意识相适应的而且是要由他自己创造出来的。动物仅仅利用外部自然界，简单地通过自身的存在在自然界中引起变化，而人则通过他的对象性劳动来使自然界为自己的目的服务，来支配自然界，这便是人同其他动物的最终的本质的差别"。劳动"是一切人类生活的第一个基本条件，而且达到这样的程度，以致我们在某种意义上不得不说：劳动创造了人本身"。② "从攀树的猿群进化到人类社会之前，一定经过了几十万年——这在地球的历史上只不过是人的生命中的一秒钟。但是人类社会最后毕竟出现了。人类社会区别于猿群的特征在我们看来

① 《马克思恩格斯全集》第 3 卷，人民出版社 2002 年版，第 310 页。

② 《马克思恩格斯选集》第 4 卷，人民出版社 1995 年版，第 373 页。

又是什么呢？是劳动。”[①]物质生产劳动是实践的最基本形式，没有这种劳动实践，就不会有其他任何形式的人类实践活动。而马克思、恩格斯尤为关注的是人类的技术性、工业化的能动的实践形式。谈到技术发展史的重要性时，马克思强调："达尔文注意到自然工艺史，即注意到在动植物的生活中作为生产工具的动植物器官是怎样形成的。社会人的生产器官的形成史，即每一个特殊社会组织的物质基础的形成史，难道不值得同样注意吗？”[②]恩格斯在谈到劳动的本源性地位时特别指出，真正的劳动是从制造和使用工具开始的。不难看出，在马克思、恩格斯对资本主义的批判和对人类社会的总体研究中，技术的、工业化的活动在更根本的意义上展示了人类活动的本质，因而也就居于最核心的地位。

从历史唯物主义的要求出发，技术就成为我们破解“现代性”之谜的一把钥匙。因为技术不仅具有最直接的现实性，是客观的物质实践活动，而且是能动的、改造世界的基本力量，是驱动历史前进的强大动力。它不但从历史的源头把人类带出，而且在时间的持续与空间的广延中把人类置于不断的生成之中。

正如海德格尔在《关于人道主义的书信》中所说："唯物主义的本质隐蔽于技术的本质中。关于技术，诚然人们已多有论述，但还鲜有深思。”[③]而对技术本质的思维就处于对存在的真理思维的核心。

第一节　物质生产活动——历史唯物主义的基石

历史唯物主义（实践唯物主义）是马克思、恩格斯基于工业革命的社会现实和对旧哲学的深入批判而完成的哲学革命，它把人的感性的物质生产活动作为人类历史发展的前提和基础，有力地揭露了超感性世界的虚幻性，结束了柏拉图之后思辨形而上学两千多年的统治，第一次为整个历史发展提供了坚实的基础和科学的解释。

历史唯物主义坚持人的感性的物质生产活动的基础地位，完成了以实践的思维方式取代旧哲学的实体性思维方式的革命性转折。在马克思、恩格斯看来，费尔巴哈也强调“感性”，他把人看作思维和自然相统一

---

① 《马克思恩格斯选集》第 4 卷，人民出版社 1995 年版，第 378 页。

② 马克思：《资本论》第一卷，人民出版社 2004 年版，第 429 页。

③ [德]海德格尔：《路标》，商务印书馆 2000 年版，第 401 页。

的基础，力图以“现实的人”为基础理解世界。然而，费尔巴哈不理解实践是人的存在方式，“他从来没有把感性世界理解为构成这一世界的个人的全部活生生的感性活动”①。因而，费尔巴哈的“人”仍是抽象的人，忽视了人的能动性对事物变化发展的重要意义。同自然唯物主义一样，费尔巴哈的人本唯物主义也只是从客体的方面，而没有从“主体方面”去理解“对象、现实、感性”。正是在这种意义上，马克思指出包括费尔巴哈在内的旧唯物主义的主要缺点是不了解现实的实践活动及其意义。与此相反，主体的能动性却得到了唯心主义的肯定和发展，但他们（包括康德、黑格尔）离开了能动性的客观物质前提，因而也只是抽象地、片面地夸大了主体能动性的作用，因为他们与旧唯物主义一样也不理解实践活动的现实力量及其意义。而马克思恩格斯的新唯物主义坚持的是客观性原则和主体能动性原则的统一、物质原则与精神原则的统一、感性与理性的统一。

针对青年黑格尔派把对自然科学和工业研究排除在对历史的认识之外的错误观点，马克思、恩格斯在《神圣家族》中严厉斥责道：“难道批判的批判以为，只要它从历史运动中排除掉人对自然界的理论关系和实践关系，排除掉自然科学和工业，它就能达到即使是才开始的对历史现实的认识吗？难道批判的批判以为，它不去认识（比如说）某一历史时期的工业和生活本身的直接的生产方式，它就能真正地认识这个历史时期吗？诚然，唯灵论的、神学的批判的批判仅仅知道（至少它在自己的想象中知道）历史的政治、文学和神学方面的重大事件。正像批判的批判把思维和感觉、灵魂和肉体、自身和世界分开一样，它也把历史同自然科学和工业分开，认识历史的发源地不在尘世的粗糙的物质生产中，而是在天上的云雾中。”②

显然，马克思、恩格斯的研究已开始进入工业世界，把握了物质生产活动的基础性地位，从而实现了从抽象的人向现实的人的观点的转变。

在《德意志意识形态》中，马克思、恩格斯明确指出，与唯心主义历史观相反，他们的出发点绝不是超验的观念，而是从事物质资料生产的现实的个人。“我们开始要谈的前提不是任意提出的，不是教条，而是一些只有在臆想中才能抛开的现实前提。这是一些现实的个人，是他们的活

① 《马克思恩格斯文集》第1卷，人民出版社2009年版，第530页。

② 《马克思恩格斯全集》第2卷，人民出版社1957年版，第191页。

动和他们的物质生活条件，包括他们已有的和由他们自己的活动所创造出来的物质生活条件。因此，这些前提可以用纯粹经验的方法来确认。”[①]而“个人怎样表现自己的生命，他们自己就是怎样。因此，他们是什么样的，这同他们的生产是一致的——既和他们生产什么一致，又和他们怎样生产一致。因而，个人是什么样的，这取决于他们进行生产的物质条件。”[②]

马克思、恩格斯把人类的物质生产活动视为“第一活动”，是人类历史发展的基础和前提，而生产活动的核心是制造和使用工具的活动，即技术性的活动。他们把这种历史观的一般特征精辟地概括为：“这种历史观就在于：从直接生活的物质生产出发阐述现实的生产过程，把同这种生产方式相联系的、它所产生的交往形式即各个不同阶段上的市民社会理解为整个历史的基础，从市民社会作为国家的活动描述市民社会，同时从市民社会出发来阐明意识的所有（各种）不同的理论产物和形式，如宗教、哲学、道德等，而且追溯它们产生的过程。这样做当然就能够完全地描述事物了（因而也能够描述事物的这些不同方面之间的相互作用）。这种历史观和唯心主义历史观不同，它不是在每个时代中寻找某种范畴，而是始终站在现实历史的基础上，不是从观念出发来解释实践，而是从物质实践出发来解释各种观念形态。”[③]

1877 年，恩格斯在《卡尔·马克思》一文中再次以朴实无华的语言阐述了历史唯物主义的划时代意义：“历史破天荒第一次被置于它的真正基础上；一个很明显的而以前完全被人忽略的事实，即人们首先必须吃、喝、住、穿，就是说首先必须劳动，然后才能争取统治，从事政治、宗教和哲学等——这一很明显的事实在历史上的应有之义此时终于获得了承认。”[④]

1883 年，在《在马克思墓前的讲话》中，恩格斯谈到马克思的伟大贡献时再次指出：“正像达尔文发现有机界的发展规律一样，马克思发现了人类历史的发展规律，即历来为繁茂丛杂的意识形态所掩盖着的一个简单事实：人们首先必须吃、喝、住、穿，然后才能从事政治、科学、艺术、宗

---

① 《马克思恩格斯文集》第 1 卷，人民出版社 2009 年版，第 516 页。
② 《马克思恩格斯文集》第 1 卷，人民出版社 2009 年版，第 520 页。
③ 《马克思恩格斯文集》第 1 卷，人民出版社 2009 年版，第 544 页。
④ 《马克思恩格斯文集》第 3 卷，人民出版社 2009 年版，第 459 页。

教等；所以，直接的物质的生活资料的生产，从而一个民族或一个时代的一定的经济发展阶段便构成基础，人们的国家设施、法的观点、艺术以至宗教观念，就是从这个基础上发展起来的，因而，也必须由这个基础来解释，而不是像过去那样做得相反。"①

换言之，只有物质生产才是历史的真正发源地。物质资料的生产方式对社会历史的发展起着决定性作用，而精神观念却根植于物质的经济事实之中，是人类物质生产实践的派生物，这就是历史唯物主义的基本原则。在马克思、恩格斯看来，人是由于从事劳动而能够从动物界分化出来的唯一的动物。"人制造最广义的生活资料，这是自然界离开了人便不能生产出来的。"②正是为了满足人们生活需要而进行的生产，才是人们最重要的历史活动，这一活动使人从动物界上升到人类并构成人的其他一切活动的物质基础。

以物质资料生产为核心的实践观点的引入，既克服了费尔巴哈唯物主义的直观性和形而上学性，又克服了黑格尔辩证法的唯心主义性质，由此奠定了历史唯物主义的坚实基础。对此，恩格斯指出："人们的意识决定于人们的存在而不是相反，这个原理看来很简单，但是仔细考察一下，也会立即发现，这个原理的最初结论就给一切唯心主义，甚至给最隐蔽的唯心主义当头一棒。关于一切历史性的东西的全部传统的和习惯的观点都被这个原理否定了。政治论证的全部传统方式崩溃了。"③在《社会主义从空想到科学的发展》一文中，恩格斯指出："现在，唯心主义从它的最后的避难所即历史观中被驱逐出去了，一种唯物主义的历史观被提出来了，用人们的存在说明他们的意识，而不是像以往那样用人们的意识说明他们的存在这样一条道路已经找到了。"④这条道路的基点就是把意识理解为现实主体的意识，把现实主体的意识理解为"感性的""对象性的活动"在观念形态上的表现。正如恩格斯在《反杜林论》中阐述唯物主义历史观时所说："一切社会变迁和政治变革的终极原因，不应当到人们的头脑中，到人们对永恒的真理和正义的日益增进的认识中去寻找，而应当到生产方式和交换方式的变更中去寻找；不应当到有关时

---

① 《马克思恩格斯文集》第 3 卷，人民出版社 2009 年版，第 601 页。
② 《马克思恩格斯选集》第 4 卷，人民出版社 1995 年版，第 372 页。
③ 《马克思恩格斯选集》第 2 卷，人民出版社 1995 年版，第 39 页。
④ 《马克思恩格斯选集》第 3 卷，人民出版社 1995 年版，第 739 页。

代的哲学中去寻找,而应当到有关时代的经济中去寻找。"①

马克思、恩格斯所创立的历史唯物主义超越了西方哲学的超验的、实体性的存在论形式,强调感性活动的基础性与历史性以及人的现实生活过程决定人的意识的基本观点。意识在任何时候都只能是被意识到了的存在,而人们的存在就是他们的实际生活内容。因此,不应该从人们所说的、所想象的、所设想的东西出发,而应该以从事实际活动的人,而且从他们的现实生活过程出发,还可以揭示这一生活过程在意识形态上的反射和回声的发展。人类正是在这种物质资料的生产过程中得以进化和发展的,"而发展着自己的物质生产和物质交往的人们,在改变自己的这个现实的同时也改变着自己的思维和思维的产物。不是意识决定生活,而是生活决定意识。"②

作为人类特有的活动,当人们开始生产他们所必需的生活资料的时候,他们就已把自己和动物区别开来。关于物质生产活动是人类起源论的基础,是人和动物的根本区别的思想,由恩格斯在《劳动在从猿到人转化过程中的作用》一文中做了进一步阐发。

晚年,恩格斯致力于从历史过程、历史主体和历史方法论等方面全面地揭示历史唯物主义的性质、特点和功能。历史唯物主义区别于旧唯物主义和唯心主义历史观的根本特征就在于,它从人类物质资料的生产活动出发来说明历史。

在《路德维希·费尔巴哈和德国古典哲学的终结》中,恩格斯在批判费尔巴哈以抽象的自然和抽象的人作为出发点的人本主义历史观的同时,指出唯物主义历史观是关于现实的人及其历史发展的科学。历史唯物主义是"在劳动发展史中找到了理解全部社会史的锁钥的新派别"③。1890年,在写给约瑟夫·布洛赫的信中,恩格斯再次明确指出:"根据唯物史观,历史过程中的决定性因素归根到底是现实生活的生产和再生产。无论马克思或我都从来没有肯定过比这更多的东西。如果有人在这里加以歪曲,说经济因素是唯一决定性的因素,那么他就是把这个命题变成毫无内容的、抽象的、荒诞无稽的空话……我也可以向您指出我的《欧根·杜林先生在科学中实行的变革》和《路德维希·费尔巴哈和德

① 《马克思恩格斯选集》第3卷,人民出版社1995年版,第741页。
② 《马克思恩格斯选集》第1卷,人民出版社1995年版,第73页。
③ 《马克思恩格斯选集》第4卷,人民出版社1995年版,第258页。

国古典哲学的终结》，我在这两部书里对历史唯物主义做了就我所知是目前最为详尽的阐述。”①

历史唯物主义把物质生产活动看作历史的发源地，看作一切社会现象产生的根源，把以物质资料的生产为核心的实践活动确认为人类历史之所以可能、人的认识活动之所以可能，以及人类的解放之所以可能的根本基础。从物质资料的生产活动出发来研究人和人类历史，把人看作从事物质生产劳动的人，这是马克思、恩格斯研究现实的人和人类历史的切入点，也是马克思主义哲学区别于唯心主义和一切旧唯物主义的显著特征，由此克服了以往一切社会历史理论的根本缺点，奠定了哲学革命的基础，科学地解答了人类发展的历史之谜。由此，唯心主义、不可知论、怀疑论的各种困惑就迎刃而解了。

物质生产活动是实践唯物主义的根基性范畴，是实践活动最根本的方式。而在马克思、恩格斯心目中，真正的历史是以工业实践为基础的历史，只有近代工业所产生的空前巨大的生产力，才真正具有人化自然的能力。在第一次工业化浪潮中诞生的马克思主义哲学，把人类改造自然的活动作为解释人类一切社会活动的前提，人化自然代替天然自然成为马克思恩格斯哲学关注的焦点。以实践的观点看待存在的世界，存在就不是还原论意义上的抽象本体，而是对象化生成中的对象性存在。由此不仅消解了唯心主义和机械（旧）唯物主义的抽象本体论思维方式及其二元论建制，而且避免了后现代主义的相对主义。在马克思、恩格斯看来，只有工业（技术）革命的实践才是真正意义上的人的能动的实践，由此决定着技术活动必然成为马克思恩格斯的核心范畴。他们之所以能完成伟大的哲学变革，与现代技术在社会生产体系中的核心地位是密切相关的。因而，认识到技术、工业活动在历史唯物主义中的核心地位，关于工业世界和技术活动的认识与批判就必然是马克思主义哲学的重要内容之一。事实上，离开马克思、恩格斯对于人类技术活动（工业活动）的深入研究，离开马克思主义技术哲学，历史唯物主义就是空洞的。因为，技术活动是人类实践、工业、现实生活及现实的人生存与发展的核心因素。

尽管国内外对恩格斯的文本有多种解读，但不可否认的是，对人的感性物质生产实践活动的强调是恩格斯哲学思想的核心。而在技术是

---

①　《马克思恩格斯选集》第4卷，人民出版社1995年版，第697页。

人的“活动方式”的意义上，人的存在和发展空间都是通过技术实现的，以至于全部人的活动迄今为止都是劳动，也就是工业，即技术性活动。从这一新的视野去考察，恩格斯关于劳动、技术（工业）、科学的起源，科学发展的动力，科学的真理性，科学技术与社会，人类的解放等一系列科学哲学与技术哲学问题的研究正是对实践唯物主义基本观点的进一步深化和发展。

第二节　真正的劳动是技术性（制造工具）的劳动

尽管实践包括人类的物质生产活动，以及政治的、科学的、艺术的等多种活动形态，但马克思、恩格斯始终把物质生活资料的生产劳动看作最基本的实践形态，是其他一切实践形态的基础和前提。他们关于人类社会起源理论的出发点是现实的人，即从事以制造和使用工具为根本特征的物质生产劳动的人。正如恩格斯在谈到劳动对人的产生与发展的根本性作用时所说：“毫无疑义，这种过度掠夺有力地促进了我们的祖先转变成人。在智力和适应能力远远高于其他一切猿种的某个猿种中，这种过度掠夺必然造成的结果就是可食植物的数目越来越扩大，可食植物中可食用的部分也越来越增多，总之，就是食物越来越多样化，随之摄入身体内的物质也越来越多样化，而这些物质就是转变成人的化学条件。但是，这一切还不是真正的劳动。劳动是从制造工具开始的。”[①]从人类制作和使用第一把石斧开始，“效率”概念就深深地刻在他们的脑海里了。“工欲善其事，必先利其器”。此后的发展——从手工生产向大工业生产的转变，从根本上改变了生产的性质和功能。人工器官代替了天然器官、机器代替了人手，不仅从根本上突破了人手和人体生理功能的局限，而且突破了人在生产中所形成的有限经验的限制，使人的能力获得了无限发展的可能性。

物质生活资料的生产是人类之本，是人区别于其他动物的本质性活动。对此，必须从存在论的高度加以把握，否则就会遮蔽历史唯物主义的革命性意义。正如马克思、恩格斯在《德意志意识形态》中所说：“可以根据意识、宗教或随便别的什么来区别人和动物。当人开始生产自己的生活资料的时候，这一步是由他们的肉体组织所决定的，人本身就开始

① 《马克思恩格斯选集》第 4 卷，人民出版社 1995 年版，第 379 页。

把自己和动物区别开来。”[1]人类的文明史就是劳动演进的历史，这是一个自然的人化与人的自然化双向互动的过程。

首先是手，正是在劳动过程中完善起来的。由于各种动作的实践，手得以逐渐完善。它不仅是劳动的器官，而且是劳动的产物。“如果说我们的遍体长毛的祖先的直立行走一定是先成为习惯，并且随着时间的推移才成为必然，那么这就必须有这样的前提：手在此期间已经越来越多地从事于其他活动了。在猿类中，手和脚的使用也通行某种分工。正如我们已经说过的，在攀援时手和脚的使用方式是不同的。手主要是用来摘取和抓住食物，这是比较低级的哺乳动物用前爪就能做到的。有些猿类用手在树上筑巢，或者如黑猩猩甚至在树枝间搭棚以避风雨。它们用手拿着木棒抵御敌人，或者以果实和石块掷向敌人。它们在被豢养的情况下用手做出一些简单的模仿人的动作。但是，正是在这里我们看到，甚至和人最相似的猿类的不发达的手，同经过几十万年的劳动而高度完善化的人手相比，竟存在着多么大的差距。骨节和筋肉的数目与一般排列，两者是相同的，然而即使最低级的野蛮人的手，也能做任何猿手都模仿不了的数百种动作。任何一只猿手都不曾制造哪怕是一把最粗笨的石刀。”[2]

“手的专业化意味着工具的出现，而工具意味着人所特有的活动，意味着人对自然界的具有改造作用的反作用，意味着生产。狭义的动物也有工具，然而这只是它们的身躯的肢体，蚂蚁、蜜蜂、海狸就是这样；动物也进行生产，但是它们的生产对周围自然界的作用在自然界面前只等于零。只有人才办得到给自然界打上自己的印记，因为他们不仅迁移动植物，而且也改变了他们的居住地的面貌、气候，甚至还改变了动植物本身，以致他们活动的结果只能和地球的普遍灭亡一起消失。而人所以能做到这一点，首先和主要是借助于手。甚至蒸汽机这一直到现在仍是人改造自然界的最强有力的工具，正因为是工具，归根到底还是要依靠手。”[3]劳动工具的制造与使用不仅对于人手的完善，而且对于大脑和发音器官的发展具有根本性意义。劳动导致了音节分明的语言的出现和人的思维的产生。人这时“已到了彼此间有些什么非说不可的地步了”。

---

① 《马克思恩格斯选集》第1卷，人民出版社1995年版，第67页。

② 《马克思恩格斯选集》第4卷，人民出版社1995年版，第374～375页。

③ 《马克思恩格斯选集》第4卷，人民出版社1995年版，第273～274页。

正如我们所知道的那样，既然劳动过程、劳动的物质工具和产品在其直接的物质存在中已具有社会性，而这种社会性同时又包含着这种一般间接性的需要和能力，那么，为了表达一般性，语言这一极为重要的手段就与劳动同时诞生了。“随着手的发展，头脑也一步一步地发展起来，首先产生了对影响某些个别的实际效益的条件的意识，而后来在处境较好的民族中间，则由此产生了对制约着这些条件的自然规律的理解。随着自然规律知识的迅速增加，人对自然界起反作用的手段也增加了；如果人脑不随着手、不和手一起、不是部分地借助于手而相应地发展起来，那么单靠手是永远造不出蒸汽机来的。”[①]人的生产活动根本不同于动物的本能的活动，“动物所能做到的最多是收集，而人则从事生产，人制造最广义的生活资料，这是自然界离开了人便不能生产出来的”[②]。

物质生产劳动既包括人的肉体活动，又包括人的精神活动，因为单个人如果不在自己的头脑的支配下使自己的肌肉活动起来，就不能对自然发生作用。正如在自然机体中头和手组成一体一样，劳动过程把脑力劳动和体力劳动结合在一起了。劳动工具的制造与使用不仅对于人手的完善，而且对于人的大脑和发音器官的发展也具有重要意义。劳动导致了音节分明的语言的出现和人的思维的产生。“经过多少万年的搏斗，手脚的分化，直立行走得以最终确定下来，于是人和猿区别开来，于是奠定了音节分明的语言的发展和人脑的巨大发展的基础，从此人和猿之间的鸿沟就成为不可逾越的了。”[③]人的语言和思维的产生，只有在共同劳动活动的基础上才有可能。动物由于没有劳动活动，因此他们对相互联系的需要是极其有限的。

“首先是劳动，然后是语言和劳动一起，成了两个最主要的推动力，在它们的影响下，猿脑就逐渐地过渡到人脑；后者和前者虽然十分相似，但是要大得多和完善得多。随着脑的进一步的发育，同脑最密切的工具，即感觉器官，也同步发育起来。正如语言的逐渐发展必然伴随听觉器官的相应的完善化一样，脑的发育也总是伴随所有感觉器官的完善化。鹰比人看得远得多，但是人的眼睛识别东西远胜于鹰。狗比人具有锐敏得多的嗅觉，但是它连被人当作各种物的特定标志的不同气味的百

① 《马克思恩格斯选集》第4卷，人民出版社1995年版，第274页。
② 《马克思恩格斯选集》第4卷，人民出版社1995年版，第373页。
③ 《马克思恩格斯选集》第4卷，人民出版社1995年版，第273页。

分之一也辨别不出来。至于触觉，即在猿类中刚刚显示出最粗糙的萌芽的触觉，只是由于劳动才随着人手本身而一同形成——脑和为它服务的感官、越来越清楚的意识以及抽象能力和推进能力的发展，又反作用于劳动和语言，为这两者的进一步发育不断提供新的推动力。"[①]在现代社会中，这一点已众所周知，但人们往往忽略了它形成的社会历史过程，即从说到写，从写到印刷，再到大众化的信息传播媒介，看作从劳动中产生的一种历史性存在过程。

恩格斯认为，动物的活动是一种本能的、顺应环境的、消极的活动。它只能以自身的存在、依循"适者生存"的规律使自然界发生某种变化。而人则不同，人源于自然，因而有受制于自然的受动性的一面；但同时又具有能动性，有超越自然的一面，具体表现为人的活动不只顺应自然，还要利用自然、支配自然，让自然为自己的目的服务。正如他在谈到劳动的根本性地位时曾指出的那样："我们已经看到：山羊怎样阻碍了希腊森林的恢复；在圣赫勒拿岛，第一批扬帆过海者带到陆地上来的山羊和猪把岛上旧有的一切植物几乎全部消灭光，因而为后来的水手和移民所引进的植物的繁殖准备了土地。但是，如果说动物对周围环境发生持久的影响，那么，这是无意的，而且对于这些动物本身来说是某种偶然的事情。而人离开动物越远，他们对自然界的影响就越带有经过事先思考的、有计划的、以事先知道的一定目标为取向的行为特征。动物在消灭某一地带的植物时，并不明白它们是在干什么。人消灭植物，是为了腾出土地播种五谷，或者种植树木和葡萄，他们知道这样可以得到多倍的收获。他们把有用植物和家畜从一个地区移到另一个地区，这样就把各大洲的动植物区系都改变了。"[②]物质生产劳动（人和自然的经常的相互作用）不仅改变自然界，而且改变人自身；不仅改变生产工具和人的习惯、技能、机敏，而且改变人们之间的关系。换言之，作为人的生命活动，人的最本己、最现实的类活动，不仅包含着人与自然的关系，而且包含着人与人的关系。在人与自然的关系上，劳动体现了人的受动性与能动性的统一，是能动的受动与受动的能动的辩证统一；在人与人的关系上，劳动体现着社会性。劳动造成了双重转变：一方面，劳动的人自身由于他的劳动而改变着他自身的自然，即逐渐成为人或称作自然的人化；另一

---

① 《马克思恩格斯选集》第4卷，人民出版社1995年版，第377页。
② 《马克思恩格斯选集》第4卷，人民出版社1995年版，第381页。

方面，他又作用于外在的自然，使自然适应自己，为自己服务。

劳动是人的社会性产生和存在的基础，正是通过生产过程，人们才脱离动物王国，成为人，实现了人的第一次提升，“在物种方面把人从其余的动物中提升出来”，实现了从动物到人、从自然界到人类社会的飞跃。从原始人磨制第一把石斧起，到今天的高科技产品，都是人类劳动的产物，是人类本质力量对象化的产物，是物的因素与人类精神力量的统一体。技术是劳动的核心要素和劳动水平的标志。而“实践”无论在形式上还是内容上，归根结底无不现实地被技术所规定。事实上，有什么样的技术便有什么样的实践，实践只有在技术中才具有现实性、历史性和可理解性。

马克思、恩格斯在形成自己的实践观时，紧紧把握技术或工业活动这一特殊的实践形式。因为人类的技术或工业活动是实践活动发展的高级阶段，是集中反映人的能动性、创造性的本质性活动，也是形成现代无产阶级的客观的物质基础和条件，技术或工业活动的历史是真正意义上的人类史。人的存在是由人自己通过技术造就的。技术是人的本质构成的基本要素。对此，马克思在《资本论》中指出：“一般说来，劳动过程只要稍有一点发展，就已经需要经过加工的劳动资料。在太古人的洞穴中，我们发现了石制工具和石制武器。在人类历史的初期，除了经过加工的石块、木头、骨头和贝壳外，被驯服的，也就是被劳动改变的、被饲养的动物，也曾作为劳动资料起着主要的作用。劳动资料的使用和创造，虽然就其萌芽状态来说已为某几种动物所固有，但这毕竟是人类劳动过程独有的特征，所以富兰克林给人下的定义是‘a toolmaking animal’，制造工具的动物。动物遗骸的结构对于认识已经绝种的动物的机体有重要的意义，劳动资料的遗骸对于判断已经消亡的经济的社会形态也有同样重要的意义。各种经济时代的区别，不在于生产什么，而在于怎样生产、用什么劳动资料生产。劳动资料不仅是人类劳动力发展的测量器，而且是劳动借以进行的社会关系的指示器。在劳动资料本身中，机械性的劳动资料（其总和可称为生产的骨骼系统和肌肉系统）远比只是充当劳动对象的容器的劳动资料（如管、桶、篮、罐等，其总和一般可称为生产的脉管系统）更能显示一个社会生产时代的具有决定意义的特征。后者只是在化学工业中才起着重要的作用。”①

① 《马克思恩格斯选集》第2卷，人民出版社1995年版，第179页。

马克思、恩格斯始终把技术、工业、科学实验看作人的实践活动的重要形式，把工业看作自然界与人之间的现实的历史关系。因而，人类历史发展的程度是以技术、工业的水平为标志的。“工业的历史和工业的已经生成的对象性的存在，是一本打开了的关于人的本质力量的书，是感性地摆在我们面前的人的心理学……因为全部人的活动迄今为止都是劳动，也就是工业……自然科学却通过工业日益在实践上进入人的生活，改造人的生活，并为人的解放做准备，尽管它不得不直接地使非人化充分发展。工业是自然界对人，因而也是自然科学对人的现实的历史关系。因此，如果把工业看成人的本质力量的公开的展示，那么自然界的人的本质，或者人的自然的本质，也就可以理解了。”①在《德意志意识形态》中，他们把商业和工业同时看作人的感性活动，批判费尔巴哈直观唯物主义的不足时指出：“他没有看到，他周围的感性世界绝不是开天辟地以来就已经存在的、始终如一的东西，而是工业和社会状况的产物，是历史的产物，是世世代代活动的结果。”②

物质资料的生产活动是人类最基本的实践活动，也是人类历史上最早发生的实践活动。人类为了从自然界获得生活资料，就必须改变自然，但不能赤手空拳地进行，这一过程必须以劳动工具作为中介，即必有技术活动，否则不是真正的劳动。人类祖先使用工具的历史，最初为偶然拾得的石块或树枝，然后才是有意识地选择加工工具的活动。这种活动首先表现于人类的个体或局部，但由于人类的祖先有很强的学习和模仿能力，因此每一种技巧的获得都会极快地实现社会化，具有了社会性的意义。正如恩格斯所说：“劳动是从制造工具开始的。我们所发现的最古老的工具是些什么东西呢？根据已发现的史前时期的人的遗物来判断，并且根据最早历史时期的人群和现在的最不开化的野蛮人的生活方式来判断，最古老的工具是些什么东西呢？是打猎的工具和捕鱼的工具，而前者同时又是武器。但是打猎和捕鱼的前提：是从只吃植物过渡到同时也吃肉，而这又是转变成人的重要的一步。肉类食物几乎现成地含有身体的新陈代谢所必需的各种最重要的物质，它缩短了消化过程以及身体内其他植物性的即同植物生活相关的各种过程的时间，因此赢得了更多的时间、更多的物质和更多的精力来过真正动物的生活。这种正

① 《马克思恩格斯全集》第3卷，人民出版社2002年版，第306页。
② 《马克思恩格斯选集》第1卷，人民出版社1995年版，第76页。

在生成中的人离植物界越远，他超出动物界的程度也就越高。如果说除吃肉外还要习惯于吃植物这一情况使野猫和野狗变成了人的奴仆，那么除吃植物外也要吃肉的习惯则大大促进了正在生成中的人的体力和独立性。但是最重要的还是肉食对于脑的影响，脑因此得到了比过去丰富得多的为脑本身的营养和发展所必需的物质，因而它就能够一代一代更迅速、更完善地发育起来。”①

马克思、恩格斯不仅承认自然界的客观实在性及其对于人类的优先地位，在自然观上坚持了唯物主义的基本原则，而且批判地汲取了黑格尔关于劳动中介性的观点，确立了从实践出发去考察人与自然关系的视角，既从实践去理解人与自然的分化和对立，又从实践去探寻人与自然的和谐统一，从而真正揭示了人与自然关系的全部奥秘，创立了历史唯物主义的自然观。恩格斯指出，人是从自然界中分化出来的，是从高等动物即类人猿进化而来的，而劳动就是人类借以从自然界分化并独立出来的根本力量。

“劳动创造了人本身”，这里所说的劳动应当有两重含义：一是大量地、经常地使用天然工具的劳动，即史前劳动，也就是马克思所说的“动物本能式的劳动形式”；二是从制作工具开始的、使用自制工具而进行的劳动，即“真正的劳动”，恩格斯所强调的是后者。

不难看出，恩格斯把劳动——实践的最基本形式看作整个人类历史的根基，把劳动看作人的发展的基础，不仅是人的物质生存发展的基础，而且是人的社会关系、精神能力发展的基础。技术是人的本质构成的基本要素。恩格斯抓住了历史唯物主义的深邃本质：正是在实践过程中，人们改造、认识着自然界，同时也改造、创造和认识自己本身的社会关系、肉体组织和思维结构。正如马克思所说：“整个所谓世界历史不外是人通过人的劳动而诞生的过程，是自然界对人来说的生成过程。”②

把人和动物区别开来的是制造和使用工具的劳动，即技术性劳动，而不是人们在日常生活中所理解的一般活动。人的劳动是人以自身的能动或主动活动来引起、调节和控制人与自然（外界自然和人身自然）之间关系的广义的物质性活动。人类劳动不同于其他的本能活动所具有的目的性、自觉性，具体表现在，劳动得到的结果在其开始时就已经在劳

---

① 《马克思恩格斯选集》第 4 卷，人民出版社 1995 年版，第 379 页。

② 《马克思恩格斯全集》第 3 卷，人民出版社 2002 年版，第 310 页。

动者的观念中存在了，这个目的是他预先知道的。

在《神圣家族》中，马克思、恩格斯嘲笑了那种以为"只要它把人对自然界的理论关系和实践关系，把自然科学和工业排除在历史运动之外"，就能够对历史现实得到哪怕最初步认识的想法。[①] 人的劳动或者说真正的人的劳动，"是从制造工具开始的"。对"制造工具"不应只从"工具"或"实体"的层面去理解，不能仅仅诉诸人的感性直观去理解，而应从实体要素、智能要素和工艺要素的总体去把握，从动词思维、过程思维去理解。由此才能深刻理解工业的历史和工业的以往产生的对象的存在，是一本打开了的关于人的本质力量的"书"，是感性地摆在我们面前的人的心理学。

马克思、恩格斯把劳动看作造成人与动物间本质区别的原因。恩格斯"劳动创造了人"这一命题既不是一个生物学命题，也不是一个人类学命题，而是一个人类学存在论命题，这是理解恩格斯哲学思想的关键。这一命题揭示了"劳动"对人类的生成与发展的前提性意义。卢卡奇认为："把劳动当作实践的原始形式加以阐述，这与马克思的论断的精神是完全一致的；几十年后，正是恩格斯，发现劳动乃是使人成为人的决定性动力。"[②]劳动是人的一切社会关系及其总和的前提，因为没有人的这种生命活动，种种社会关系便无从谈起。

技术活动作为人类的本质性活动，已成为技术时代的哲学关注现实的焦点与核心。海德格尔把技术问题与哲学的终极问题相关联。在他看来，"现代技术是形而上学的完成形态"，就已经明确地把技术提升到哲学的核心地位。在《存在与时间》中，他详细地描述了人与世界的关系何以首先是一种操持关系，其次才是作为派生性的认识关照的关系。他认为，技术起初并不是那些器具所代表的东西，它的实质是真理的开启方式。后现代大师法国哲学家德里达也指出："技术是真理的存在方式。"这说明在西方哲学的反思活动中，明显地体现一种关注实践问题、关注造物活动（技术）的趋向。

李泽厚特别强调使用——制造工具的活动，认为使用——制造生产工具是从原始时代起的科技行为，是维持、延续人类生存与发展的根本基础及动力，在社会存在中占有本体位置。他以"人类如何可能"来回答

① 《马克思恩格斯文集》第1卷，人民出版社2009年版，第350页。

② ［匈］卢卡奇：《关于社会存在的本体论》，重庆出版社1993年版，第28页。

康德“认识如何可能”的著名哲学问题。他以“使用——制造工具”来界定马克思主义的“实践”概念，强调生产力的重要性，强调唯物史观和实践论的统一。对于实践，可做狭义和广义两种理解。狭义的实践就是使用——制造物质工具的劳动操作活动，广义的实践则几乎等同于人的全部感性活动和感性人的全部活动，从生产劳动中的发号施令、语言交流以及各种符号操作活动到日常生活中的种种行为活动。人类最基础的实践是制造和使用工具的劳动，亦即社会生产活动，而这种劳动的进步、生产力的提升都是以制作和使用工具的水平——技术水平为标志的。

第三节　工业或技术——历史唯物主义的核心概念

资本主义大工业的产生和发展是马克思主义创立的现实基础，工业或技术的发展及历史作用必然成为历史唯物主义的核心范畴。19 世纪 40 年代，英国已成为发达的工业国家，为研究资本主义大工业时代的各种问题提供了良好的现实条件。恩格斯观察和研究的只是处于早期阶段的资本主义技术进步的后果，但他已经敏锐地察觉到，技术进步与技术革新受资本的强制推动已成为资本增殖、资本家剥削工人的重要手段——为资本服务的工具理性，伴随着资本主义整个历程中技术进步而来的矛盾和对抗。当时，英国大工业最主要的部门是纺织生产，而其中起决定作用的是棉纺织工业。正是从这个部门开始，机器的大量使用和新技术发明、生产上日新月异的改进不断扩展到其他部门，导致手工劳动几乎到处被机器排挤，一切操作都用水力或蒸气动力，而且每年都有改进。

在《国民经济学批判大纲》这部马克思主义经济学的开篇之作中，恩格斯对工业或技术对人类历史发展的重大作用进行了深入研究。他认为，劳动除了包括资本和简单劳动这一肉体要素外，还应包括经济学家们想也想不到的第三要素，即发明和思想这一精神要素。恩格斯的这一观点科学地预见了智力因素在生产力中所具有的重要地位，堪称“科学技术是第一生产力”思想的先驱。在《国民经济学批判大纲》写作的时代，恩格斯已认识到资本与科学技术之间的相互作用。作为生产力的重要形式，大量的科学技术成果只是作为公共品由资本家无偿占有，企业主仅向企业技术人员支付普通工资即可。因此，在经济学家看来，技术发明不能作为经常性的独立开支列入生产费用，这是与技术所生产的极大的经济效益不相称的。所以恩格斯指出，科学是资本家不费分文获得的礼物。“在一个超越利益的分裂——正如在经济学家那里发生的那样——的合理状态下，精神要素自然会列入生产要素，并且会在经济学的生产费用项目中找到自己的位置。到那时，我们自然会满意地看到，扶植科学的工作也在物质上得到报偿，会看到，仅仅詹姆斯·瓦特的蒸汽机这样一项科学成果，在它存在的头50年中给世界带来的东西就比世界从一开始为扶植科学所付出的代价还多。”[①]在此，通过对生产力的主客观要素的深入分析，恩格斯已准确地预见到科学技术作为人类智力的结晶，对社会生产力的巨大影响。

在马克思、恩格斯看来，科学技术、大工业和按工业方式经营的大农业一起对自然和人发生作用。在科学技术的“帮助”下，如果说大工业和大农业原来的区别在于，前者更多地滥用和破坏劳动力即人类的自然力，而后者更直接地滥用和破坏土地的自然力的话，那么，在以后的发展进程中，两者会与科学技术携手并进，因为农村的产业制度使劳动者精力衰竭，而工业和商业则为农业提供各种手段，使土地日益贫瘠。

恩格斯率先在经济著作中对产业革命做了分析，阐述了它的起因和后果，描述了它所造成的社会生活的根本变化，揭示了科学、技术、产业、资本之间的内在联系。从恩格斯的这本书出现起，不仅“产业革命”这一术语，而且恩格斯赋予这个术语的内容都永久地列入了政治经济学和历史学之中。恩格斯对产业革命进行的分析成为马克思在《资本论》中对资本主义大机器生产的产生与普及进行深刻和全面研究的基础。在《资本论》中，正如在恩格斯的著作《英国工人阶级状况》中一样，产业革命是根据典型资本主义国家的具体历史材料加以考察的。

在《资本论》的写作过程中，马克思从恩格斯关于工厂制度及其对工人阶级劳动条件和生活状况影响的著作中做了详细摘录，并将《英国工人阶级状况》同安·尤尔的《工厂哲学》一书加以对比之后指出，这两本著作都是关于工厂制度的好书，但是，尤尔是作为工厂制度的奴隶来论述的，而恩格斯是作为工厂制度的自由的批判者来论述的，体现了恩格斯对资本主义生产的深刻把握，也必然彰显恩格斯对资本主义现代性批判的理论深度和历史视域。

---

① 《马克思恩格斯文集》第1卷，人民出版社2009年版，第67页。

第四节 技术——人类生产力发展的指示器

人类活动与其他动物活动的根本区别之一在于，前者是技术性的活动，而后者是本能性的活动。因而，工具或技术的发明与使用及其后果始终受到广泛关注。

早在2000多年前，中国的冶炼、水利、农业技术就已比较发达。春秋末年写成的《考工记》《吕氏春秋》等著作就已对此做了很好的总结。大约在同一时期，古希腊人也开始对技术活动给予特别的关注。亚里士多德在《伦理学》中就对人的技术活动及其与人类其他活动的区别做了多方面的探讨，并认为技术活动相对于科学和人类的其他智力活动处于较低级的水平。古希腊之后，早期基督教徒对技术仍持有轻视与怀疑的态度，直到中世纪，情况才稍有好转，尽管当时技术的效用仍被看作"多余、冒险且有害的"，但已有人开始对技术给予积极的评价，如圣奥古斯丁在《上帝之城》中所说，"人类技能所能达到的进步与完善"是神的善行所创造的奇迹。公元5世纪，意大利的一些僧侣就倡导一种精神禁欲以限制人的自由，教导人们过有节制的劳心和劳力生活。此后，技术的效应逐步得到肯定，以致承认技术有助于从事慈善的体力劳动。这些都为人们积极评价技术的效用开辟了道路。

中世纪后期，西方资本主义的发展和宗教改革逐渐培植了一种新的价值观。此前的基督教把尘世看作罪恶的渊源，要使灵魂得到拯救，最好的方法就是躲进修道院里，清心寡欲、苦行修炼，以逃避罪恶的现实世界。尽管改革之后的宗教仍持原罪说，但就如何拯救灵魂则给出了不同的途径。新教认为，人不但不应躲避尘世的生活，相反，应积极参与现实生活，在实际事务中弘扬上帝的美德。为人类谋福利才是一个好的基督徒应具有的品德，只有以这种方式积德行善，才能使灵魂得救，而科学和技术无疑是达到这一目标的最有效手段，由此对于科学和技术的发展产生了巨大的推动作用。大批清教徒认为，科学技术活动能改善人的物质生活，增强人们对上帝造物的理解，这在上帝看来就是善行。于是，科学技术活动成了他们实现人生价值的最重要途径，现实的技术活动也就获得了一种超功利的精神寄托，从而使科学、技术活动成为全社会各行各业中最吸引人和最受尊敬的活动之一。然而，韦伯的这种观点并未触及科学技术得以快速发展背后的资本动因。

文艺复兴时期，技术已经有了很大发展，参与各种实用技术的工匠越来越多，其社会地位也日益提高。他们通过对自己的实践经验和试验结果的概括和总结，开始著书立说，如比林格西奥的《热加工技术》(1540)、阿格里柯拉的《金属学》(1556)、雷米利的《种种巧妙的机械》(1588)、韦仑蒂乌的《新机械》(1617)。这些来自技术实践的书籍不仅记述了各式各样的新机械，而且对相关的技术知识进行了概括和总结，从而为人们思考相关的技术哲学问题创造了前提。随着科学技术和资本主义的发展、人性的张扬和神性的消失，自然界日益被降格为可在技术上被任意干涉、利用和掠夺的对象。

近代哲学家和思想家大多怀着极为乐观的态度对技术问题做了广泛探讨。早期的英国唯物主义者 F.培根认为，技术是人类征服自然的重要手段，印刷术、火药、指南针的发明比起政治上的征服以及哲学上的论争更有益于人类。“现在流行的哲学还抱着和滋养着某些教条，这些教条的目的(如果仔细加以考察)乃是教人相信，凡是困难的东西，凡是可以用来支配自然和征服自然的东西，都不能期待于技术和人的劳动。”①

在英国经验主义哲学家霍布斯看来，“人类最大的利益，就是各种技术，亦即衡量物质与运动的技术，推动重物的技术、建筑术、航海术，制造各种用途的工具的技术，计算天体运动、星体方位和时间部分的技术、地理学的技术等”。②

法国百科全书派代表人物狄德罗在其主编的《百科全书》中专门列出了“技术”条目。在他看来，“技术是为某一目的共同协作组成的各种工具和规则的体系”。这种定义在今天仍为许多人所接受。不过，从更高的理论层次来看，这一观点是有待进一步深化的。法国著名唯物主义哲学家爱尔维修则从人与自然的关系方面谈到技术。他认为，饥饿乃技术活动的终极根源。“饥饿是支配人的行动的最经常的原则……使野蛮人留在湖上和林中整整六个月，教他们扳弓结网、安设陷阱的，是饥饿。在各个文明民族中使一切公民行动，使他们耕种土地、学一种手艺、从事

---

① 北京大学外国哲学史教研室编译:《16—18 世纪西欧各国哲学》，生活·读书·新知三联书店 1958 年版，第 35 页。

② 北京大学外国哲学史教研室编译:《16—18 世纪西欧各国哲学》，生活·读书·新知三联书店 1958 年版，第 63～64 页。

一种职业的，也还是饥饿。”[①]显然，在爱尔维修看来，生存需求导致技术活动的产生与发展，技术即人的工具和手段。哲学家卢梭对技术的批判占有独特的地位。由于他更多地关注技术对人类所带来的消极影响，忽视了科学技术对于推动人类进步的巨大作用，因此对技术带有浓重的悲观色彩，对技术的批判有着突出的浪漫主义情调。

总之，近代哲学家们已从不同的方面注意到了技术及其相关问题，但其论述仍缺乏系统性，还没有达到对认识论问题的研究所具有的哲学高度和理论水准。当然，这也是由当时的生产力水平不高及工业尚不发达所决定的，以致许多问题还没有凸显出来，他们能感受到的只是技术对人类生存的重要性，而技术对人的自由所带来的损害、工业发展所导致的环境污染等一系列问题尚无直接感受，因而也就不可能对之做深入的理论探讨与思考。

在德国哲学家康德看来，技术是一种“已获得的技巧”，是与人的理性能力相对立的一种“实践能力”。技术包含所有根据“单纯的机械法则”或“实用性的原则和规则”所进行的行为与活动，人也具有一种“技术的判断力”，它能够使人按照原则有目的地进行活动。

黑格尔把人类发明和利用工具看作“理性的机巧”。他认为，人类要进行有效的劳动就必须研究自然，而这种研究又首先集中在确定劳动手段上。这些手段就成了使劳动的结果得以固定下来，使劳动经验得以延续下去，尤其是使劳动得以向更高阶段发展的主要社会保障。所以，对社会存在本身来说，确定劳动手段（如工具等）所依据的这种比较恰当的认识往往比满足一定的需要（设定目的）更为重要。他曾多次提及机械的技术与化学的技术，强调理性在机械和化学过程中的能动作用。在《逻辑学》中，黑格尔专门论证了目的与手段之间的辩证关系。在他看来，没有脱离目的的手段，也没有脱离手段的目的，只有通过手段这个中介，目的才能变为现实。因而“手段是一个比外在合目的性的有限目的更高的东西；——犁是比由犁所造成的、作为目的的、直接的享受更尊贵些。工具保存下来，而直接的享受则会消逝并忘却。人以他的工具而具有支配外在自然界的威力，尽管就他的目的说来，他倒是要服从自然界

---

① 北京大学外国哲学史教研室编译：《16—18世纪西欧各国哲学》，生活·读书·新知三联书店1958年版，第497页。

的"[①]。在此,黑格尔不仅强调了人对技术的依赖性、技术在人类认识自然和改造自然的过程中的重要作用,同时强调了技术活动即人的能动性的重要准则——服从自然界。换言之,成功的劳动过程是自然规律性和目的性的有机结合。他在《法哲学原理》中曾指出劳动分工和技术发展对社会产生的影响,由于个人劳动通过分工而变得更加简单,结果不仅导致个人在其抽象劳动中的技能的提高、生产量的增加,而且导致劳动的日益机械化,最后人被机器所代替,这实际上已触及了技术异化的问题。

对技术做出具有原则高度的分析与批判的是马克思和恩格斯。他们基于历史唯物主义的基本立场,把技术性活动作为人的现实的活动的核心,认为人类真正的劳动是使用和制造工具的劳动。人类创造了技术,由此通过体外进化的方式得以快速发展。

恩格斯"劳动创造了人本身"的正确论断是历史唯物主义关于人的产生、发展理论的核心,这与马克思所说的"整个所谓世界历史不外是人通过人的劳动而诞生的过程"这一观点是完全一致的。他们都一致认为技术活动对人类发展有着决定性意义,并把其作为探讨人类社会发展规律的理论支点。1894 年,恩格斯在致符·博尔吉乌斯的信中明确谈道:"我们视之为社会历史的决定性基础的经济关系,是指一定社会的人们生产生活资料和彼此交换产品(在有分工的条件下)的方式。因此,这里包括生产和运输的全部技术。这种技术,照我们的观点看来,也决定着产品的交换方式以及分配方式,从而在氏族社会解体后也决定着阶级的划分,决定着统治和被奴役的关系,决定着国家、政治、法等。"[②]换言之,技术条件对于社会的生产方式和交换方式(在有分工的条件下)具有决定性的作用,这对于我们认识和处理人类社会发展中所出现的各种问题,把握人类社会发展的基本规律具有重要的指导意义。我们的机体、智力以及所有认识成果等都是在以技术为核心的生存实践活动中不断生成和发展的。

如果说劳动创造了人本身,那么,人的进化过程就是以技术为核心的劳动发展史。作为人的体外感官的技术对于人类的进化与动物的感官之于动物的进化具有同等重要的意义。正是在这个意义上,马克思恩

---

① [德]黑格尔:《逻辑学》(下卷),商务印书馆 1996 年版,第 438 页。

② 《马克思恩格斯选集》第 4 卷,人民出版社 1995 年版,第 731 页。

格斯的历史唯物主义在达尔文那里找到了知音。达尔文的《物种起源》第一版于1859年11月出版，共印行1 250册，并且在出版当天就销售一空。恩格斯在最短的时间内研读了该书。他在1859年12月12日向马克思通报说："我现在正在读达尔文的著作，写得简直好极了。目的论过去有一个方面还没有被驳倒，而现在被驳倒了。此外，至今还从来没有过这样大规模的证明自然界的历史发展的尝试，而且还做得这样成功。当然，人们不能不接受笨拙的英国方法。"[①]一年之后，马克思开始研究达尔文，他在1860年12月写给恩格斯的信中说："在我经受折磨的时期——最近一个月——我读了各种各样的书，其中有达尔文的《自然选择》一书。虽然这本书用英文写得很粗略，但是它为我们的观点提供了自然史的基础。"[②]在《资本论》第一卷中，马克思强调要注意"社会人的生产器官"和"批判的工艺史"问题，并指出："达尔文注意到自然工艺史，即注意到在动植物的生活中作为生产资料的动植物器官是怎样形成的。社会人的生产器官的形成史，即每一个特殊社会组织的物质基础的形成史，难道不值得同样注意吗？"[③]鉴于"工艺学会揭示人对自然的能动关系"，因此"社会人的生产器官"的形成表明，人的实践活动的特点是使用人们自己制造的工具，而不是使用天然工具。

最近几十年古生物学的重大发现以及20世纪南方古猿的各种遗迹的发掘共同导致了人类进化理论的发展——这些理论有力地印证了恩格斯的观点。人类学家舍伍德·L.沃什伯恩于1960年9月在《科学美国人》上发表的论文——《工具和人类进化》就展示了这些发展所带来的震撼："许多最新发现把50万年之前存在的灵长类动物与石制工具联系起来。近年来，研究者们不断从非洲的古代沉积物中发掘出最简单的工具。最初他们认为这些工具是拥有较大脑量的、完全直立行走的人存在的证据。后来，他们才认识到这些工具更多地与原始人类有关，即与那些不能完全直立行走的、脑量较小的人类近亲或者类人猿有关。此前，主流观点都认为：人类先进化到预定的结构状态，然后才有可能发明工具和新的生活方式，而他们的研究则表明，类人猿——一种能够奔跑但还不能直立行走，其大脑还没有现存的猿的大脑大的生物——已经学会

① 《马克思恩格斯全集》第29卷，人民出版社1972年版，第503页。
② 《马克思恩格斯全集》第30卷，人民出版社1974年版，第131页。
③ 《马克思恩格斯全集》第23卷，人民出版社1974年版，第203页。

了制造和使用工具。由此证明，现代人类的结构，根据自然选择理论，肯定是使用工具的生活方式发生变化的结果。”①

这种分析后来被写进了1974年舍伍德·L.沃什伯恩和鲁斯·摩尔共同发表的《工具创造了人》一文中。在他们看来，理解人类进化的关键在于怎样解释手的发展——与制造工具以及一般意义上的劳动相联系的手的发展。通过这种方式，许多现代人类学理论回归到恩格斯在19世纪首先倡导的唯物主义——共同进化的观点。正是劳动，从一开始就不仅构成了人类社会发展的秘密，而且构成了“从猿到人转变”的关键，也正是劳动规定了人类所拥有的特殊的生态地位。

人类的历史就是一部利用工具和制作工具的历史。作为一条主线，工具使用的历史贯穿人类的历史。从本质上说，人的实践活动对猿类行为的升华和超越具有决定性意义的是意识能力的升华和超越，制作和使用工具则是这种升华和超越的物质标志。本杰明·富兰克林认为：“人是制造工具的动物。”柏格森把人看作“制造工具的人”。在德国技术哲学家卡普看来，对人类历史的全面考察表明，人类的历史无非是发明更好的工具的历史。

在人类历史的发展中，技术因素始终起着关键性作用。在漫长的古代，生产力发展十分缓慢。随着13～14世纪资本主义的萌芽与产生，生产力开始有了较快的发展。17世纪末，牛顿力学的建立为机械工业、土木工程等工程技术的发展提供了理论基础。18世纪60年代，随着纺纱机、织布机、蒸汽机等工作机和动力机的出现，机械工业开始取代手工工业，产业革命在推动生产力发展的同时，造就了无产阶级，劳动的异化、经济危机的反复爆发以及环境问题开始凸显。这是马克思主义得以产生的坚实的社会基础。在《神圣家族》中，马克思、恩格斯针对鲍威尔等人认为“自我意识”在历史中起决定作用，企图从历史运动中排除人对自然界的理论关系和实践关系，排除自然科学和工业，认为这样才能开始对历史现实的认识的谬论，尖锐地指出：“难道批判的批判以为……”。“它也把历史同自然科学和工业分开，认为历史的诞生地不是地上的粗糙的物质生产，而是天上的迷蒙的云兴雾聚之处。”②针对鲍威尔等人鼓吹“自我意识”即“精神”就是一切的唯心主义观点，马克思、恩格斯指出：

---

① *Scientific American*, Vol.203, No.3, 1960, p.63.

② 《马克思恩格斯文集》第1卷，人民出版社2009年版，第350页。

“思想本身根本不能实现什么东西。思想要得到实现，就要有使用实践力量的人。”①

生产劳动并不仅仅是一种工具、一种理性实现其目的的手段。人的劳动必须借助工具，但是在劳动过程中，工具构成人的生产方式乃至生活方式的一部分，从而，这种工具与工具活动本身便与人的本质性相关联。正如科西克所认为，劳动是一种渗透人的全部存在并构成人的特征的进程。“劳动过程中发生着某种影响人的本质和人的存在的事情，‘劳动是什么’和‘人是谁’这两个问题之间存在着内在联系。”②在恩格斯看来，人类的出现实际上就是技术的出现……技术的出现以语言的出现为标志。这种外在化过程包含的运动之所以具有矛盾性，就是因为……工具——技术——发明了人，而非相反。换言之，人在发明工具的同时，在技术中自我发明——自我实现技术化的“外在化”。生产活动是人的第一活动，而劳动工具则是人类实现目的的首要中介。为了达到目的，必须按照工具运行的规律去从事生产活动。

这里所说的“劳动”，在根本性上只是“技术意义上的劳动”，或直截了当地说就是技术或工业，而“工业”的本质即技术。“对象世界”是技术造就的，这在当代人的经验中是极易理解的。近代以来，特别是进入“技术世界”的当代，“技术世界”似乎具有自明性和无可辩驳的正当性。即使是古代的人的“对象世界”也同样是技术造就的。比如，古代的猎人或游牧民族的“对象世界”就取决于当时的狩猎技术或“游牧技术”。

分工的阶段取决于生产力的每一次发展，表现为生产发展的结果。当代行业的划分(如电影、电视划入出版业)与技术的发展密切相关。人类之所以可能的根据在于制造和使用工具。人类是从创造和使用工具开始创造自己的历史的。人类的历史就是一部生产的历史，历史中各种生产时代的区别不在于生产什么，而在于怎样生产、用什么工具生产。人们曾按照制造工具和武器的材料，把人类史划分为石器时代、青铜时代、铁器时代、蒸汽机时代、电气时代和信息时代。考古学对于动物的考察和对于人的考察的立足点是不同时，对古生物的考察关注的是其骨骼结构的进化，而对古人类的考察则着眼于他们的器物，这些器物作为人的目的的物化，打上了人的意志的印记，体现着当时的科学、技术水平及

① 《马克思恩格斯文集》第1卷，人民出版社2009年版，第320页。
② [捷]科西克：《具体的辩证法》，社会科学文献出版社1989年版，第149页。

各种文化信息。

正是通过制造和使用工具的活动,即技术活动,人类不仅创造了人的外在世界,而且创造了人的内在世界。马克思、恩格斯在总结前人研究成果的基础上,把人作为历史的主体,历史是人的历史。“人类史同自然史的区别在于,人类史是我们自己创造的,而自然史不是我们自己创造的。”①从猿到人的第一个飞跃就是人凭借技术(工具)把自己提升为历史主体。恩格斯在分析自然史和人类史的根本不同时强调:“在社会历史领域内进行活动的,是具有意识的、经过思虑或凭激情行动的、追求某种目的的人。”②

我们把人类文明形态区分为农业文明、工业文明和后工业文明的依据是以劳动工具为核心的劳动资料。只有近代工业所产生的空前巨大的生产力才真正具有人化自然的能力。大工业“首次开创了世界历史”。只有工业文明时代才是人的真正的历史,没有现代工业实践,现代历史是不可能的。以技术水平为核心的劳动资料不仅是人类劳动力发展的测量器,而且是劳动借以进行的社会关系的指示器,还是人类对自然界认识水平——科学发展的标志。因而,我们不能仅从表面的有用性角度去理解工业和科学,而要把它们与人的本质力量联系起来理解,要认识到工业和科学是人的本质力量对象化的活动及其结果。“如果懂得在工业中向来就有那个很著名的‘人和自然的统一’,而且这种统一在每一个时代都随着工业或快或慢的发展而不断改变,就像人与自然的‘斗争’促进其生产力在相应基础上的发展一样,那么上述问题也就自行消失了。”③

以物质资料的生产活动作为人们全部多种多样实践活动的原型和最基础形态,人类不但得以脱离动物“王国”,走上感官机体和精神以及人类社会的文明发展之路,实现人自身的自然的人化,同时,人类也凭借技术的发展,不断改造自然界,使人类生存条件得以改善,使自然界不断人化,从而超越了动物界,获得了超生物性生存的自由。这个外在自然人化的历史也就是人类科技发展和物质文明不断进化的历史,使之更适合人类的生存,从而使自然界不断人化。人类正是通过不断地创造和改

① 《马克思恩格斯全集》第 23 卷,人民出版社 1974 年版,第 409～410 页。
② 《马克思恩格斯选集》第 4 卷,人民出版社 1995 年版,第 247 页。
③ 《马克思恩格斯选集》第 1 卷,人民出版社 1995 年版,第 76～77 页。

进生产工具，改变生存环境和生产水平（从游牧到农耕再到工业）来实现人的生存欲望。而欲望的实现需要各种客观条件，其中，生产工具占有核心地位。制造——使用工具是人的实践活动与动物界自然生存的分界线，即确认科学技术——生产力是社会存在的根本基础。因而，技术实践活动对人的生存状况具有决定性的影响，它不仅标志着科学发展的程度和人类对自然界的认识水平，而且对社会的政治、法律、哲学、宗教、文学、艺术等方面都产生重要影响。因此，对人类技术活动的深入研究，对"工业和交换"的历史的系统性研究必然成为马克思、恩格斯研究人类社会历史发展规律时所关注的核心。作为其出发点的现实的人绝不是游离于现代技术文明或工业文明之外的人，而是处于现实的社会关系中的人，是从事技术创造并在技术所构造的现实社会条件下生存的人。

在《德意志意识形态》中，马克思、恩格斯不再从笼统的实践概念出发，而是从实践活动的核心——物质资料的生产这个人类历史活动的真正起点开始面对社会存在。因为在自然经济中，我们的外部世界的基础不是人类的劳作，而是原始的自然。那时，从畜牧业到农业、种植业的生产活动，人与自然界的关系基本上是一体的。因而，在大工业生产以前的社会生活中，人只是自然活动的一个能动因素，作为主体的人还只是在土地上优选和协助自然物质生产，人的劳作还只是作为外部自然界生长的辅助条件，根本不是马克思、恩格斯批判费尔巴哈时所指认的整个感性世界的基础。只有真正体现着人的能动性、创造性的工业的或技术性的历史才是真正的人类历史。换言之，工业活动才是他们所指认的真正意义上的人类实践活动。工业创造了人在其中居于主导地位的新存在，所以，工业实践才是真正意义上的实践。因而，工业的历史是真正的人类史。正是在这个意义上，马克思把当时的德国看作一个"具有微不足道的历史发展"或"历史发展不足"的国家。[①] 德国具有长期的农业生产阶段，但没有现代工业、商业和交往（交换）。以工业实践为基础的历史是马克思主义产生和发展的基础。他们用人类的感性实践所产生的感性世界取代了费尔巴哈的单纯直观中的一般感性自然。马克思、恩格斯的感性世界是由社会发展、工业和商业的交往所提供的。"没有工业和商业，哪里会有自然科学?"从劳动出发、从生产出发、从工业和商业出发来解释这个世界，这是马克思主义的基本观点，是一切旧唯物主义和

---

① 《马克思恩格斯选集》第 1 卷，人民出版社 1995 年版，第 75 页。

唯心主义从未达到的原则高度。他们始终把“人类历史”与工业和交换的历史联系起来研究，他们所说的“历史”主要是指建立在工业生产基础上的人类主体性、能动性为主导的历史，即由人的工业生产活动所创造的社会存在，而不是工业以前的那种人只是周围自然过程的一个被动性的存在。

人类的劳动必须借助工具，在劳动过程中，工具（技术）构成了生产方式乃至生活方式必不可少的部分。正如科西克所认为的那样，劳动是一种渗透人的全部存在并构成人的特征的进程。“劳动过程中发生着某种影响人的本质和人的存在的事情，‘劳动是什么’和‘人是谁’这两个问题之间存在着内在联系。”①

然而，随着现代社会的发展，人的异化、技术的异化不断加深，原本作为人类生存的技术，展示着人的创造性、目的性、内心价值等本质力量的技术逐渐变为求力、求效的技术，成为控制人与自然、为资本增殖服务的工具理性。

海德格尔认为，把技术界定为人的工具或人的行为的观点都没有揭示技术的本质。通过深入分析，他指出，古代技术和现代技术为我们展现了完全不同的世界。

传统技术展示着我们生活于其中的世界的意义，作为人的目的性与自然规律性的统一，技术活动和技术器物充满着庄严、神圣、感恩、喜庆、悲伤等人的丰富的生命情感。早期人类的狩猎活动、冶炼活动都包含着意蕴丰富的仪式，中国玉文化中的玉器赋有君子品德的象征，日常生活中的八仙桌、门楼、牌匾等都是寄托我们对于福寿安康、光宗耀祖等生命情感的器物，是构成我们生活世界的有机部分，具有神圣的内涵。在传统农业社会，农民劳作的目的是满足自己的生存之需；使用动物作为帮手或者简单的农具，祭奠神灵以获风调雨顺是他们生活中神圣、庄严的活动；大地是他们的衣食之源、生命所托，对之有母亲般的情感，倍加保护与感恩。对他们而言，作物的生长过程十分神秘，是不可知和不可制造的，对之充满着虔诚和敬畏之心。

现代农业则是在科学技术的渗透下，成了资本运作的一个部门、一个有机环节，生产的目的是为了满足资本增殖的欲望。“他唯一地受他的经济利益所驱使，对他来说，工作不是什么委托，也没有更进一步的意

---

① ［捷］科西克：《具体的辩证法》，社会科学文献出版社 1989 年版，第 149 页。

义，而是单纯的生产而已，并为了生产，最大规模的机械设备被投入使用；对他来说，植物和动物是化学的生理学的状况，生产过程由专门设立的研究所加以研究，直到在某种程度上可以被制造出来；因此，他对土地和植物大量施用无机肥、农药和灭草剂，对动物和植物用激素、人造光等去处理，为了得到'企业管理上的最佳效果'；他把收获品看作他的生产的结果……"[①]现代世界在技术的"座驾"之下，呈现在我们面前的是一个祛魅的世界，生物和非生物都被视为有待技术处理的单纯的材料，地球成了巨大的资源库。人和万物都丧失了任何形式的独立性、自身性和尊严，存在的独特意义和价值丧失殆尽。

对于现代技术与古代技术的根本区别，海德格尔在《诗人何为》中借里尔克之口做了生动而深刻的对比："对我们祖父母而言，一座房子、一口井、一座他们熟悉的塔，甚至他们自己的衣服、他们的大衣，都还是无限宝贵、无限可亲的；几乎每一事物，都还是他们在其中发现人性的东西和加进人性的东西的容器。现在到处蜂拥而来的美国货，空乏而无味，是似是而非的东西，是生命的冒牌货，一座美国人所理解的房子，一个美国苹果或一棵美国葡萄树，都与我们祖先的希望和沉思所寄的房子、果实、葡萄毫无共同之处。"[②]海德格尔的分析可谓深刻，可惜他并未真正登堂入室，进入对资本的批判，揭示导致现代技术与古代技术根本不同以及现代技术之"座驾"本质背后的资本动因，而这正体现出马克思恩格斯现代性批判的深刻之处。

第五节　西方学者论马克思恩格斯的劳动观

物质生产实践活动是恩格斯研究包括人的精神活动在内的人的现实活动及其发展规律的根本出发点，而工业或技术活动又是恩格斯强调的重点。

针对旧唯物主义和唯心主义的不可知论观点，恩格斯指出："对这些以及其他一切哲学上的怪论的最令人信服的驳斥是实践，即实验和工业。既然我们自己能够制造出某一自然过程，按照它的条件把它生产出

---

① [德]冈特·绍伊博尔德：《海德格尔分析新时代的技术》，中国社会科学出版社1998年版。

② 《海德格尔选集》(上)，上海三联书店1996年版，第431页。

来，并使它为我们的目的服务，从而证明我们对这一过程的理解是正确的，那么康德的不可捉摸的‘自在之物’就完结了。”①恩格斯关于物质生产劳动对人类社会的基础地位的强调及其关于实践概念的这种表述受到了来自西方学者的不同评价。

西方马克思主义中的“实践一元论”者反对恩格斯对实践的唯物主义论述。他们认为，恩格斯的最大错误在于他相信辩证哲学意义上的实践就是工业技术和科学实践。卢卡奇终生致力于为马克思的“历史是唯一的科学”这一论断寻求坚实的基础。在其名著《历史和阶级意识》一书中，他把辩证法仅仅理解为一种历史的辩证法，否认存在恩格斯所说的自然辩证法。在实践问题上，他批评恩格斯远离马克思而与第二国际更为接近，认为恩格斯在《路德维希·费尔巴哈和德国的古典哲学的终结》一书中对实践的理解存在严重的问题，而“恩格斯的最严重错误是相信工业和科学实验是辩证和哲学意义上的实践”②。

对于这一曲解，卢卡奇自己也做了深刻的反思与自我批评。概括而言，问题的根源在于：第一，卢卡奇认为工业和实验活动不属于实践，因为两者的共同点就是主体的作用被消解，原因在于科学实验是在人造的理想环境中进行的，主体和客体方面的不合理因素被人为地排除。就科学实验而言，它只是直观而非实践。“实验恰恰是最纯粹的直观。实验者创造了一种人为抽象的环境，以便排除主体方面和客体方面的一切妨碍作用的不合理因素，从而有可能顺利地观察到被观察规律不受干扰地发挥的作用。他力求把他的观察的物质基础尽可能地归结为纯理性的‘产品’，归结为数学的‘理念’的材料。”③这就是说，由于在科学实验中没有发生主客体的相互作用，只是保证了观察者不受干扰地观察客体，所以在本质上只能是一种纯粹的直观而非实践。对此，我们不能不追问，难道观察真的是纯粹的、中立的观察，而没有理论和主体的目的性的介入吗？科学哲学中的观察渗透理论已对之做出了令人信服的回答。卢卡奇进一步指出：“如果恩格斯在谈到工业时说这样的‘产品’可为‘我们的目标’服务，那么他大概暂时把他本人早在青年时代的天才论文中就已极其清楚地分析过的资本主义社会的基本结构忘记了，那就是资本主

---

① 《马克思恩格斯选集》第4卷，人民出版社1995年版，第225页。

② ［匈］卢卡奇：《历史与阶级意识》，商务印书馆1996年版，第132页。

③ ［匈］卢卡奇：《历史与阶级意识》，商务印书馆1996年版，第206页。

义社会是和这样一条‘自然规律’有关的，这条自然规律‘是以当事人的无意识为根据的’。工业——只要它是制定了目标的——在根本的意义上，在辩证的和历史的意义上，仅仅是社会的自然规律的客体，而不是其主体。”①在他看来，在资本主义制度下，由于工业的目的是由资本主义的生产方式所决定的，因此，根本不可能谈到恩格斯所说的在工业中制造出某种产品来为我们的目的服务的问题；在资本主义制度下，工业生产在本质上只是支配社会的自然法则的客体，而不是其主体。同样，我们不禁要问，工业和技术不是人的活动的结果和人的本质力量的展示，又是什么呢？难道没有人的目的性活动，自然界就可以生长出机器？正如卢卡奇所说："在自然界的任何地方都不存在的车轮，就是在比较初期的劳动阶段发明和创造出来的。可见，劳动把目的论和因果性之间的以二元论为基础的、统一的相互关系引入了存在之中，而生产劳动之前，自然界中只有因果过程。因此，这类由两个方面构成的整体，只是在劳动及其社会结果当中，只是在社会实践当中，才现实存在着。"②第二，卢卡奇认为马克思没有讲过实验和工业属于实践的范畴。显然，这暴露了卢卡奇对马克思的片面性理解。事实上，马克思多处谈到工业和实验具有实践的性质，强调全部人的活动都是劳动，也就是工业。

随着对马克思主义研究的不断深入，卢卡奇对自己早期的观点进行了深刻反思与自我批评。在其后期的重要著作《关于社会存在的本体论》中，他修正了自己的早期错误，立足于社会劳动本体论去阐发马克思恩格斯的历史唯物主义观点。在他看来，社会存在的根本基础是人类的有目的性的劳动，只有这样才能真正理解社会存在的本质特点。而"在马克思那里，劳动到处都处于中心范畴，在劳动中所有其他规定都已经概括地表现出来"③。他以对劳动的系统分析作为自己全部理论的核心，从对劳动的自然史基础、劳动的客观性的深入阐述揭示了自然与历史的关系以及社会存在的目的性特征，由此论证了劳动的本体论意义。"劳动"范畴在马克思那里始终处于核心地位，正是在劳动中，所有的其他规定都已概括地表现出来了。一方面，劳动不仅导致人自身的转变，而且改变了外界自然，是人与自然相互作用的过程。另一方面，自然对象和

① [匈]卢卡奇：《历史与阶级意识》，商务印书馆 1996 年版，第 206 页。
② [匈]卢卡奇：《关于社会存在的本体论》(上)，重庆出版社 1993 年版，第 11 页。
③ [匈]卢卡奇：《关于社会存在的本体论》(上)，重庆出版社 1993 年版，第 642 页。

自然力量被转化为劳动工具。因而,必须从劳动这个核心范畴开始,把劳动作为理解社会奥秘的钥匙。在卢卡奇看来,劳动过程就是通过发现和实现新内容、新需要以及满足新需要的新途径而不断向前发展的。因此,它在社会上不仅日益得到扩展和完善,而且实现着一种同时具有技术性和社会性的分工。因而,自然史和人类史是同一过程的密不可分的两个方面。不难发现,这正是恩格斯在"劳动在从猿到人转化过程中的作用"中的基本思想,而且只有从存在论的高度去理解恩格斯所说的"劳动",才能准确把握其深刻内涵。

在专门讨论"劳动"的那一章里,卢卡奇指出,黑格尔在分析劳动活动本身时,基于劳动工具和手段的可传播性及其所产生的社会效应的累积性和扩散性,更强调劳动工具(技术)的客观性及其对社会发展的持久影响,而劳动工具所促成的一定需要的满足则具有暂时性及偶然性的特点。正是由于劳动工具和手段的这些特征,才使得个别劳动行为能够超越个别性、特殊性和偶然性,从而使个别劳动行为自身上升为连续性的社会行为。这样,黑格尔就第一次暗示了劳动活动如何能够变成社会再生产的要素。在他看来,"劳动必然导致人们制造工具、利用自然力量(生火、驯养动物等),而到了一定的发展阶段,这就造成了使各个社会在结构和活力方面发生质的变化的关节点。劳动的结果能够超出劳动实施者自身再生产之所需,这就为奴隶制创造了客观基础。"①把劳动置于人类历史发展的核心地位,并从生存论的高度给予深入、系统地阐述的是恩格斯。卢卡奇一再重申恩格斯"劳动创造了人本身"的观点,并强调:"把劳动置于人的形成过程的中心,这是恩格斯的功绩。恩格斯还考察了劳动在从动物到人的这种飞跃中所起的新作用的生物学前提。恩格斯从手的生活功能在猿类那里就已发生的分化中发现了这些前提。"②在他看来:"人类的所有表现形式都是从劳动中产生出来的,因而在本体论和发生学上也只有从劳动出发才能把握它们。"③他的社会存在本体论正是以劳动为基础而建构的。

对于恩格斯把实践界定为"实验和工业"的说法,伽达默尔也批评说,在恩格斯那里"实践已堕落为技术了"。当代的海德格尔已经把技术

---

① [匈]卢卡奇:《关于社会存在的本体论》(上),重庆出版社 1993 年版,第 163 页。
② [匈]卢卡奇:《关于社会存在的本体论》(下),重庆出版社 1993 年版,第 5~6 页。
③ [匈]卢卡奇:《关于社会存在的本体论》(下),重庆出版社 1993 年版,第 102~103 页。

问题与哲学的终极问题相关联。“现代技术是形而上学的完成形态”已经表明他把技术提升到哲学的核心地位。在《存在与时间》中，他详细描述了人与世界的关系何以首先是一种操持关系，其次才是认识关照的关系。他认为，技术起初并不是那些器具所代表的东西，它的实质是真理的开启方式。后现代大师、法国哲学家德里达也指出：“技术是真理的存在方式”。这说明在西方哲学的反思活动中，明显地体现出一种关注实践问题、关注造物活动（技术）的趋向。

法国学者斯蒂格勒对马克思恩格斯的劳动价值观持肯定的态度。在他看来，人类的出现实际上就是技术的出现……技术的出现以语言的出现为标志。这种外在化过程包含的运动之所以具有矛盾性，就是因为……工具，即技术发明了人，而非相反。换言之，人在发明工具的同时在技术中自我发明——自我实现技术化的“外在化”①。

从恩格斯那段引文中可否得出他仅仅是把“实践”理解为“实验和工业”，或者说他只是从“技术地实践的”角度去看待和使用“实践”概念的呢？似乎还不能这么简单。正如仅仅从马克思的以下说法，“因为全部人的活动迄今为止都是劳动，也就是工业，就是同自身相异化的活动”②不能得出马克思认为劳动就是工业一样。基于恩格斯的历史唯物主义的基本观点，他关于劳动对人类生存与发展的本体论地位及其实践论科学观的一贯立场，物质生产活动无疑是恩格斯心目中最基本的实践形式，而“实验和工业”不过是人类实践活动中最具能动性和创造性的实践形式，是检验和论证科学理论的最纯粹、最有力的实践活动。

---

① [法]贝尔纳·斯蒂格勒：《从技术与时间——爱的米修斯的过失》，译林出版社 2000 年版，第 167 页。

② 《马克思恩格斯文集》第 1 卷，人民出版社 2009 年版，第 193 页。

第三章

实践论科学观

科学的成功应用及其对人类社会发展的巨大推动作用已使科学成为现代文明的核心要素、“现代的根本现象之一”。作为人类理性活动的成功典范，自然科学的形式化、定量化、抽象化与合理化等特点成为支撑资本统治的强大生产力和意识形态力量。因而，科学的现代本质在于它是属于资本的力量。资本正是通过技术占有科学、利用科学，使自然科学为直接的生产过程服务。科学家和技术人员受雇于资本家，从而使科学内化为资本的力量，成为资本增殖意志的工具理性。而且只有这样，科学才能成为现实的科学，技术才能成为现实的技术。对此，马克思、恩格斯在《德意志意识形态》中分析指出：“大工业……它使自然科学从属于资本。”①

存在主义大师海德格尔认为，“科学乃是现代的根本现象之一”②。在《世界图像的时代》中，海德格尔把现代的根本现象归结为以下五个方面：科学、机械技术、弃神、艺术进入美学的视界之内、人类活动被当作文化来理解和贯彻。而在这五种根本现象中，科学与技术是最为突出的现代性事件，现代性的秘密和真相就隐藏在科学与技术之中。

如果说“资本”是现代的最高抽象，是“普照的光”与“特殊的以太”，科学则通过实物、组织、高度抽象的概念体系，不仅直接影响着社会生产和日常生活，而且渗透到我们的思维活动和精神生产，已经成为现代社会的一种意识形态，成为评判事物或行为是否合理的根本标准。因而，

---

① 《马克思恩格斯文集》第1卷，人民出版社2009年版，第566页。

② 《海德格尔选集》(下)，上海三联书店1996年版，第885页。

对自然科学的批判分析必然成为马克思恩格斯现代性批判的核心内容。事实上,历史唯物主义的创立就是马克思、恩格斯对包括宗教、哲学、道德、自然科学、技术经济学、政治学、法学、历史学在内的整个现代形而上学家族进行深刻批判的成果,深刻揭示了它们的世俗血统和尘世起源,所实现的哲学革命是人类历史上“澄清前提、划定界限”的伟业。

这种对现代科学的深刻批判彰显了恩格斯立足于“动词”思维的实践论科学观,以历史原则和历史方法去理解科学的产生与发展以及人类的认识过程,把科学当作现实的人的现实的活动,深刻揭示了物质生产劳动是包括科学在内的人类一切理论认识成果的秘密诞生地,由此对科学的客观性、真理性等问题提出了不同于传统科学观的新观点,突破了传统的无人身的理性科学观,展示了丰富的后现代意蕴(如果就当代科学哲学家库恩的历史主义对后现代科学哲学的影响有深入的认识,这一点是不难理解的),同时也使恩格斯成为科学社会学当之无愧的先驱者。

第一节 感性是一切科学的基础

西方哲学自柏拉图至黑格尔的2000多年,理性主义始终占据主导地位。近代以来,理性主义成了新的“上帝”,成了审判一切的最高法庭、衡量一切的标准,非感性的或超感性的理念世界成为更根本、更真实、更本源的东西,具有支配感性世界的特权。感性则一直处于被动从属的地位而受到忽视或压抑。对感性欠债过多,致使脑袋越来越大,身体越来越小。形而上学就是源于对感性和感性活动的贬低与排斥。就其根本性质而言,形而上学是一种“颠倒的思维方式”:它颠倒了观念与现实、理论与实践、逻辑与生活的基本关系,导致“抽象的观念”对现实世界的统治和霸权。马克思、恩格斯对理性及一切形而上学的批判与审查就在于揭示它们的权威性的起源及其虚假性,还历史以真实面目。尽管自然科学的根本特征之一在于以实验为基础,但作为抽象的概念体系,科学仍然具有形而上学的性质,因而理应是马克思恩格斯形而上学批判的重要内容。诚如爱因斯坦所认为的那样:尽管科学的发展使其逻辑基础越来越远离经验事实,但当面对其中出现的重大问题时,我们还必须追本求源,必须“对理论基础做批判性的思考”,要比我们前辈更加深入地去探讨和掌握一些哲学问题。因为一旦某些基本概念被看作绝对的东西,就极易“造成一种权威性,使我们忘记了它们的世俗来源,而把它们当作某种既定的东西。这时,它们就会被打上'思维的必然性''先验地给予'等烙印……因此,如果我们从事于分析那些流行已久的概念,从而指明它们的正确性和适用性所依据的条件,指明它们是怎样从经验所给予的东西中一一产生出来的,这绝不是什么穷极无聊的游戏。这样,它们的过大的权威性就会被戳穿"①。显然,爱因斯坦也认为,对科学做形而上学的批判对于科学发展而言至关重要,而他对时间、空间和物质的追问体现的就是一种批判精神、一种哲学思维。正是在这个意义上,爱因斯坦告诉人们:"与其说我是物理学家,不如说我是哲学家。"

马克思、恩格斯以感性的对象性活动为原则,将事物、现实、感性当作实践去理解,以动词思维,以历史生成论眼光看待一切,使感性从理性的束缚和压制下解放出来,使长久受到压抑和忽视的感性和感性活动的巨大能动作用得以释放,从而彻底改变了以往忽视甚至蔑视感性作用而唯独强调理性动力原则的理性主义传统,消除理性的虚假性及其对现实生活世界的统治,揭示包括科学在内的理性主义形而上学的世俗血统和尘世起源,确立感性和感性活动对理性思维的基础地位。这是对西方哲学 2000 多年理性主义传统的根本颠覆。其重大意义正如海德格尔所说:"而思想何时开始思想呢?唯当我们已经体会到,千百年来被人们颂扬不绝的理性乃是思想最为冥顽的敌人,这时候,思想才能启程。"②

在当代,海德格尔的"此在"生存论认为"此在"一向在外、"在世界之中"、与世界一体;胡塞尔把理性之根追踪到"生活世界",都与马克思恩格斯的实践生存论具有共同的旨趣。正如胡塞尔一再强调的那样:"我们处处想把'原初的直观'提到首位,也即想把本身包括一切实际生活的(其中也包括科学的思想生活)和作为源泉滋养技术意义形成的、前科学的和外于科学的生活世界提到首位。"③海德格尔认为,恰恰是这个通常被认为不值得探究的"前……"的维度最为需要给予深入的研究。

历史唯物主义从人的现实的物质生产活动解释人类历史的发展及其规律,是西方哲学史上一次存在论的根本变革。它超越了传统西方哲学试图以主—客、心—物二分为出发点,以建立关于世界的本源、本质的理论体系为目标,以基础主义、本质主义为理论特征的近代哲学。他们

① 《爱因斯坦文集》第 1 卷,,商务印书馆 1976 年版,第 85 页。
② 《海德格尔选集》(下),上海三联书店 1996 年版,第 819 页。
③ [德]胡塞尔:《欧洲科学危机和超验现象学》,上海译文出版社 1988 年版,第 70 页。

所开创的哲学革命有力地批判了西方哲学史上自柏拉图以来的唯心主义错误，使哲学从抽象化的、自在的自然界或绝对化的观念世界返回以物质生产实践为基础的人的现实生活世界。在《关于费尔巴哈的提纲》第一条中，马克思深刻地批判了旧唯物主义只从客体的直观的形式上理解客体，只关注抽象的人和直观的客体的错误观点，立足于现实的人和现实的自然，深刻阐发了历史唯物主义的基本原则。他鲜明地指出："从前的一切唯物主义——包括费尔巴哈的唯物主义——的主要缺点是：对对象、现实、感性，只是从客体的或者直观的形式去理解，而不是把它当作人的感性活动，当作实践去理解，不是从主体方面去理解。因此，结果竟是这样，和唯物主义相反，唯心主义却把能动的方面发展了，但只是抽象地发展了，因为唯心主义当然是不知道现实的、感性的活动本身的。费尔巴哈想要研究跟思想客体确实不同的感性客体，但是他没有把人的活动本身理解为对象性的活动。因此，他在《基督教的本质》中仅仅把理论的活动看作真正人的活动，而对于实践则只是从它的卑污的犹太人的表现形式去理解和确定。因此，他不了解'革命的''实践批判的活动'的意义。"[①]针对德国唯心主义对于理论与实践、观念与现实的头脚倒置的错误理解，马克思、恩格斯特别强调思想、观念的世俗基础，强调实践对于理论的本源性地位。在他们看来："思想、观念、意识的生产最初是直接与人们的物质活动，与人们的物质交往，与现实生活的语言交织在一起的。人们的想象、思维、精神交往在这里还是人们物质行动的直接产物。表现在某一民族的政治、法律、道德、宗教、形而上学等的语言中的精神生产也是这样。人们是自己的观念、思想等的生产者，但这里所说的人们是现实的、从事活动的人们，他们受自己的生产力和与之相适应的交往的一定发展——直到交往的最遥远的形态——所制约。意识在任何时候都只能是被意识到了的存在，而人们的存在就是他们的现实生活过程。如果在全部意识形态中，人们和他们的关系就像在照相机中一样是倒立成像的，那么这种现象也是从人们生活的历史过程中产生的，正如物体在视网膜上的倒影是直接从人们生活的生理过程中产生的一样。"[②]

历史唯物主义就是对人类社会发展的存在论基础的深刻揭示，是马

① 《马克思恩格斯文集》第1卷，人民出版社2009年版，第503页。
② 《马克思恩格斯文集》第1卷，人民出版社2009年版，第524～525页。

克思主义科学观的理论基础。在马克思、恩格斯看来，如果以感性—对象性活动为根基，“自然科学将失去它的抽象物质的方向或者不如说是唯心主义的方向，并且将成为人的科学的基础，正像它现在已经——尽管以异化的形式——成了真正的人的生活的基础一样；说生活还有别的什么基础，科学还有别的什么基础——这根本就是谎言”①。“感性必须是一切科学的基础。科学只有从感性意识和感性需要这两种形式的感性出发，因而，科学只有从自然界出发，才是现实的科学”。②

马克思恩格斯科学哲学的根本出发点是“现实的个人”，是现实的人的现实的实践活动，而不是作为物质或精神的第一性的抽象“存在”。他们不是从观念出发，独断地、抽象地把逻辑、理念、理性等看作存在于科学活动之先的，从而使科学成为可能的前提和根据，而是把物质生产活动看作人类生存的根基，看作人类意识、观念、理论的发源地，把科学看作在人的生存实践活动中不断生成与发展的产物。换言之，必须从存在论的高度理解人类的“感性—对象性活动”或“物质生产活动”，才能把握马克思恩格斯所完成的哲学革命的深刻内涵，而不是把实践看作认识活动的一个环节。正如他们在谈到自己的哲学革命时所指出的那样：“德国哲学从天国降到人间；和它完全相反，这里我们是从人间升到天国。这就是说，我们不是从人们所说的、所设想的、所想象的东西出发，也不是从口头说的、思考出来的、设想出来的、想象出来的人出发去理解有血有肉的人。我们的出发点是从事实际活动的人，而且从他们的现实生活过程中还可以描绘出这一生活过程在意识形态上的反射和反响的发展。甚至人们头脑中的模糊幻象也是他们的可以通过经验来确认的、与物质前提相联系的物质生活过程的必然升华物。因此，道德、宗教、形而上学和其他意识形态，以及与它们相适应的意识形式便不再保留独立性的外观了。它们没有历史，没有发展，而发展着自己的物质生产和物质交往的人们在改变自己的这个现实的同时也改变着自己的思维和思维的产物。不是意识决定生活，而是生活决定意识。”③

实践生存论是马克思恩格斯科学哲学的基本观点。在《劳动在从猿到人转化过程中的重要作用》一文中，恩格斯以人的最基本的生存实践

① 马克思：《1844 年经济学——哲学手稿》，人民出版社 2000 年版，第 88 页。
② 马克思：《1844 年经济学——哲学手稿》，人民出版社 2000 年版，第 89～90 页。
③ 《马克思恩格斯文集》第 1 卷，人民出版社 2009 年版，第 524 页。

活动——物质生产劳动为基础，深刻阐述了人的机体、语言、大脑的进化以及农业、商业、手工业、艺术、科学、法律、宗教等人类文明的进步。“劳动本身一代一代地变得更加不同，更加完善和更加多方面。除了打猎和畜牧外，又有了农业，农业以后又有了纺纱、织布、冶金、制陶器和航行。同商业和手工业一起，最后出现了艺术和科学；从部落发展成了民族和国家。法律和政治发展起来了，而且和它们一起，人的存在在人脑中的幻想的反映——宗教，也发展起来了。”①在批判不可知论时，恩格斯指出：“我们的不可知论者也承认，我们的全部知识是以我们的感官向我们提供的报告为基础的。可是他又说：我们怎么知道我们的感官所给予我们的是感官所感知的事物的正确反映呢？然后他告诉我们：当他讲到事物或事物的特性时，他实际上所指的并不是这些他也不能确实知道的事物及其特性，而是它们对他的感官所产生的印象而已。这种论点，看来的确很难只凭论证予以驳倒。但是人们在论证之前，已经先有了行动。在人类的才智虚构出这个难题以前，人类的行动早就解决了这个难题。”②恩格斯以实践生存论为基础，追踪科学发生与发展的历程，由此深入人与世界的前概念、前逻辑、前反思的人与世界原初关联的境地，达到科学得以发生、发展的具有决定作用的历史性前提和现实基础，从而对科学的存在论根据、科学可能性的条件、科学发展的动力机制、科学认识的真理性等科学哲学问题获得了整体性认识和准确把握。从中我们不难理解马克思恩格斯实践论科学观的总体框架。在他们看来，实践关系优先于认识关系，人和世界的关系首先是实践关系，认识关系则派生于实践活动。科学作为人类理性认识的活动与人类的生活有着共同基础，它的产生、发展及其真理性的最终检验都必须归根于人类以技术或工业为核心的实践活动。

第二节　直接生活的生产和再生产是历史的决定性因素

在《家庭、私有制和国家的起源》中，恩格斯基于对人类历史的深入研究，深刻阐发了人类直接生活的生产和再生产对于社会发展的决定性影响。他指出：“根据唯物主义观点，历史中的决定性因素，归根结底是

---

① 恩格斯：《自然辩证法》，人民出版社 1971 年版，第 156 页。

② 《马克思恩格斯选集》第 3 卷，人民出版社 1995 年版，第 702 页。

直接生活的生产和再生产。但是，生产本身又有两种：一方面是生活资料，即食物、衣服、住房以及为此所必需的工具的生产；另一方面是人自身的生产，即种的繁衍。一定历史时代和一定地区内的人们生活于其下的社会制度，受着两种生产的制约：一方面受劳动的发展阶段的制约，另一方面受家庭的发展阶段的制约。劳动越不发展，劳动产品的数量，从而社会的财富越受限制，社会制度就越在较大程度上受血族关系的支配。”[①]这是对历史唯物主义原则的精辟论述。

在人类的早期，主体对客体的认识关系和实践关系是融合在一起的，认识是构成实践的一个环节，当时还不可能有相对独立于生产实践的专门从事认识事物的脑力劳动。马克思、恩格斯正是在通晓人类理论思维的历史和成就的基础上，通过对人的以物质生产为基础的现实活动的深刻分析，揭示了人的生存实践对于科学具有的本源性地位。他们把体现人与世界原初关联的生存实践看作先于观念、逻辑、理论，比观念、逻辑和理论更为本源的活动。实践生存论的科学哲学原则确认，人的生存实践活动具有优先于人对世界的抽象逻辑认识关系的基础存在论地位。关于科学活动的一切规定和属性，都要从这样一个前概念、前逻辑的人与世界的关联中获得批判、理解和规定。换言之，科学（认识论）从属于人的生存实践活动，它是人的生存实践活动开展过程中的一个环节，是人的生存样式的一种。“现实的人”的现实的生存实践是生成着的科学主体、科学客体，筹划科学活动的原初的本体论基础。“现实的人”的现实的生存实践是人的现实世界的生成机制，作为科学主体的人本身就是人的这种生存实践的历史性产物，被看作客观自在的与人无关的自然界，虽具有对于人的存在的优先性，但也只有在人的生存实践活动中才能获得并实现其现实意义。作为自然科学对象的现实的自然界，是人的生存实践活动的产物，它并非只是在科学认识关系中与作为科学主体的人相面对的预成的客体对象，而是一向就在人的生存实践活动中与人共同进化的。自然的人化与人的自然化是同一个现实过程的不同方面。因而，主体与客体的一致也就不再像以主客二分为前提的旧认识论看来如此神秘难解了。

在《反杜林论》中，针对杜林道德真理论的错误观点，恩格斯明确指出：“我们拒绝想把任何道德教条当作永恒的、终极的、从此不变的伦理

① 《马克思恩格斯文集》第4卷，人民出版社2009年版，第15页。

规律强加给我们的一切无理要求，这种要求的借口是，道德世界也有凌驾于历史和民族差别之上的不变的原则。相反，我们断定，一切以往的道德论归根到底都是当时的社会经济状况的产物。”①

这是对近代以来哲学知识论的批判，它把知识论看作生存论的派生物，指出人类的物质生产实践活动是科学得以存在的前提和基础。马克思主义实践活动论正是从人本身及其本质活动去说明人、人类社会、人类发展和人类解放的。立足实践去考察人类社会及所在的自然界，就由形而上学的对“是什么”的追问转向了对“如何是”和“怎样是”的追问，这种名词思维向动词思维的转变走向了历史的、生成的维度。我们不是坐在舞台之前或事物之外的旁观者，而是与世界纠缠在作用与相互作用之中。因而，“此在”（与世界融合为一）是第一位的，而人成为认识主体、世界成为认识客体这种主体—客体关系则是派生的，第二位的。实践唯物主义要求从作为主体的人与现实世界的关系中研究和把握对象世界。人作为历史活动的主体不是站在世界之外，而是就在世界之中。因而不能脱离实践、脱离主体去考察物质世界的、纯然自在的、抽象不变的关系，它所注目的应当始终是人与世界的关系，是人的活动所面对的对象世界；并且，由于人类实践活动的历史性特点，人与自然界之间的双向互动和双重建构过程，人与世界的关系绝非静止的、不变的。

马克思、恩格斯从实践活动论出发，揭示科学与人的生存的本真关联，以及人的现实生活世界对科学的真正的本体论地位。而人的生存实践现实地表现为工业的产生和展开。具体地说，工业对科学的本源性关系意味着，工业不仅表现了人对自然界的改造关系，而且表征着人对人的改造关系。

实践论科学观要求同时从实践、主体及其活动的角度理解客体，理解认识过程和认识的成果，坚持由实践生存论规定的认识论，是生成论的而不是构成论的，它将科学现实地建立在工业实践、劳动实践的基础上。过去人们也常说科学实践，但这种实践要么指科学家的精神体验，要么仅指科学实验、科学观察，而忽视了隐藏在科学和科学实验背后的成为它们产生与发展的本源性的工业实践。恩格斯不仅一般地阐述了工业对科学发生、发展的关系，而且明确了科学的实践检验的真正内涵，那就是工业对于科学理论的检验。因此，真正推动哲学家（包括黑格尔

① 《马克思恩格斯文集》第9卷，人民出版社2009年版，第99页。

在内)前进的,“主要是自然科学和工业的强大而日益迅猛的进步”。[①]

作为一种新的科学观,实践论科学观既不同于仅仅执着于静态的外在物的旧唯物主义科学观,也不同于只从内在性出发,从“我思”出发的理论哲学的科学观。它们都固守一极,无法正确回答人与自然的一致性以及认识的真理性等一系列问题。海德格尔对西方哲学史上自柏拉图以来长期存在的理论哲学态度的批评同样适合于这两种认识论倾向。在他看来:“只要人们从 Egocogito(我思)出发,便根本无法再来贯穿对象领域,因为根据我思的基本建制(正如根据莱布尼茨的单子基本建制),它根本没有某物得以进出的窗户。就此而言,我思是一个封闭的区域。‘从’该封闭的区域‘出来’这一想法是自相矛盾的。”[②]

马克思、恩格斯把语言、思维、观念的根源都归于人类的最基本的技术性生产实践——物质生产劳动的结果,这是一种实践哲学的观点。换言之,感性、具体的人类实践活动是人类思想观念的根基,从而在根本上颠倒了逻辑与生存、理论理性与实践理性的关系,其根本旨趣就在于把人的现实生存、把人的生命价值和现实生活置于优先于理论的地位。根据这种“实践的思维”或“动词思维”模式,只有当我们把理论理性看作从属于、派生于实践理性,把理论活动看作生活实践的一部分时,我们才获得了科学哲学的一种新的解释范式,认识论中常见的二律背反以及认识的真理性问题才能得到科学的回答。

第三节　历史唯物主义的科学史观

随着当代科学技术化和技术科学化,以及科学技术一体化趋势的日益加强,许多人已不再认为科学与技术之间有什么区别,以致把“科学”与“技术”看作一个概念。事实上,两者是有区别的,其相互关系经历了从各自独立到相互联系,从相互促进再到今天逐步融合的漫长历史过程。一般而言,技术是行动的、操作的知识,是人类在实践过程中积累起来的行为方式、方法、技艺、技巧等的总和,既有物质形态的成分,也有理论形态的内容。科学是人们在认识和改造世界的实践活动中获得的具有解释功能的理论性成果,是人们正确反映自然、社会和思维的知识体

---

① 《马克思恩格斯文集》第 4 卷,人民出版社 2009 年版,第 280 页。

② 丁耘编译:《晚期海德格尔的三天讨论班纪要》,载《哲学译丛》2001 年第 3 期。

系,是一种精神产品,属于意识形态的范畴。马克思、恩格斯从历史唯物主义的基本观点出发,不仅科学地阐明了生产、技术是科学的存在论基础,同时也深刻地阐发了科学与技术互动论的思想。

作为马克思主义的主要创始人之一,恩格斯像马克思一样,始终站在科学技术的前沿,密切关注着当时科技发展的最新态势,对于科学技术的每一项新的发现都感到由衷喜悦,并对科学、技术与社会的系统研究投入了大量精力。他始终致力于从技术、工业、科学的发展及其与社会的相互作用的深入研究去丰富和深化历史唯物主义理论。1870 年退出商界移居伦敦,恩格斯在"脱毛"的 8 年中,对当时自然科学不同领域的最新成就进行了深入研究,先后写成《自然辩证法》《反杜林论》等堪称百科全书式的光辉著作。依据历史唯物主义的基本观点,恩格斯对生产、技术与科学的相互关系、科学技术史、科学技术的发展态势、科学技术与社会等课题提出了一系列非常深刻、独到的见解。

"技术"作为当代社会的核心概念,其定义有 120 多种。其中,较为常见的一种观点认为:"技术是科学的应用"。这种观点初看起来似乎没有问题,尤其对于当代高新技术而言更是如此。然而,这种观点却是无批判的。它把应当予以说明的东西当成了不言而喻的前提。换言之,它把现实的人的本质性活动——物质生产活动,即技术性活动与从这种活动中派生出的理论性(科学)活动做了根本性颠倒。依据历史唯物主义的基本观点,在人类的历史发展中,以技术活动为核心的物质生产劳动远远早于以观念性、理论性形态存在的科学的产生。物质资料的生产活动是人类存在的首要前提,在此基础上才产生了包括科学在内的观念形态或理论形态的知识,此后才是具体实践与理论知识相互作用、共同促进的发展过程。换言之,首先是物质生产劳动促进了人的手等肢体的进化,此后是语言、大脑及智力的发展,以及作为观念、理论形态的科学、意识形态等知识的产生与发展。对这一漫长过程以及生产、技术与科学之间的辩证关系,马克思、恩格斯按照历史唯物主义的基本观点做了精辟的阐述。在马克思看来,科学是人的现实的科学,"说生活还有别的什么基础,科学还有别的什么基础——这根本就是谎言"。① 这里阐述的历史唯物主义观点对于我们认识和把握正确的技术观、科学观,以及生产、技术和科学之间的辩证关系具有重要的指导意义。

---

① 《马克思恩格斯文集》第 1 卷,人民出版社 2009 年版,第 193 页。

唯物史观的基石不是任何别的东西，它是而且也只能是人类的生产实践。唯物史观的实质就是用物质生活资料的生产实践解释人类社会的发展历程，把人类的生产实践活动看作历史发展的基础和根本动力。生产力、生产关系、科学、艺术、政治上层建筑、社会意识形态等都不过是生产实践决定社会历史的一些环节。“这种历史观就在于：从直接生活的物质生产出发阐述现实的生产过程，把同这种生产方式相联系的、它所产生的交往形式即各个不同阶段上的市民社会理解为整个历史的基础，从市民社会作为国家的活动描述市民社会，同时从市民社会出发阐明意识的所有各种不同的理论产物和形式，如宗教、哲学、道德等，而且追溯它们产生的过程。这样做当然就能够完整地描述事物了（因而也能够描述事物的这些不同方面之间的相互作用）。这种历史观与唯心主义历史观不同，它不是在每个时代中寻找某种范畴，而是始终站在现实历史的基础上，不是从观念出发来解释实践，而是从物质实践出发来解释各种观念形态。”[①]这种唯物史观也是贯彻于恩格斯技术观和科学观的指导原则。

19 世纪后期，继以蒸汽机为动力的第一次工业革命之后，欧洲各国相继开始了以内燃机和电动机为标志的第二次工业革命，由此带来了生产力的巨大发展，以及科学与技术的空前兴盛，整个社会呈现生产、技术、科学、政治、经济、文化等方面相互促进、共同发展的历史洪流。科学推动了生产的发展，可是，科学本身发展的动力是什么？科学一下子奇迹般兴盛起来的秘密何在？这在当时似乎是扑朔迷离的问题，也是众多经济学家、科学家、科学史家着重研究的问题。恩格斯立足于对从手工业到工场手工业，从工场手工业到机器大工业的技术史的深入研究，把生产、技术、科学作为近代资本主义兴起这一整体过程的核心要素，做了精彩的阐述。

马克思在《资本论》中谈到资本主义生产、工业（技术）与科学的关系时，特别强调资本主义生产是近代科学发生和发展的最基本动力。“自然科学本身[自然科学是一切知识的基础]的发展，也像与生产过程有关的一切知识的发展一样，它本身仍然是在资本主义生产的基础上进行的，这种资本主义生产第一次在相当大的程度上为自然科学创造了进行研究、观察、实验的物质手段。由于自然科学被资本用作致富手段，从而

① 《马克思恩格斯文集》第 1 卷，人民出版社 2009 年版，第 544 页。

科学本身也成为那些发展科学的人的致富手段,因此,搞科学的人为了探索科学的实际应用而互相竞争。另一方面,发明成为一种特殊的职业。因此,随着资本主义生产的扩展,科学因素第一次被有意识地和广泛地加以发展、应用并体现在生活中,其规模是以往的时代根本想象不到的。”[①]马克思关于科学以及人类理论形态的认识的考察都是基于人类现实的、感性的活动。

针对费尔巴哈的唯物主义直观性,马克思、恩格斯指出:“费尔巴哈特别谈到自然科学的直观,提到一些只有物理学家和化学家的眼睛才能识破的秘密,但是如果没有工业和商业,哪里会有自然科学呢?甚至这个‘纯粹的’自然科学也只是由于商业和工业,由于人们的感性活动才达到自己的目的和获得自己的材料的。”[②]恩格斯从历史唯物主义的基本观点出发,通过对近代资本主义发展史、工业(技术)史、科学史的深入而系统的研究,阐发了与马克思完全一致的看法。他指出:“如果说,在中世纪的黑夜之后,科学以意想不到的力量一下子重新兴起,并且以神奇的速度发展起来,那么,我们要再次把这个奇迹归功于生产。”[③]换言之,资本主义生产关系是近代科学发展的动力之源。

思想产生的本源性出发点就是作为社会存在的基础的物质生产劳动。在《反杜林论》中,恩格斯指出:“唯物主义历史观从下述原理出发:生产以及随生产而来的产品交换是一切社会制度的基础。”[④]由于有了生产过程,人才脱离动物“王国”而成为人。人们正是在生产中创造自己的生活条件,因为劳动作为人与自然的相互作用,不仅改变自然界,而且改变人本身,不仅改变生产工具和人的习惯、技能、机智,而且建立和改变人的社会关系。

一、生产、技术实践是科学发展的根本动力

中世纪之后,近代自然科学获得了快速发展,促使欧洲的整个社会发生了根本性变革。那么,自然科学在近代得以奇迹般发展的根源和动力是什么?这是历史唯物主义需准确回答的问题。恩格斯在深入考察

① 《马克思恩格斯文集》第 8 卷,人民出版社 2009 年版,第 358 页。
② 《马克思恩格斯文集》第 1 卷,人民出版社 2009 年版,第 529 页。
③ 《马克思恩格斯文集》第 9 卷,人民出版社 2009 年版,第 427 页。
④ 《马克思恩格斯文集》第 9 卷,人民出版社 2009 年版,第 283 页。

自然科学史，特别是近代自然科学发展史的基础上，指出近代自然科学的发生和发展除了主体因素、科学自在的内在矛盾等因素外，根本的动因在于资本所操控的社会的物质生产活动，以及技术和工业的快速发展所提供的巨大推动力。

自然科学首先是一种认识形式，是以社会实践为基础的，是随社会实践的发展而发展的，社会实践是科学发展的根本动力。恩格斯认为，科学发展的首要动力是资本生产关系之下的生产实践活动和科学实验。

人类的生存和发展依赖于在改造自然界的生产劳动中创造出的能够满足自身需要的物质产品，否则人类根本就不可能生存和发展。但要做到这一点，首先必须正确地认识自然规律，于是，“首先产生了对取得某些实际效益的条件的意识，而后来在处境较好的民族中间，则由此产生了对制约着这些条件的自然规律的理解”①。不仅如此，改造自然还必须依靠一定的生产工具，生产工具是科学认识的物化和凝结，是随着人们科学认识的发展而不断改进的，是社会和生产力发展水平的物质标志。“随着自然规律的知识迅速增加，人对自然界起反作用的手段也增加了。”②可见，科学从一开始就是适应人类发展生产、提高生产力的需要而产生的，人“则通过他所做出的改变来使自然界为自己的目的服务，来支配自然界”③。马克思曾对近代科学发展动力问题进行过十分精辟的分析。他指出：“自然科学本身（自然科学是一切知识的基础）的发展，也像与生产过程有关的一切知识的发展一样，它本身仍然是在资本主义生产的基础上进行的，这种资本主义生产第一次在相当大的程度上为自然科学创造了进行研究、观察、实验的物质手段。由于自然科学被资本用作致富手段，从而科学本身也成为那些发展科学的人的致富手段，所以，搞科学的人为了探索科学的实际应用而互相竞争。另一方面，发明成为一种特殊的职业。因此，随着资本主义生产的扩展，科学因素第一次被有意识地和广泛地加以发展、应用并体现在生活中，其规模是以往的时代根本想象不到的。”④

在《自然辩证法》中，恩格斯基于历史唯物主义的科学观，以物质生

---

① 《马克思恩格斯文集》第 9 卷，人民出版社 2009 年版，第 421 页。

② 《马克思恩格斯文集》第 9 卷，人民出版社 2009 年版，第 421 页。

③ 《马克思恩格斯文集》第 9 卷，人民出版社 2009 年版，第 559 页。

④ 《马克思恩格斯文集》第 8 卷，人民出版社 2009 年版，第 358 页。

产实践活动为科学的存在论基础，以天文学、数学、力学为例，详细考察了自然科学及其各部门在生产和实践推动下的发展历程。他指出："必须研究自然科学各个部门的循序发展。首先是天文学——游牧民族和农业民族为了定季节，就已经绝对需要它。天文学只有借助于数学才能发展，因此数学也开始发展。后来，在农业的某一阶段上和在某些地区（埃及的提水灌溉），特别是随着城市和大型建筑物的出现以及手工业的发展，有了力学。不久，力学又成为航海和战争的需要。力学也需要数学的帮助，因而它又推动了数学的发展。可见，科学的产生和发展一开始就是由生产决定的。"[①]他特别强调，近代科学之所以以神奇的速度发展起来的根本动力，既不是科学家探索自然奥秘和追求科学真理的主观动机，也不纯粹是科学自身的因素，而是资本主义生产实践的需要。

科学从一开始就是适应生产的需要，在生产过程中产生和发展的。物质生产活动是人的最原初、最基本的实践活动，科学有其现实生活的社会根基。在海德格尔看来，只有当工具缺失时，我们才开始认识工具，这是科学的开始；换言之，认识论不过是人的实践活动开展过程中的一个环节。

首先，社会生产对科学不断提出新的需要。恩格斯特别考察了科学与技术的相互作用问题，指出技术进步对于自然科学的发展具有重大意义。他在写给博尔吉乌斯的信中指出："如果像您所说的，技术在很大程度上依赖于科学状况，那么，科学则在更大得多的程度上依赖于技术的状况和需要。社会一旦有技术上的需要，这种需要就会比十所大学更能把科学推向前进。整个流体静力学（托里拆利等）是由于16世纪和17世纪意大利治理山区河流的需要而产生的。关于电，只是在发现它在技术上的实用价值以后，我们才知道了一些理性的东西。可惜在德国，人们撰写科学史时习惯于把科学看作从天上掉下来的。"[②]作为近代最高科学成就的牛顿力学，也是适应工业生产发展的需要而产生的。由此，恩格斯得出一个重要结论："经济上的需要曾经是，而且越来越是对自然界的认识不断进展的主要动力。"[③]这是对资本与科学技术互动关系的精辟阐释。

---

① 《马克思恩格斯文集》第9卷，人民出版社2009年版，第427页。
② 《马克思恩格斯文集》第10卷，人民出版社2009年版，第668页。
③ 《马克思恩格斯文集》第10卷，人民出版社2009年版，第599页。

其次，生产的发展不断为科学提供新的事实材料和实验手段。在谈到工业（技术）与科学时，恩格斯指出："从十字军征讨以来，工业有了巨大的发展，并随之出现许多新的事实，有力学上的（纺织、钟表制造、磨坊），有化学上的（染色、冶金、酿酒），也有物理学上的（眼镜），这些事实不但提供了大量可供观察的材料，而且自身也提供了和以往完全不同的实验手段，并使新的工具的设计成为可能。可以说，真正系统的实验科学这时才成为可能。"①正是近代工业生产使科学不再局限于一些古老的学科，而是发展成为门类比较齐全的学科群，物理学、化学、生物学、地质学等新兴学科迅速发展和成熟起来。

最后，生产的发展使科学实验成为独立而重要的社会实践形式，从而为近代科学的飞跃创造了前提。近代工业的发展对科学提出了日益增多的需求。正如恩格斯所说："社会一旦有了技术上的需求，就会比十所大学更能推动科学的前进。"②"资产阶级为了发展工业生产，需要科学来查明自然物体的物理特性，弄清自然力的作用方式。"③由此，使原本与生产合为一体的科学实验的独立成为必然的趋势。加之生产的发展又为科学提供了日益丰富的实验手段，形成了一批专门从事科学研究的科学家群体，科学实验终于成为一种独立的社会实践形式，这不仅促进了科学从哲学母体中的分离，而且使自然科学进入了精密研究的新阶段。科学实验与生产实践一起成为科学的基础，并使科学相对于生产的超前发展成为现实。没有科学实验的独立，就没有真正意义上的自然科学。科学实验的独立是近代工业发展的结果。

科学源自技术，技术源自人类的物质生产实践——劳动。在恩格斯看来，"科学的发生和发展一开始就是由生产决定的……如果说，在中世纪的黑夜之后，科学以意想不到的力量一下子重新兴起，而且以神奇的速度发展起来，那么，我们要再次把这个奇迹归功于生产"④。科学是人类最基本的物质实践活动派生的一种理论活动，或者说，主要是从人类的技术活动中派生出来的，正如生理学远远晚于人类的消化活动一样。

强调科学的人性基础向来是科学人文主义者的旨趣和目标。马克

---

① 《马克思恩格斯文集》第 9 卷，人民出版社 2009 年版，第 427 页。
② 《马克思恩格斯文集》第 3 卷，人民出版社 2009 年版，第 510 页。
③ 《马克思恩格斯选集》第 4 卷，人民出版社 1972 年版，第 505 页。
④ 《马克思恩格斯文集》第 9 卷，人民出版社 2009 年版，第 427 页。

思、恩格斯对于科学的哲学理解始终贯彻真正的人文主义精神，他们把现实的人及其现实的活动作为本源，把包括科学在内的观念性、理论性知识的产生与发展奠基于人的现实的物质生产活动。他们对科学的理解不仅从人与世界的原初关联，而且从科学发展的动力、科学的真理性以及人类解放等方面，达到了对科学与人的现实生活世界的统一性理解。正是在这种意义上，他们把工业（技术）看作自然科学对人的现实的历史关系。

在恩格斯看来，不同学科的产生和发展是有顺序的，这是由人类的生产需要和与之相关的技术活动所决定的。天文学之所以首先得到发展，是由游牧民族和农业民族为了在现实生活和生产活动中确定季节的需要所推动的，而天文学对数学的需要又推动了数学的研究。力学的发展则是由于农业发展过程中水利设施的建造、城市建筑和手工业的兴起，以及后来的航海与战争而产生和发展起来。因而生产的需要以及相关的技术活动一开始就是科学发生和发展的决定性因素，是科学发展的根本动力。基于对近代技术、近代科学和近代资本主义发展史的深入研究，恩格斯明确指出，中世纪之后，近代自然科学在西方之所以得到快速发展同样得益于生产和技术（工业）的发展。对此，恩格斯概括为四个方面："如果说，在中世纪的黑夜之后，科学以意想不到的力量一下子重新兴起，并且以神奇的速度发展起来，那么，我们要再次把这个奇迹归功于生产。第一，从十字军征讨以来，工业有了巨大的发展，并随之出现许多新的事实，有力学上的（纺织、钟表制造、磨坊），有化学上的（染色、冶金、酿酒），也有物理学上的（眼镜），这些事实不但提供了大量可供观察的材料，而且自身也提供了和以往完全不同的实验手段，并使新的工具的设计成为可能。可以说，真正系统的实验科学这时才成为可能。第二，这时整个西欧和中欧，包括波兰在内，已在相互联系中发展起来，虽然意大利由于自己的从古代流传下来的文明，还继续居于首位。第三，地理上的发现——纯粹是为了营利，因而归根到底是为了生产而完成的——又在气象学、动物学、植物学、生理学（人体的）方面展示了无数在此以前还见不到的材料。第四，印刷机出现了。"①他还在论述这一问题的手稿的页边上强调指出，以前人们夸说的只是将生产归功于科学，但是科学应归功于生产的事却多得无限！在肯定技术进步有赖于科学发现这一无

① 《马克思恩格斯文集》第9卷，人民出版社2009年版，第427页。

可辩驳的真理的同时，恩格斯还认为，历史上的许多发明创造由于缺乏适宜的社会条件和迫切的社会需要而没有得到应用。只有社会需求才能推动学者、发明家、思想家的工作。知识影响生产力的发展，但知识的产生还取决于客观的社会条件和技术条件，而近代资本主义恰恰为科学技术的产生与发展提供了强大动力。

在马克思、恩格斯看来，我们周围的现实世界，无论是自然界还是社会，都不是有史以来不变的、既成的东西，而是人类实践活动的产物、历史的产物，就连自然科学也是如此。针对费尔巴哈的直观唯物主义忽视人的实践活动的重要作用的错误，他们尖锐地指出："费尔巴哈特别谈到自然科学的直观，提到一些只有物理学家和化学家的眼睛才能识破的秘密，但是如果没有工业和商业，哪里会有自然科学呢？甚至这个"纯粹的"自然科学也只是由于商业和工业，由于人们的感性活动才达到自己的目的和获得自己的材料的。这种活动、这种连续不断的感性劳动和创造、这种生产，正是整个现存的感性世界的基础，它哪怕只中断一年，费尔巴哈就会看到，不仅在自然界将发生巨大的变化，而且整个人类世界以及他自己的直观能力，甚至他本身的存在也会很快就没有了。"①

通过对力学和电学发展史的深入研究，恩格斯指出："整个流体静力学（托里拆利等）是由于16世纪和17世纪意大利治理山区河流的需要而产生的。关于电，只是在发现它在技术上的实用价值以后，我们才知道了一些理性的东西。可惜在德国，人们撰写科学史时习惯于把科学看作从天上掉下来的。"②作为近代最重要科学成果的牛顿力学，同样也是适应生产和工业发展的需要而产生的。"经济上的需要曾经是，而且越来越是对自然界的认识不断进展的主要动力。"③后来，恩格斯又在一些论著和书信中反复阐述过这一思想。马克思和恩格斯的这些分析说明，科学的发展既非个人的意志，也不完全在科学本身，而首先在于经济的亦即生产的推动作用。以生产需要为表现形式的经济动因是科学发展的基本动力，是近代科学得以快速发展的全部秘密。

---

① 《马克思恩格斯文集》第1卷，人民出版社2009年版，第529页。
② 《马克思恩格斯文集》第10卷，人民出版社2009年版，第668页。
③ 《马克思恩格斯文集》第10卷，人民出版社2009年版，第599页。

二、技术活动对科学发展的促进作用

科学为人类提供的关于自然规律的正确认识越多，人类支配自然的能力就越强，生产力就越发展，科学认识的价值就越能得到体现，而且人类对生产力发展所造成的对自然界的影响就认识得越清楚，从而消除其不良后果。“事实上，我们一天天地学会更正确地理解自然规律，学会认识我们对自然界的习常过程所做的干预所引起的较近或较远的后果。特别自本世纪自然科学大踏步前进以来，我们越来越有可能学会认识并因而控制那些至少是由我们的最常见的生产行为所引起的较远的自然后果。”①科学认识对发展生产力的价值是巨大的，同时，这种价值还体现在对生产力发展所造成的影响的正确认识中。如果只看到前者而忽视了后者，就不可能对科学认识在生产力发展中的巨大价值做出全面的评价。

物质生产和近代工业的发展使科学的范围有了极大的扩展，不再局限于一些古老的学科，同时使科学实验成为独立的社会实践形式，从而为近代科学的快速发展奠定了基础。正如爱因斯坦在谈到“西方的科学基础和中国古代的发明”时曾指出的那样：“西方科学的发展以两个伟大的成就为基础，那就是：希腊哲学家发明形式逻辑体系（在欧几里得几何学中），以及（在文艺复兴时期）发现通过系统的实验可能找出因果关系。”②物质生产和近代工业发展对作为理论认识的科学提出了日益增多的需求，正如恩格斯所说：“资产阶级为了发展工业生产，需要科学来查明自然物体的物理特性，弄清自然力的作用方式。”③近代工业生产的发展使原本与生产为一体的科学实验的独立成为必然的趋势，加之生产的发展又为科学提供了越来越丰富的实验手段，形成了一批专门从事科学研究的科学家群体，科学实验终于成为一种独立的社会实践形式。作为独立社会实践形式的科学实验不仅加速了科学从哲学中的分离，而且使自然科学开始了精密研究的新阶段，物理学、化学、生物学、地质学等新兴学科迅速发展并成熟起来，从而使科学进入了真正意义上的现代自然科学阶段。

---

① 《马克思恩格斯选集》第4卷，人民出版社1995年版，第384页。

② 《爱因斯坦文集》第1卷，商务印书馆1983年版，第574页。

③ 《马克思恩格斯文集》第3卷，人民出版社2009年版，第510页。

一百多年后的今天，恩格斯所阐发的历史唯物主义科学观为当代许多学者的观点所印证。技术哲学家和现象学家唐·伊德认为：“不管几何学是在什么地方、从什么时候发展起来的，只要几何学是从实践中起源的，这些实践就包含了借助工具来测量的技术。”[①]大哲学家海德格尔在谈到技术与科学的关系时也指出：“对历史的时代计算来说，现代自然科学的开端在17世纪，而电动机技术则是在18世纪后半叶才发展起来的。不过，对历史学的诊断来说晚出的现代技术，从在其中起支配作用的本质来说则是历史上（存在论上）早先的东西。”[②]换言之，技术在存在论上先于科学，因而在海德格尔看来，现代科学都是从工具上，或者说从技术上体现的。可以说，没有工具，没有技术活动，就不可能有科学。

与生产→技术→科学这条推动力传递的主线相对应，恩格斯还认为，生产、技术和科学之间是一种相互作用的过程。换言之，科学认识也对社会生产的发展起了巨大的推动作用。还存在着科学→技术→生产这条推动力传递的主线。正如恩格斯在《在马克思墓前的讲话》中所说：“在马克思看来，科学是一种在历史上起推动作用的、革命的力量。任何一门理论科学中的每一个新发现——它的实际应用也许还根本无法预见——都使马克思感到衷心喜悦，而当他看到那种对工业、对一般历史发展立即产生革命性影响的发现的时候，他的喜悦就非同寻常了。例如，他曾经密切注视电学方面各种发现的进展情况，不久以前，他还密切注视马塞尔·德普勒的发现。”[③]在此，恩格斯表达的不仅是马克思对自然科学的重视及其基本观点，同样也是他自己的基本立场，即科学是社会生产力发展的强大的、革命性的推动力量，科学就是生产力。

基于以上分析不难看出，在恩格斯那里，资本主义生产、技术与科学是密切联系的一个整体，其发展存在着密切的内在互动关系，体现着现代性的根本特征。

第四节 生产、技术与科学互动论

近代西方工业革命创造了人类历史上从未有过的巨大生产力，有力

---

① [美]唐·伊德：《让事物“说话”》，北京大学出版社2008年版，第40页。

② 《海德格尔选集》，上海三联书店1996年版，第940页。

③ 《马克思恩格斯文集》第3卷，人民出版社2009年版，第602页。

地促进了社会的发展。这一事实充分表明工业(资本主义生存)、技术与科学之间相互影响、相互促进的重大历史意义。对此,恩格斯有着切身感受并进行了深入、系统的研究。在他看来,科学是与技术密切相关的,科学与技术的关系主要表现在两个方面:一是技术的需要促进科学的发展,社会一旦有技术上的需要,这种需要就会比10所大学更能把科学推向前进。二是科学的成就推动技术的进步,如上面提到的德普勒在电能远距离输送上的新发现,这项技术就完全是在电学理论的指导下发明的。

在《自然辩证法》中,恩格斯从人类的感性活动,从生存论的视角阐述了"力"概念的产生。"力"的概念是从人的机体在周围环境的活动中借来的。常说的肌肉的力、腿的弹跳力、肠胃的消化力、神经的感觉力等有多少种现象,我们就造出多少种力。因而,我们关于事物、现实或感性对象的科学定律或理论,都不是自在世界的本来面目,而是对实践范围内的各种对象或客体以及它们之间的相互作用关系的把握。这些理论的真理性不在于如实地反映了自在世界,而在于它们是否如实地展示了具体的实践条件下事物相互作用过程所呈现的属性或关系。这里明确体现了恩格斯由传统哲学以追求最高实体、终极存在、绝对真理为最终目的的实体性思维方式向当代实践、关系、功能性思维方式的转变。通过把实践范畴引入存在论,以富有社会性和历史性的实践的视野看待存在的世界,存在就不是还原论意义上的抽象本体,而是对象化生成中的对象性存在,从而超越了唯心主义(精神本体)和旧唯物主义(物质本体)的本体论思维方式。以生存论意义上的物质生产活动为根基,才能消解物质与精神、思维与存在等观念论性质的抽象的二元对立。

在恩格斯看来,物理学的规律和范畴也是人类实践活动的产物。以因果性为例,恩格斯一方面同意休谟的观点,认为"休谟的怀疑论说得很对:有规则的 post hoc(在此之后)绝不能为 propter hoc(由此之故)提供根据";另一方面指出:因果性并不是单纯由观察来保证的,而是由观察和实践共同保证的。恩格斯指出:我们不仅发现一个运动后面跟随着另一个运动,而且发现,"只要我们造成某个运动在自然界中发生时所必需的那些条件,我们就能引起这个运动,甚至我们还能引起自然界中根本不发生的运动(工业),至少不是以这种方式发生运动,并且我们能赋予这些运动以预先规定的方向和范围。因此,由于人的活动,就建立起因果观念即一个运动是另一个运动的原因这样一种观念……人类的活动对因果性做验证……可以说是对因果性做了双重的验证”①。

从因果概念的形成来看，它依赖于实践，而且由实践保证它的可靠性。造成这一情况的原因在于因果的条件性。凡因果关系总是相对于特定的条件而言的。近代科学之所以离不开实验，就是因为只有实验才能造成发现因果关系的条件：一方面，如果条件具备，特定的原因必然引起特定的结果；另一方面，如果特定的原因没有引起特定的结果，那一定是条件有欠缺。只要条件具备，“甚至怀疑论者都不能说，从以往的经验中不能得出下一次将出现同样情形的结论”。②

从以上两个方面，恩格斯得出结论：“单凭观察所得的经验，是绝不能充分证明必然性的。post hoc，然而并不是 propter hoc……非常正确……但是必然性的证明寓于人类活动中，寓于实验中，寓于劳动中：如果我能够造成 post hoc，那么它便和 propter hoc 等同了。”③

因果范畴是这样，物理学的其他规律和范畴也是这样。只有把概念、范畴置于实践的基础上，从其世俗起源和尘世血统出发，才能正确把握理论思维的本质。以富有强烈的批判精神和创新精神著称的爱因斯坦同样认为：“关于自然界做严格因果解释的假设，并不起源于人类精神，它是人类理智长期适应的结果。这种需要无疑是在文化发展过程中所获得的理性经验的产物。”④

近代科学产生之后，科学对技术的推动作用也日益增强，数学、力学、物理学等科学认识部门的发展，为各种生产、技术的发展创造了理论前提。到恩格斯所处的时代，科学、技术和生产的关系依然主要是生产→技术→科学，而科学对于生产和技术的超越与指导相对而言处于第二位。但恩格斯凭着事物都是普遍联系和辩证发展的历史唯物主义观点敏锐地洞察到了科学与技术之间的双向互动关系，并做出了既唯物又辩证的科学论证。马克思、恩格斯强调生产、技术（工业）是科学产生的源泉和科学发展的巨大推动作用，同时也强调“科学是一种在历史上起推动作用的、革命的力量”⑤。在他们看来，科学从一开始就是适应生产的需要、在生产过程中产生出来并为其服务的。因而，生产、技术对科学起

---

① 《马克思恩格斯选集》第 4 卷，人民出版社 1995 年版，第 328～329 页。

② 《马克思恩格斯选集》第 4 卷，人民出版社 1995 年版，第 329 页。

③ 《马克思恩格斯选集》第 4 卷，人民出版社 1995 年版，第 330 页。

④ 《爱因斯坦文集》第 1 卷，商务印书馆 1976 年版，第 234 页。

⑤ 《马克思恩格斯选集》第 3 卷，人民出版社 1995 年版，第 777 页。

着决定性的作用，决定着科学的性质和发展方向。而作为理论知识的科学一产生就对生产和技术活动起着重要的理论指导作用，为技术的发展提供理论依据。恩格斯在对整个自然科学发展史，特别是近代自然科学发展史进行深入的考察之后，就非常明确地认识到生产、技术与科学之间的互动关系。正如他在1894年致符·博尔吉乌斯的信中所精辟阐述的那样："如果像您所说的，技术在很大程度上依赖于科学状况，那么科学却在更大得多的程度上依赖于技术的状况和需要。社会一旦有技术上的需要，这种需要就会比十所大学更能把科学推向前进。"[①]恩格斯指出，科学是与技术密切相关的，科学与技术的关系主要表现在两个方面：一是技术的需要促进了科学的发展，社会一旦有技术上的需要，则这种需要就会比10所大学更能把科学推向前进。二是科学的成就推动技术的进步。在《英国状况·十八世纪》中，恩格斯指出："随着棉纺业的革命化，必然会发生整个工业的革命。如果我们不是一直都能密切注视这种运动着的力量怎样传播到工业体系中比较间接的部门，那么这只能归咎于统计材料和历史材料的不足。但是，我们到处都会看出，使用机械辅助手段，特别是应用科学原理，是进步的动力。"[②]由此可以清楚地看出，恩格斯与马克思一样把科学认识及其成果看作推动社会生产力发展的强大动力。德普勒在电能远距离输送上的新技术发现正是基于电学理论的指导。

恩格斯还明确指出了科学认识的价值在于人类生存与发展的需要，其成果对生产和技术的发展具有重要的指导意义，而我们之所以超越其他动物，原因就在于我们能够认识和正确运用自然规律。正是随着科学知识的迅速增加，我们认识和改造自然界的深度和广度都在不断增加。对此，恩格斯指出："事实上，我们一天天地学会更正确地理解自然规律，学会认识我们对自然界的习常过程所做的干预所引起的较近或较远的后果。特别自本世纪自然科学大踏步前进以来，我们越来越有可能学会认识并因而控制那些至少是由我们的最常见的生产行为所引起的较远的自然后果。"[③]生产工具和技术就是人的本质力量的对象化，是人类的知识和科学理论的物化和凝结，是随着人类认识的不断发展而不断改进

---

① 《马克思恩格斯选集》第4卷，人民出版社1995年版，第731页。

② 《马克思恩格斯选集》第1卷，人民出版社1995年版，第32页。

③ 《马克思恩格斯选集》第4卷，人民出版社1995年版，第384页。

的,它是社会和生产力发展水平的指示器。科学越发展,人类支配自然力的能力就越强,以技术为核心的生产力水平就越高。科学技术化与技术科学化的这种趋势在当代日益突出。

从恩格斯关于科学与技术互动关系的论述中可以看出,在18世纪中叶以前,技术对科学的发展起着巨大的推动作用。几何学是从古代丈量土地的技术中生长起来的;建筑业、手工业、航海等技术上的需要推动了力学的发展;纺织、钟表制造、磨坊、染色、冶金、酿酒、眼镜等在制造技术上的进步,使力学、物理学、化学等科学认识在近代得到了巨大的发展。在这一时期,科学的发展主要是对技术成果的概括和总结。

恩格斯在关注生产和技术的发展导致一系列新学科的产生的同时,也特别强调科学理论越来越自觉地应用于生产和技术,显示了巨大的生产力的价值,从而带来工业发展的革命性变化和社会生产力的巨大革命,进而得出"科学是一种在历史上起推动作用的、革命的力量"的正确论断。

近代以来,科学对技术的推动作用日益增强,数学、力学、物理学等科学认识部门的发展为各种生产技术特别是蒸汽机等重大技术发明提供了理论前提,成为通过技术这个中间环节对生产起推动和解放作用的巨大力量。例如蒸汽机的制造,首先是力学和热学在技术上的运用,显示了热力学理论对热机研究的重要理论指导。他在《英国状况·十八世纪》中结合典型案例的分析指出:"1763年乔赛亚·韦奇伍德采用科学原理,为英国的陶器制造业奠定了基础。由于他的努力,斯塔福德郡的一片不毛之地变成了生产陶器的手工业区""1768年兰开夏郡普雷斯顿的一个理发师理查·阿克莱发明了水力纺纱机,这是从一开始就考虑用机械动力的第一部纺纱机""1787年卡特赖特博士发明了动力织机"①等。这些发明使社会运动活跃了起来,它们的最直接结果就是英国工业的诞生。

现代科技革命把科学进步与生产在技术基础上的变革有机结合起来,其直接后果就是形成了科学技术与生产的双向互动机制。因此,我们应该在恩格斯关于科学和技术辩证关系思想的基础上,辩证地把握当代科学、技术和生产"一体化"的大趋势,这是正确认识当代科学技术及其对社会发展影响的一把钥匙。

---

① 《马克思恩格斯选集》第1卷,人民出版社1995年版,第28页。

第五节 数学的现代性批判

一、数学的有效性之谜

在人类思想史上，数学在我们认识和改造自然过程中的巨大成功是有目共睹的，以致它一直被看作科学的典范，受到科学家和哲学家的特别尊重和仰慕。这不仅是因为它那“自明”的概念、严谨的推理、确定的结论给人以绝对可靠和无可争辩之感，而且在于它给自然科学带来的某种程度的可靠性。然而，数学作为人类创造的抽象符号体系，为什么能有效地描述自然？它的命题由证明而获得的可靠性是如何传递到它的应用之中的？这些始终是历代哲学家和科学家探索和思考的重要课题。

在毕达哥拉斯看来，数是万物的本原。中世纪学者则认为，上帝是位聪明的数学家，他按照数学的语言创造了这个宇宙。在近代科学大师哥白尼、开普勒、伽利略、笛卡尔、牛顿等人看来，大自然是数学化的，简洁、优美、普遍的物理学定律乃最高明的造物主的威力和智慧的显现。他们致力于通过发现大自然优美的数学规律去论证上帝的全智、全能，去揭示上帝创世的秘密。

随着自然科学的不断进步，数学的有效性日益深入人心。近代哲学家们也在致力于探求数学有效性的根源，只不过他们不再像中世纪的学者那样，把希望寄托于上帝，而是把目光投向认识过程和人的理性自身。在休谟面前，数学的真理性的解释便是最大的难题之一。他认为，数学知识是唯一的解证的知识，它的逻辑必然性源于它只涉及观念间的关系，尽管它对实际的事情并未做什么断定，但其有效性又是不可否认的。然而，限于狭隘的经验主义，休谟非但没能为数学的有效性提供令人信服的根据，反倒对数学、对理性产生了怀疑，这无异于对近代自然科学的否定。对于坚信牛顿力学和欧氏几何学的正确性的康德来说，这是不能容忍的。在他看来，牛顿力学和欧氏几何学对经验具有普遍必然性，但其根据何在呢？于是，便产生了所谓的“先天综合判断”及其合理性的论证。

然而，随着数学的发展，数学的真理性信条面临新的冲击，这便是非欧几何的创立。其对数学的影响之大，正如著名数学史家 M. 克莱因所言：“在十九世纪所有复杂的技术创造中间，最深刻的一个，非欧几何学，在技术上是最简单的。这个创造引起数学的一些重要新分支的产生，但它的最重要影响是迫使数学家们从根本上改变对数学的性质的理解，以及对它和物质世界的关系的理解，并引出关于数学基础的许多问题，这些问题在二十世纪仍然进行着争论。"[①]非欧几何学表明，欧氏空间不是物理空间所必然具有的几何，它的物理真实性不能由任何先验基础得证。由此，数学的真理性严重动摇。

19～20 世纪，集合论悖论的出现再次给整个数学界带来了巨大冲击，动摇了数学的可靠性和真理性的基础，造成了第三次数学危机。为了重建数学的牢固基础，捍卫数学的"必然真理性"，产生了以罗素为代表的逻辑主义、以布劳维为代表的直觉主义和以希尔伯特为代表的形式主义流派。但他们都没有成功，根本原因在于他们都企图根据某种非经验的、纯粹的理性思维为数学建构一个永久的、绝对可靠的基础，并在此基础上彻底解决数学的可靠性问题。换言之，他们只看到了数学是人的创造物的一面，但没有看到问题的本根性基础——活生生的人类社会实践，因而无法解释数学内容的客观性的根据。

数学的历史发展始终交织着一对尖锐的矛盾：一方面，数学的必然真理性的信念一再受到严重冲击；另一方面，数学在自然科学中的应用又是那样成功。原因何在？科学大师们也对之感到莫明其妙。爱因斯坦感叹道："在这里，有一个历来都激起探索者兴趣的谜。数学既然是一种同经验无关的人类思维的产物，它怎么能够这样美妙地适合实在的客体呢？那么，是不是不要经验而只靠思维，人类的理性就能够推测到实在事物的性质呢？"[②]狄拉克以摆弄数学方程而著称，并把优美的方程看得比物理事实更重要。在杰出物理学家费曼看来："为什么我们能用数学来描述自然，而在其背后又没有一个机制呢？无人知道。我们必须照此办理，因为用这种方法我们能够发现更多的东西。"[③]著名物理学家派格斯也发出了类似的惊叹：属于纯抽象思维的数学能如此有效地描述物质世界，这似乎没有什么道理可讲。杨振宁先生认为，一些数学概念提供了支配物理世界的基本结构，这真是奇迹的奇迹。为什么这样，至今

---

① [美]M.克莱因：《古今数学思想》，上海科学技术出版社 1980 年版，第 275 页。

② 《爱因斯坦文集》第 1 卷，商务印书馆 1976 年版，第 136 页。

③ R.P. Feynman. *The Feynman Lectures on Physics*, Vol. 1. Addison-Wesley Publishing Company, 1964, p.72.

仍是没有解决的问题。在著名物理学家维格纳看来，数学语言适合于表述物理定律的奇迹是一份美好的礼物，这种“不可思议的有效性”有点近乎神秘，且对此没有合理的解释。

二、数学与现代性

近代科学的根本特点在于数学化（定量化）和有系统的实验。数学使自然精确化、可计算化，使实验方法对自然的具体操作成为可能。所以，对于自然的数学化认识是近代实验的思维前提，进而数学的逻辑成为现代性哲学的基础。然而，数学化在给自然科学带来成功的同时，也导致了单纯知识论思维的弊端。对此，黑格尔早就给予了充分关注。鉴于近代数学是现代自然科学的根本逻辑，在《精神现象学》序言中，黑格尔就是从近代数学入手对自然科学进行批判审查的。

胡塞尔的“生活世界”概念就源于他对以理性为基础的现代“科学世界”的反思与批判、对欧洲传统理性的失落和人性沦落的深刻反省。他认为：“生活世界是一个始终在先被给予的、始终在先存在着的有效世界，但这种有效不是出于某个意图、某个课题，不是根据某个普遍的目的。每个目的都以生活世界为前提，就连那种企图在科学真实性中认识生活世界的普遍目的也以生活世界为前提。”①这个生活世界是科学得以发生、发展的原发境域，它在先于概念化和主客体分化，是前概念、前反思、前对象化、前主客二分的。

胡塞尔认为，欧洲科学危机的根源在于自然的数学化。自伽利略以来，自然科学的飞速发展特别是以数学和物理学为代表的客观主义、科学主义的不断强化，以数学和数学化了的“一义性”片面思维模式看待世界，使得具有生存论意义的“生活世界”不断被抽象化、数学化和符号化，抹去了指引我们返回生活世界原初经验的最后一丝踪迹，生活之根、科学之源日渐淡忘。为此，他向我们提出忠告：“现在要特别注意，在伽利略那里就已经开始用一种以数学的方式构成的理念世界暗中替代那唯一实在的、通过知觉实际地被给予的、被经验到并能被经验到的世界，即我们的日常的生活世界。伽利略的后继者，近几个世纪以来的物理学家，也都很快继承了这种替代”。②

---

① 《胡塞尔选集》（下卷），上海三联书店 1997 年版，第 1087 页。

② ［德］胡塞尔：《欧洲科学危机和超验现象学》，上海译文出版社 1988 年版，第 58 页。

海德格尔认为，现代科学作为一种“计算的和测量的研究”，根本在于它是“与物的交道方式和对物之物性的形而上学的筹划”。“数学因素是那种对物的基本态度，以这种基本态度，我们才按物已经给予我们的东西，必须和终将给予我们的东西来对待物。因此，数学因素是关于物的知识的基本前提。”①“现代自然科学、现代数学和现代形而上学都是源于广义上的数学因素这个同一根源。”②

事实上，早在一百多年之前，恩格斯就立足实践生存论的高度，把数学作为现代形而上学的核心内容，对其发生、发展及其真理性做了深刻批判。他指出，我们必须回到数学得以产生与发展的现实基础，从人类能动的社会实践活动中找出问题的正确答案。历史唯物主义认为，生活世界是一切科学的前提与发源地，只有回归生活世界才能看清隐藏在直观中的根源和抽象的基础。这正是恩格斯一百多年前在《自然辩证法》和《反杜林论》等著作中所阐发的数学哲学思想的基本观点。

批判性思维是创造性思维的重要特征。它是对事物进行澄清前提、划清界限的工作。诚如爱因斯坦所言，随着科学的逻辑基础越来越远离经验事实，当面对重大问题时，我们还必须追本求源，必须“对理论基础做批判性的思考”。因为一旦某些基本概念被看作绝对的东西，就极易“造成一种权威性，使我们忘记了它们的世俗来源，而把它们当作某种一成不变的既定的东西。这时，它们就会被打上‘思维的必然性’‘先验地给予’等烙印……因此，如果我们从事于分析那些流行已久的概念，从而指明它们的正确性和适用性所依据的条件，指明它们是怎样从经验所给予的东西中一一产生出来的，这绝不是什么穷极无聊的游戏。这样，它们的过大的权威性就会被戳穿”③。

马克思、恩格斯所创立的历史唯物主义同样具有鲜明的批判性思维特征。他们从人类物质生产实践活动去探求数学的起源及其有效性的前提。恩格斯以人类实践为基础，进行了科学的分析。与传统形而上学把人的现实世界与人的认识相分离不同，恩格斯认为人与世界的本源性关系具有存在论上的优先地位，人的认识派生于、植根于人的感性的实践活动。因而，人与世界之间并非传统哲学所认为的那样，先主客二分，

① 《海德格尔选集》(下)，上海三联书店 1996 年版，第 856 页。
② 《海德格尔选集》(下)，上海三联书店 1996 年版，第 875 页。
③ 《爱因斯坦文集》第 1 卷，商务印书馆 1976 年版，第 136 页。

此后再从理论上探求两者统一的途径和根源，而是一种在生存实践过程中的本源性统一关系。换言之，认识论是从属于生存论的。

针对杜林唯心主义认识论，恩格斯指出，面对数学日益成功，人们就往往只关注那些心智创造的形式的东西，而忘却了它们的世俗血统，以致把它们看作某种先验的、不可理解的东西。事实上，纯数学的对象是现实世界的空间形式和数量关系，所以是非常现实的材料。这些材料以极度抽象的形式出现，这只能表面上掩盖它起源于外部世界的事实。人们正是在使用——制造工具的实践操作中，发现了自身的行为、工具和对象三者之间所存在的几何的、物理的性能的适应、协调、同构，以及不同材料的同一性的感性抽象。恩格斯指出："纯数学具有脱离任何个人的特殊经验而独立的意义，并且在实践中具有不可否认的有效性。但是这种有效性的根据及其限度何在呢?"恩格斯进而指出："在纯数学中知性绝不是只处理自己的创造物和想象物。数和形的概念不是从其他任何地方，而是从现实世界中得来的。人们用来学习计数即做第一次算术运算的十个指头，可以是任何别的东西，但总不是知性的自由创造物。为了计数，不仅要有可以计数的对象，而且要有一种在考察对象时撇开它们的数以外的其他一切特性的能力，而这种能力是长期的以经验为依据的历史发展的结果。和数的概念一样，形的概念也完全是从外部世界得来的，而不是在头脑中由纯思维产生出来的。必须先存在具有一定形状的物体，把这些形状加以比较，然后才能构成形的概念。纯数学是以现实世界的空间形式和数量关系，也就是说，以非常现实的材料为对象的。这种材料以极度抽象的形式出现，这只能在表面上掩盖它起源于外部世界。但是，为了对这些形式和关系能够从它们的纯粹状态来进行研究，必须使它们完全脱离自己的内容，把内容作为无关重要的东西放在一边；这样就得到没有长、宽、高的点，没有厚度和宽度的线，a 和 b 与 x 和 y，常数和变数；只是在最后才得到知性自身的自由创造物和想象物，即虚数。甚至数学上各种数量的表面上的相互导出，也并不证明它们的先验的来源，而只是证明它们的合理的联系。矩形绕自己的一边旋转而得到圆柱形，在产生这样的观念以前，一定先研究了一些现实的矩形和圆柱形，即使它们在形状上还很不完全。和其他各门科学一样，数学是从人的需要中产生的，如丈量土地和测量容积、计算时间和制造器械。但是，正像在其他一切思维领域中一样，从现实世界抽象出来的规律，在一定的发展阶段就和现实世界脱离，并且作为某种独立的东西，作为世界必须遵循的外来的规律而同现实世界相对立。社会和国家方面的情形是这样，纯数学也正是这样，它在以后被应用于世界，虽然它是从这个世界得出来的，并且只表现世界的构成形式的一部分——正是仅仅因为这样，它才是可以应用的。”①其对先验唯心主义的批判可谓一针见血、鞭辟入里。数和形的概念起源于人类的物质生产和技术实践活动，而非来自纯粹的想象。换言之，头脑的辩证法只是现实世界（自然界和历史）的运动形式的反映。“在一切理论进展中，同 17 世纪下半叶发明微积分比较起来，未必再有别的东西会被看作人的精神如此崇高的胜利。如果说在什么地方可以出现人的精神的纯粹的和唯一的业绩，那就正是在这里。至今仍围绕着微积分中所运用的各种数量（各阶的微分和无限）的那种奥秘，是下述事实的最好的证据：人们总是以为，这里所研究的是人的精神的纯粹的‘自由创造物和想象物’，而客观世界提供不出任何相应的东西，然而实际情形恰恰相反，自然界对这一切想象的量都提供了样本。”②

在同一篇札记中，恩格斯进一步指出：“全部所谓纯数学都是研究抽象的，它的一切数量严格说来都是想象的数量，一切抽象推到极端都变成荒谬或走向自己的反面。数学的无限是从现实中借用的，尽管是不自觉地借用的，所以它只能从现实来说明，而不能从它自身、从数学的抽象来说明。如果我们从这方面来研究现实，那么如我们看到的，我们就会发现作为数学的无限性关系的来源的现实关系，甚至会发现自然界中使这种关系起作用的数学方法的类似物。而这样一来，事情就得到了说明。”③

恩格斯的数学哲学思想与当代许多杰出科学家与哲学家不谋而合，显示了其重要的现实意义和理论价值。正如德国卓越的科学家、哲学家亥姆霍兹所指出的那样，数学的主要问题是算术对物理现象的自适应性的证明。数的概念及数学的有效性并不神秘，它来自经验。“数的可应用性既不是数的定律的真理性的一个偶然事件，也不是它的证明。某些经验启示了数，而数又能应用于这些经验。”④数学家 M.克莱因认为：“数

① 《马克思恩格斯文集》第 9 卷，人民出版社 2009 年版，第 41 页。
② 《马克思恩格斯文集》第 9 卷，人民出版社 2009 年版，第 539 页。
③ 《马克思恩格斯文集》第 9 卷，人民出版社 2009 年版，第 544 页。
④ [美]M.克莱因：《古今数学思想》，上海科学技术出版社 1981 年版，第 110 页。

学的成功是有代价的，其代价就是把世界用长度、质量、重量、时间等简单概念来看待。基于这种简化之上的数学理论将不足以解释丰富多彩的现实，就如同一个人的身高并非等于此人一样。数学最多只描述了自然的某些过程，但其记号并未容纳所有的一切。”①也就是说，自然和自然的数学表示是不同的，其根本原因在于数学是理想化的产物。胡塞尔认为，源于经验的这种抽象过程最后留下的只是直接出现的记号，而真实的事物却从我们的关注中彻底隐去了。理想的点、线、面，以及“刚体”“实体”正是这样得来的，它们都是来自现实的抽象。在他看来，数学理论只不过是生活世界的“理念的衣裳”，认清这一点对于理解数学的有效性是至关重要的。自然科学的客观主义的错误恰恰在于把这件“理念的衣裳”当成了真实的事物本身。

按照恩格斯的历史唯物主义科学观，数学是在与人类经验的双向互动过程中不断被建构起来的。不仅数及其运算规则来自人类能动的社会实践的抽象、内化和积淀，而且数学的真理性也在这一过程中得到不断的检验和进化。因而，数学并不是一个绝对真理的体系，只有经验能告诉我们数学可否用于给定的自然现象，而且新的数学理论总是为了表示某类自然现象而被创造的。当人们发现标量不适合于描述力时，不是发明了矢量吗？类似例子还有许多。它们有力地表明，与物理学的研究相类似，在探究新的领域时，我们总是用已有的数学理论去处理新的问题，如果行不通，我们才被迫创造新的法则。换言之，普遍必然的数学理论是没有的。非欧几何的产生以及当代实验数学的发展正表明了这一点。

皮亚杰的“发生认识论”表明，在工具的制造和使用过程中，人不仅产生了实用需要得到满足的实用感，而且“动作内化为感觉”（这在皮亚杰发生认识论的实验中得到证明）。他通过对儿童的“体积”“守恒”概念的产生的深入研究揭示了无论是数学概念还是物理学概念，都是在儿童的成长过程中，通过不断建构形成的，而这种“建构”无非是主体与对象之间的相互作用。皮亚杰划分了儿童思维发展的四个阶段，即感性运动阶段、前运演阶段、具体运演阶段和形式运演阶段。只是在具体运演阶段，数学概念才开始萌芽；到形式运演阶段，数学概念和物理学概念才最终形成。其研究比康德的先验论前进了一大步，然而由于发生认识论仍

---

① Morris Kline, *Mathematics: The Loss of Certainty*, Oxford University Press, 1980, p.350。

囿于“个体发现”的局限，以及某种生物学化的倾向，还不能完全克服康德的“先验”说。尽管这一研究存在种种不足，但其成果无疑从实证科学方面有力论证了恩格斯数学哲学观点的正确性，进一步丰富了历史唯物主义的数学哲学思想。

第六节　科学认识的真理性问题

理性主义、基础主义和本质主义是现代科学观的根本特征，是传统本体论思维的必然结果。而高举反传统形而上学大旗，以强调多元、差异为主要特色的后现代科学观则集中体现着强烈的非理性主义、反基础主义和反本质主义倾向。

传统科学观认为，科学是理性的事业，科学活动就是用理性的思维去归纳和整理感性的材料，科学的发展就是在理性的规范下使知识的客观性和真理性不断纯化的过程。其科学观可概括为：科学家是公正无私的，是真理的代言人，科学方法是唯一合理的认识世界的方法，科学知识是一切知识的典范，科学发展是事实和真理的不断积累。科学哲学旨在发现科学活动中的逻辑和推理程序，从而为科学的合理性找到可靠的根据。逻辑实证主义以逻辑的人、理性的人为前提，以逻辑为工具，追求一种形式的、超验的、非历史的、绝对的普遍性。于是，现实的人的现实的科学就变成了逻辑的人的抽象的科学。后现代科学观认为，世界观、方法论、科学家的个性，以及政治、经济等社会因素对科学家有着重要的影响。科学不是纯理性的事业，非理性因素和非理性方法不是毫无价值的，一味追求理性而拒斥非理性不仅不能促进科学的发展，反而会成为科学发展的障碍。特别是随着科学哲学从波普尔到库恩、费耶阿本德及新历史主义等流派的发展，人的心理的、社会的等方面的非理性因素在科学活动中的重要作用不仅日益受到重视，而且大有非理性主义泛滥之虞。当然，非理性主义思潮并不是完全地放弃理性，而是对现代哲学中理性的至上性、理性的霸权的一种反叛与修正。利奥塔则声称后现代主义是与理性观念的主要转变相适应的，理性的死亡标志着现代性的终结。

所谓基础主义，是指这样一种信念：存在着或必须存在着某种我们在确定理性、知识、真理、实在、善和正义的性质时最终诉诸的、永恒的、非历史的基础或框架，哲学的任务就是为知识寻找稳固的基础并合理地说明知识的本质。基础主义源于人类对统一性的执着追求，是人的形上本性的集中体现。面对纷繁复杂的世界，人类总是力图从最高的层次上把握其内在的统一性原理，由此获得关于世界的统一性解释。哲学史上关于"物质的统一性""理念的统一性""原理的统一性"和"科学的统一性"等，都是人类历史上探究统一性的具体展示。这些探索可以概括为三个层次：追寻世界统一性的终极存在（存在论），反思知识可靠性的基础和知识统一性的最高原理（认识论或知识论），探究作为意义统一性的终极价值（价值论）。综合基础主义的基本观点，体现于认识论和本体论两个方面。认识论的基础主义核心在于：知识必须建立在某种牢固的"基础"上，这种基础具有不依赖人的认识与活动的客观性。因而，认识论的基础主义所追求的是知识可靠性及其标准的问题。认识论基础主义坚持反映论，必定提出本体论问题以回答我们的认识是关于"什么"的认识以及认识的真理性问题。基础主义认为实在是知识的基础，人的认识过程就是人的心灵与实在相接触形成观察的过程；观念是实在的复本或表象，正确的观念即真理与实在相符合。

后现代科学观反对传统科学哲学的基础主义观点。它认为，科学事实不应是，也不可能是价值无涉的，认识主体与认识客体难以截然分离，企图抛开主体去寻求所谓纯粹的"客观性"的还原论做法不过是一种幻想而已。一切知识结构以及所谓的本体都是虚构的，科学理论并没有一个终极的基础，物理学的所谓"终极理论"或"终极粒子"并不存在。在激进的社会建构论者看来，社会变量在科学知识的产生过程中具有决定性作用，科学知识是社会建构的结果，它并不反映外部实在。科学的所谓"真理性"并不是因为它与"实在"相符合，而是科学家贴在其所接受的实践和认识上的权宜性标签。观察事实与特定的社会语境密不可分，是多种因素共同作用的结果。于是，传统科学哲学最根本的基石——观察的客观性或经验的可靠性就被消解了，科学也不再是真理的同义语，认识论的相对主义必然随之而来。

所谓本质主义，实际上是与基础主义相通的，它在本体论上假定现象背后存在着起主宰作用的不变的本质，并把它作为认识的终极目标和评价理论的标准。

自古希腊以来，西方哲学家一直坚持现象和本质的二元论，试图透过现象去达到实在的内在本质。近代哲学根据本质在先的原则，把寻找永恒的始基、本原、本体、本质、本性作为哲学探求的终极目标。正如美国哲学家瓦托夫斯基所说:“不管是古典形式还是现代形式的形而上学思想的推动力都是企图把各种事物综合为一个整体,提出一种统一的图景或框架,使我们经验中的事物多样性能够在这个框架内依据普遍原理而得到解释,或可以被解释为某种普遍本质或过程的各种表现。”①

这种永恒在场的形而上学是后现代科学哲学攻击的核心目标,旨在消解永恒不变的本质,消灭人们关于永恒真理的幻想。在维特根斯坦看来,本质主义的根本特点可以浓缩为一句话:渴望共性,蔑视个性。绝对主义、还原主义和科学主义都是本质主义的表现。他反对哲学家对科学方法的过度迷恋,并且申明:“哲学家总是两眼盯住科学方法,不可遏止地想要采取科学处理方式提出和解答问题。这一倾向是形而上学的真实源泉,使哲学家陷入漆黑一团。”②后期维特根斯坦提出“家族相似”作为反本质主义的核心概念,强调世界上各种现象之间不存在绝对的普遍本质,而是像一个家族的成员之间那样显示出各种不同的相似性。《哲学研究》的基本思想就是:世界中没有最高的普遍本质,只有合理的家族类似;语言不依附于抽象的逻辑形式,而体现为具体的语言游戏。家族类似意味着不要受普遍性、共性渴望的引诱,不要企图用一个共同的本质去统摄现象,存在的只是现象间错综复杂的相似关系。

在德里达看来,西方哲学传统对“真理”“本质”“客观性”“中心”“同一性”和“结构”的孜孜以求和固守,实际做了一场永远无法自圆其说的“梦”。因为世界不存在绝对真理、终极意义、普遍规律和永恒本质。罗蒂认为,并不存在像某物的内在本性、本质一类的东西,也根本不会有像一个与某物的存在方式相符合的存在方式这样的东西。

显然,强调感性、感性对象性活动对于理性的基础地位是理性的尘世基础和世俗血统,强调以动词思维、以历史条件和历史发展的眼光看待人类的认识活动与认识过程,强调科学是现实的人的现实的活动,强调感性必须是一切科学的基础的历史唯物主义,必然反对传统科学观所坚持的理性至上、绝对客观性、绝对真理等形而上学的抽象,体现对现代科学观的超越和明显的后现代科学观的意蕴。但是,历史唯物主义强调以物质生产为核心的实践活动是人的最根本的存在方式,是科学得以产

---

① [美]瓦托夫斯基:《科学思想的概念基础——科学哲学导论》,求实出版社 1982 年版,第 19 页。

② 洪谦:《现代西方哲学论著选辑》(上卷),商务印书馆 1993 年版,第 742 页。

生和发展的现实基础，其存在论的社会性和历史性维度及其对象化的客观性内涵使之避免了一般后现代主义所落入的相对主义和虚无主义“陷阱”。换言之，在实践论科学观看来，科学既不像传统实证主义者所认为的那样是纯客观的、中立的、无主体的，也不像激进的社会建构论的相对主义观点所认为的那样，是与自然界无关的任意性游戏。前者正是马克思所批判旧唯物主义的现代版，后一种观点则是与马克思、恩格斯在《德意志意识形态》中所批判的从观念出发的德国唯心主义相一致的激进的社会建构论。

真理观是科学观的核心内容，实践论科学观坚持真理性是在实践中生成和发展的，生成、进化的思想是恩格斯世界观的核心观点。在他看来，“世界不是既成事物的集合体，而是过程的集合体”①。立足于人类的感性实践活动，以“生成性逻辑”取代旧形而上学的“实体性原则”(旧唯物主义的物质实体及唯心主义的精神实体)是恩格斯看待科学认识的相对性和绝对性、有限性和无限性的基本立场。

马克思、恩格斯认为，科学与生活有着共同的基础，作为理论知识的科学只是生活的派生物，其基础在于尘世社会，而非理念中的天国。针对唯心主义颠倒理论与实践的错误，马克思在《关于费尔巴哈的提纲》中把“思维的真理性”界定为“思维的现实性和力量”，指出思维的真理性“不是一个理论的问题，而是一个实践的问题，人应该在实践中证明自己思维的真理性，即自己思维的现实性和力量，亦即自己思维的此岸性。关于离开实践的思维的现实性或非现实性的争论，是一个纯粹经院哲学的问题”②。“社会生活在本质上是实践的。凡是把理论导致神秘主义的神秘东西，都能在人的实践中以及对这个实践的理解中得到合理的解决。”③而“理论的对立本身的解决，只有通过实践方式，只有借助于人的实践力量，才是可能的；因此，这种对立的解决绝对不只是认识的任务，而是现实生活的任务，而哲学未能解决这个任务，正是因为哲学把这仅仅看作理论的任务”④。在《社会主义从空想到科学的发展》一文的英文版导言中，恩格斯基于实践论科学观进一步指出：“我们的不可知论者也

---

① 《马克思恩格斯选集》第4卷，人民出版社1995年版，第240～244页。

② 《马克思恩格斯选集》第1卷，人民出版社1995年版，第58页。

③ 《马克思恩格斯选集》第1卷，人民出版社1995年版，第60页。

④ 《马克思恩格斯文集》第1卷，人民出版社2009年版，第192页。

承认，我们的全部知识是以我们的感官向我们提供的报告为基础的。可是他又说：我们怎么知道我们的感官所给予我们的是感官所感知的事物的正确反映呢？然后他告诉我们：当他讲到事物或事物的特性时，他实际上所指的并不是这些他也不能确实知道的事物及其特性，而是它们对他的感官所产生的印象而已。这种论点，看来的确很难只凭论证予以驳倒。但是人们在论证之前，已经先有了行动。'起初是行动'。在人类的才智虚构出这个难题以前，人类的行动早就解决了这个难题。布丁的滋味一尝便知。当我们按照我们所感知的事物的特性来利用这些事物的时候，我们的感性知觉是否正确便受到准确无误的检验……我们行动的结果证明我们的知觉符合所感知的事物的客观本性。"[①]换言之，认识的真理性不仅是在实践行动中不断产生和发展的，而且是由实践的现实性力量作为保证的，即认识的真理性问题是一个实践问题。一旦从实践思维出发，这些问题就是一目了然的，其中的形而上学对立立刻就消失了。

科学总是随着人类实践的发展从较低级阶段向越来越高的阶段上升，"但是永远不能通过所谓绝对真理的发现而达到这样一点，在这一点上它再也不能前进一步，除了袖手一旁惊愕地望着这个已经获得的绝对真理，就再也无事可做了。在哲学认识的领域是如此，在任何其他的认识领域以及在实践行动的领域也是如此。历史同认识一样，永远不会在人类的一种完美的理想状态中最终结束"[②]。

恩格斯在《自然辩证法》《反杜林论》和《路德维希·费尔巴哈和德国古典哲学的终结》等著作中对马克思主义真理观做出了精辟的阐述，揭示了科学真理的客观性、相对真理与绝对真理的辩证关系、科学真理与谬误的辩证关系，展示了与马克思的真理观的根本一致性。在谈到科学认识的真理性及其条件性和相对性时，恩格斯明确指出这不是一个理论问题，而是一个实践问题，是在人类实践活动中产生并随着实践活动的发展而获得解决的。"人的思维的最本质的和最切近的基础，正是人所引起的自然界的变化，而不仅仅是自然界本身；人在怎样的程度上学会改变自然界。"[③]在谈到科学认识的相对性和条件性时，恩格斯指出："我们只能在我们时代的条件下进行认识，而且这些条件达到什么程度，我

---

① 《马克思恩格斯选集》第 3 卷，人民出版社 1995 年版，第 702 页。

② 《马克思恩格斯选集》第 4 卷，人民出版社 1995 年版，第 216 页。

③ 《马克思恩格斯选集》第 4 卷，人民出版社 1995 年版，第 329 页。

们便认识到什么程度。”这种条件正是由于实践水平的不断提高，人才能够不断建构人的不断转换的历史的自然世界图景。由于认识的历史性和条件性，“永恒的自然规律也越来越变成历史的自然规律。水在0℃和100℃之间是液体，这是一个永恒的自然规律，但是要使这个规律成为有效的，就必须有：(1)水；(2)一定的温度；(3)正常压力。月球上没有水，太阳上只有构成水的元素，对这两个天体来说，这个规律是不存在的。气象学的规律也是永恒的，但是，只适用于地球，或者只适用于一个具有地球的大小、密度、星轴倾斜、温度，并且具有由氧和氮的同样混合体构成的大气以及正在蒸发和凝结的同量水蒸气的天体。月球上没有大气，太阳上只有由炽热的金属蒸气构成的大气。所以月球没有气象学，而太阳的气象学则和我们的完全不同。我们的整个的公认的物理学、化学、生物学都是绝对地以地球为中心的，都只是适用于地球的。太阳、恒星、星云上的，甚至密度不同的行星上的电和磁的强度的情况，我们还根本不知道。元素的化学化合规律，在太阳上由于高温而失去了效力，或者只是在太阳大气层边缘暂时有效，而这些化合物一接近太阳便又分解了。太阳化学正在生成中，而且必然和地球上的化学完全不同，它不是推翻地球上的化学，而是同它毫不相干。在星云上面，也许连65种元素中的那些本身可能也是化合而成的元素都不存在。因此，如果我们要谈论对于从星云到人的一切物体都同样适用的普遍的自然规律，那么留给我们的也就只有重力，也许还有能量转化理论的最一般的说法，即通常所说的力学的热理论。但是，如果把这个理论普遍地、彻底地应用到一切自然现象上去，那么这个理论本身就会变成一个宇宙体系从产生到消逝的过程中相继发生的变化的历史表现，也就是说变成一部历史，在这部历史中，每个阶段都有不同的规律，即同一普遍运动的不同的表现形式起支配作用，从而作为始终具有普遍效力的东西留下来的就只有运动了。”[①]由于我们是在地球上，在地球所具备的条件下认识自然界的，这不可避免地要使我们的科学带有一定的“地域性”和相对性，因而是只对地球才适用的。换言之，我们的科学本质上是地球人的科学。无中心的、无条件的、绝对的科学是不存在的。我们的科学之所以如此，是因为我们生活在地球上。换言之，我们的全部认识成果都是人类在地球上现实的、特定的物质条件下所获得的，因而具有历史性、相对性和暂时性，不

① 《马克思恩格斯文集》第9卷，人民出版社2009年版，第495页。

具有永恒性和普适性。这是对传统科学抽象的、形而上学科学观的超越，具有深刻的后现代科学观意蕴。但又根本不同于后现代科学观的所谓“怎么都行”的相对主义和不可知论，也不同于传统科学所坚持的本质主义、基础主义的科学观和旧唯物主义的纯粹客观的“神目观”的科学图景。因为历史唯物主义的科学观坚持现实的人的科学活动的社会性和历史性维度。

在批判耐格里等人夸大认识的相对性和有限性的不可知论时，恩格斯指出，有限之中有无限，相对之中有绝对。一方面，有限的个别事物或现象中包含着无限；另一方面，普遍必然性的结论也具有相对性，因为它所揭示的规律性是有条件的，因而其适用范围是有限的。但是，科学能够把握事物的本质和规律，能够认识一定程度上的绝对性和普遍必然性，这已经是由科学实验和工业实践有力地证明了的。例如，“我们知道，氯和氢在一定的压力和温度下受到光的作用就会爆炸而化合成氯化氢；而且只要我们知道这一点，我们也就知道，只要具备上述条件，这种现象随时随地都会发生。至于是否只发生过一次还是重复发生过 100 万次，以及在多少天体上发生过，这都是无关紧要的。自然界中的普遍性的形式就是规律，而关于自然规律的永恒性，谁也没有自然研究家谈得多……因此，对无限的东西的认识受到双重困难的困扰，并且按其本性来说，只能通过一个无限的渐近的前进过程而实现。这已经使我们有足够的理由说：无限的东西既是可以认识的，又是不可以认识的，而这就是我们所需要的一切”[①]。“对我们来说，只要知道，在相同的环境下，无论在什么地方，甚至在我们右边或左边比距离太阳还远一千万亿倍的地方，都会有相同的事情发生，这就够了。”[②]

换言之，我们的自然科学知识都是以特定的条件为前提的，而非无条件的、永恒的和绝对普遍的。而且，“从历史的观点来看，这件事也许有某种意义：我们只能在我们时代的条件下去认识，而且这些条件达到什么程度，我们才能认识到什么程度”[③]。片面夸大科学真理的永恒性和绝对性，从而否认自然规律的历史性和条件性，或者片面夸大自然规律的相对性，从而认为科学真理只具有相对的意义，否认自然规律及其反

---

① 《马克思恩格斯选集》第 4 卷，人民出版社 1995 年版，第 341 页。
② 《马克思恩格斯选集》第 4 卷，人民出版社 1995 年版，第 339 页。
③ 《马克思恩格斯选集》第 4 卷，人民出版社 1995 年版，第 337 页。

映的科学理论的绝对性，走向了相对主义甚至由此最终走向了唯心主义和不可知论，这两种倾向都对科学真理做了片面性的理解。事实上，绝对寓于相对之中，相对之中包含着绝对，自然规律是相对性和绝对性的辩证统一。

我们必须辩证地看待有限与无限、相对与绝对、个别与一般、质与量的关系。针对出于人的感觉器官的局限性而声称人类不可能认识"自在之物"的错误观点以及各种形式的不可知论，恩格斯指出，人的感官的特殊构造不是人的认识的绝对界限，只有机械唯物主义才把思维的内容仅仅看作听到、看到和摸到的感性现象，而"现代自然科学已经把一切思维内容都来源于经验这一命题以某种方式加以扩展，以致把这个命题的旧的形而上学的界限和表述完全抛弃了"①。从科学认识的相对性而走向不可知论是毫无意义的。因为，"第一，是离开科学而走到幻想里去了。第二，它没有给我们的科学认识增添任何东西，因为我们如果不能探索事物，那么这些事物对我们来说就是不存在的了。第三，它是纯粹的空话，永远不会被应用"②。休谟和耐格里等人的根本错误与归纳主义者一样，在于不懂得辩证法，不了解科学认识的辩证性质，从而由彻底的经验主义走向了怀疑论和不可知论。

针对杜林的永恒真理观，恩格斯基于人类进化和发展的辩证历史过程，指出："思维的至上性是在一系列非常不至上地思维着的人中实现的；拥有无条件的真理权的认识是在一系列相对的谬误中实现的；两者都只有通过人类生活的无限延续才能完全实现……如果人类在某个时候达到了只运用永恒真理，只运用具有至上意义和无条件真理权的思维成果的地步，那么人类或许就到达了这样的一点，在那里，知识世界的无限性就现实和可能而言都穷尽了，从而就实现了可以计数的数不尽的数这一著名的奇迹。"③"我们绝不需要担心我们现在所处的认识阶级和先前的一切阶级一样地都不是最后的……但是认识就其本性而言，或者对漫长的世代系列来说是相对的而且必然是逐步趋于完善的，或者就像在天体演化学、地质学和人类历史中一样，由于历史材料不足，甚至永远是有缺陷的和不完善的，而谁要以真正的、不变的、最后的、终极的、真理的

① 《马克思恩格斯选集》第 4 卷，人民出版社 1995 年版，第 365 页。
② 《马克思恩格斯选集》第 4 卷，人民出版社 1995 年版，第 337 页。
③ 《马克思恩格斯选集》第 3 卷，人民出版社 1995 年版，第 427 页。

标准来衡量它,那么,他只是证明他自己的无知和荒谬,即使真正的动机并不像在这里那样是要求承认个人不会犯错误。"①

恩格斯在《路德维希·费尔巴哈和德国古典哲学的终结》中谈到思维和存在有无同一性的问题时,用实践的观点批判了休谟和康德的否认思维和存在的同一性、否认人类认识世界的可能性的不可知论,深刻揭示了科学实验和工业(技术)对于不可知论的有力反驳及其检验科学认识的真理性的决定性作用。他指出:"但是,此外,还有其他一些哲学家否认认识世界的可能性,或者至少是否认彻底认识世界的可能性。在近代哲学家中,休谟和康德就属于这一类,而他们在哲学的发展上是起过很重要的作用的。对驳斥这一观点具有决定性的东西,凡是从唯心主义观点出发所能说的,黑格尔都已经说了;费尔巴哈所增加的唯物主义的东西,与其说是深刻的,不如说是机智的。对这些以及其他一切哲学上的怪论的最令人信服的驳斥是实践,即实验和工业。既然我们自己能够制造出某一自然过程,按照它的条件把它生产出来,并使它为我们的目的服务,从而证明我们对这一过程的理解是正确的,那么康德的不可捉摸的'自在之物'就完结了。动植物体内所产生的化学物质,在有机化学开始把它们一一制造出来以前,一直是这种'自在之物';一旦把它们制造出来,'自在之物'就变成为我之物了,例如茜草的色素——茜素,我们已经不再从地里的茜草根中取得,而是用便宜得多、简单得多的方法从煤焦油里提炼出来了。"②换言之,认识的真理性问题和世界的可知性问题的解决已不再是理论的任务,而是实践的任务,只有通过实践的现实力量才能加以解决。哲学之所以未能完成这一任务,原因在于哲学仅仅把它看作理论的任务。像黑格尔那样以唯心主义的可知论或者像费尔巴哈那样仅仅从唯物主义的纯粹直观都是不可能批倒唯心主义的不可知论的,因为他们试图从理论哲学的角度、从知识论路向去解决,而不是从具有人的主观性和能动性的科学实验与工业去进行批判,其一再失败的结果就是必定无疑的了。

在《路德维希·费尔巴哈和德国古典哲学的终结》中,恩格斯指出,与围绕认识的真理性标准问题的一切唯心主义误解相反,最恰当的标准"是实践,即实验和工业"。这里的"工业"不仅限于今天通常所理解的意

---

① 《马克思恩格斯选集》第3卷,人民出版社1995年版,第431页。
② 《马克思恩格斯选集》第4卷,人民出版社1995年版,第225页。

义，而且包含人的生活活动和社会实践的意义。西方马克思主义者卢卡奇认为，恩格斯在《路德维希·费尔巴哈和德国古典哲学的终结》中把实践理解为“工业和实验”是错误的。他说：“恩格斯的最深的误解在于把工业和实验的行为看作——辩证的和哲学意义上的——实践。”[①]卢卡奇之所以认为科学实验和工业不是社会实践，是因为它们并没有体现出主客体相互作用的辩证法。

后来，卢卡奇在《历史与阶级意识》再版序言中对自己的上述错误观点做了自我批评。他承认自己的主要错误之一就是否定了科学实验是社会实践的基本形式，错误地认为它是纯粹的直观；同时，他承认自己否定工业是实践也是根本错误的。

---

① [匈]卢卡奇：《历史与阶级意识》，重庆出版社1993年版，第206页。

第四章

历史的自然与自然的历史

资本和现代形而上学是现代性的基本维度。前者的唯一目的是增殖，包括人在内的自然界的一切都是执行其增殖意志的工具和手段；而以科学技术为主力军的现代形而上学则受资本的驱使，是服务于资本增殖意志的最有效的工具理性，从而使现代资本具有了强大动力和全新面貌，成为塑造现代社会的难以抗拒的力量。一方面，资本体现着人类的文明进步，其激发的巨大社会生产力从根本上改变了传统社会的生产方式与生活方式，为人类需要的满足创造了条件；另一方面，资本的无限增殖欲望又具有强烈的反生态、反人道本性，致使人日益被资本所统治，受资本所役使，各种拜物教盛行，贫富分化日益严重。与此同时，自然界日益受到盘剥和掠夺，自然资源锐减、自然环境污染、生态系统失衡，人类已被连根拔起，处于无家可归的状态。现代社会人与自然的分立与对立的悖论是现代性所内含的主体性、主客二分思维的必然悖论，而其背后的根本动因还在于资本的逻辑。因而，建立人与自然的和谐统一，必须消灭私有制，建立合理的社会制度。

马克思主义产生的社会历史条件是资本主义社会的现实，是科学、技术、工业已经高度发达的社会，因而马克思、恩格斯关注的核心是人类的科学、技术和工业活动及其所造成的社会现实。他们所关注的自然不可能仍然是自在的自然或者与人无关的自然，而是工业、技术的实践和商业活动的产物，是人化的自然。

历史可以划分为自然史和人类史两个方面，但在人类的历史实践活动中，两者是统一的，这正是马克思主义哲学革命的根本所在。其中，人类史是人类自己创造的，自然史则不是，因此，两者既有着本质的区别，又是密切关联的。“我们仅仅知道一门唯一的科学，即历史科学。历史可以从两方面考察，可以把它划分为自然史和人类史，但这两个方面是密切相关的，只要有人存在，自然史和人类史就彼此相互制约。”①人类的现实的历史就是自然的人化和人的自然化辩证统一的过程。一方面，外在自然物被赋予人的价值和意义，体现着人的本质力量；与此同时，人的生理感官和情感由最初的野性逐步变得具有人性、社会性，即人的内在自然的人化。另一方面，人越来越自觉地认识和利用自然规律和社会规律，尊重和服从自然，即人的自然化。

历史唯物主义以人类的物质生产劳动为基础，深刻阐发了人类和自然界相互作用、共同发展的对立统一过程。旧唯物主义（自然唯物主义）从纯自然出发，即从纯客体出发，唯心主义则从主观性（观念和思想）出发。正如马克思、恩格斯在批判德国唯心主义割裂人和自然、思维和存在、自然和历史的唯心主义错误时明确指出的那样：“只要这样按照事物的真实面目及其产生的情况来理解事物，任何深奥的哲学问题……都可以十分简单地归结为某种经验的事实。人对自然的关系这一重要问题（或者如布鲁诺在第 110 页上所说的‘自然和历史的对立’，好像这是两种互不相干的‘事物’，好像人们面前始终不会有历史的自然和自然的历史）就是一个例子，这是一个产生了关于‘实体’和‘自我意识’的一切‘高深莫测的创造物’的问题。然而，如果懂得在工业中向来就有那个很著名的‘人和自然的统一’，而且这种统一在每一个时代都随着工业或快或慢的发展而不断改变，就像人与自然的‘斗争’促进生产力在相应基础上的发展一样，那么上述问题也就自行消失了。”②

在恩格斯看来，人作为自然存在物，不管是其肉体还是其生命活动，都是属于自然的。“人本身是自然界的产物，是在自己所处的环境中并且和这个环境一起发展起来的。”③在这种意义上，马克思指出：“人对自然的关系直接就是人对人的关系，正像人对人的关系直接就是人对自然的关系，就是他自己的自然的规定。”④马克思、恩格斯从存在论和实践论的原则高度，对资本主义现代性所导致的生态危机进行了深入分析，深

---

① 《马克思恩格斯选集》第 1 卷，人民出版社 1995 年版，第 66 页。
② 《马克思恩格斯选集》第 1 卷，人民出版社 1995 年版，第 76～77 页。
③ 《马克思恩格斯选集》第 3 卷，人民出版社 1995 年版，第 374 页。
④ 《马克思恩格斯全集》第 3 卷，人民出版社 2002 年版，第 296 页。

刻阐发了人与自然和谐统一的思想，其中蕴含着历史的自然和自然的历史是本然统一的历史唯物主义原则。只有立足于物质生产劳动这一基础之上，才能深刻理解人与自然、人与人之间的统一关系以及人类历史的发展规律。

第一节　自然界的先在性

历史唯物主义强调实践、强调物质生活资料生产的基础地位，这并不是否定作为物质基础的自然界的先在性，恰恰相反，它是在承认自然界的先在性这一前提下，以物质生活资料的生产为社会存在的基础去揭示人类社会的矛盾运动及其发展规律的。这是马克思、恩格斯所创立的新唯物主义与旧唯物主义的区别所在。

历史唯物主义是以承认自然界的先在性为前提的。马克思、恩格斯并不否认在人类产生之前就已经存在自然界，并且认为这样的自然界对于人类社会的存在与发展具有本源性和基础性的地位，是人类存在和发展的现实物质前提。他们认为，人类来源于自然界，“人直接地是自然存在物”，是自然界发展到一定历史阶段的产物，是自然界的组成部分。正如他们在《神圣家族》中所说：“人并没有创造物质本身。甚至人创造的这种或那种生产能力，也只有在物质本身预先存在的条件下才能进行。”①

作为人类生存与发展的基础，自然界为人提供直接的生活资料，空气、水、活动的空间和土地等，是人类生存不可离开的源泉。作为人类社会存在前提的物质生产劳动，其基本的劳动提供对象和资料都来自自然界这一劳动资料和劳动对象的第一源泉。因为没有劳动待以加工的对象，劳动就不可能存在，没有自然界，没有感性的外部世界，人类什么都不能创造，而且即使人类毁灭之后，自然界的这种先在性仍将保持着。但这种自然界不是人的现实的自然界，正如马克思、恩格斯在批判费尔巴哈的抽象自然观时所指出的那样：“先于人类历史而存在的自然界，不是费尔巴哈生活其中的自然界，这是除去在澳洲新出现的一些珊瑚岛以外今天在任何地方都不再存在的，因而对于费尔巴哈来说也是不存在的

---

①　《马克思恩格斯全集》第2卷，人民出版社1957年版，第58页。

自然界。”①

然而那个在人类之前已经存在的自然界只是存在着(这是自然科学已经证明了的),对人类来说不是现实的自然界。历史唯物主义视野中的“自然界”不是与人和人的活动彼此分离的自然界,更不是包括人的认识和实践活动尚未触及的未知世界在内的无限的“整个世界”,而是“人的现实的自然界”“人类学的自然界”。对此,马克思做出了明确的表述:“被确定为与人分隔开来的自然界,对人来说也是无。”②无人的自然界和无人的科学都是抽象的、不现实的,这是历史唯物主义的必然结论。恩格斯指出:“我们的自然科学的极限,直到今天仍然是我们的宇宙,而在我们的宇宙以外的无限多的宇宙,是我们认识自然界所用不着的。”③换言之,现实的自然界是在人的实践活动过程中不断生成着的自然界,而人也在这一相互作用过程中得以进化和发展。而唯心主义和机械唯物主义的错误恰恰在于他们采取二元论的观点,孤立地看待人与自然,此后又设法论证两者的统一性。针对自然主义的历史观割裂历史和自然的错误,恩格斯指出:“自然科学和哲学一样,直到今天还全然忽视人的活动对人的思维的影响;它们在一方面只知道自然界,在另一方面又只知道思想。但是,人的思维的最本质的和最切近的基础,正是人所引起的自然界的变化,而不仅仅是自然界本身;人在怎样的程度上学会改变自然界,人的智力就在怎样的程度上发展起来。因此,自然主义的历史观,如德雷帕和其他一些自然研究家或多或少持有的这种历史观是片面的,它认为只是自然界作用于人,只是自然条件到处决定人的历史发展,它忘记了人也反作用于自然界,改变自然界,为自己创造新的生存条件。日耳曼人移入时期的德意志的‘自然界’,现在剩下的已经微乎其微了。”④

那种抛开人的活动,抽象地谈论自然界的本来面目或客观自然界是否可知的问题是一个没有意义的假问题,是唯心主义和旧唯物主义抽象的本体论思维的必然结局。人脑是人的认识机能的物质载体,其结构和功能是长期进化的结果,其运动规律服从物质运动的一般规律。“我们

① 《马克思恩格斯选集》第1卷,人民出版社1995年版,第77页。

② 《马克思恩格斯全集》第3卷,人民出版社2002年版,第335页;《马克思恩格斯选集》第4卷,人民出版社1995年版,第344页。

③ 《马克思恩格斯选集》第4卷,人民出版社1995年版,第328页。

④ 《马克思恩格斯选集》第4卷,人民出版社1995年版,第328页。

的主观的思维和客观的世界遵循同一些规律，因而两者在其结果中最终不能互相矛盾，而必须彼此一致，这个事实绝对地支配着我们的整个理论思维。这个事实是我们的理论思维的本能的和无条件的前提。”①这是恩格斯关于主客体相互作用、协同共生，关于认识在实践活动中发生发展的明确表述。显然，马克思、恩格斯对旧唯物主义和唯心主义的批判在观点上是完全一致的。

第二节　人与自然一体

在人与自然的关系问题上，马克思、恩格斯承认自然界的优先地位，但是，他们所关注的不是与人无关的、抽象的自然界，而是在人的实践活动中产生的“人的现实的自然界”，或者说是“历史的自然”。因而，在马克思、恩格斯的自然观中，自然界和人类社会是有机统一的整体，在一定意义上说两者就是一个东西。因为“人们现实的自然界”本身就是工业和社会状况的产物，是历史的产物，是人类社会世世代代活动的结果，从而扬弃了旧唯物主义的自然本体论和唯心主义的观念论。

正如恩格斯在《路德维希·费尔巴哈和德国古典哲学的终结》一文中批判费尔巴哈的抽象唯物主义时所说：“费尔巴哈所提供的强大推动力怎么能对他本人毫无结果呢？理由很简单，因为费尔巴哈不能找到从他自己所极端憎恶的抽象王国通向活生生的现实世界的道路。他紧紧地抓住自然界和人；但是，在他那里，自然界和人都只是空话。无论关于现实的自然界或关于现实的人，他都不能对我们说出任何确定的东西。但是，要从费尔巴哈的抽象的人转到现实的、活生生的人，就必须把这些人作为在历史中行动的人去考察……但是，费尔巴哈没有走的一步必定会有人走的。对抽象的人的崇拜，即费尔巴哈新宗教的核心必定会由关于现实的人及其历史发展的科学来代替。”②

在马克思、恩格斯看来，人与世界之间并非预成的主客二分关系，而是一种在生存实践中本原性的统一关系。绝没有一个被抽象地称作“人”的现成存在者与另一个被抽象地称作“世界”的现成存在者相对峙，而后通过认知的途径把两者外在地“黏连”起来那样一回事。在生存实

① 《马克思恩格斯选集》第4卷，人民出版社1995年版，第364页。
② 《马克思恩格斯选集》第4卷，人民出版社1995年版，第364页。

践活动中，人并非如传统形而上学所假定的那样是一个面向世界的理性的静观者和凝视者，而是通过感性实践活动与世界打交道，因而人绝非脱离世界、与世界“绝缘”的现成存在者；与此同时，世界也不像传统形而上学所认为的那样是现成地摆在人的面前的静观对象，而是在人的生存实践活动中所生成的一种“因缘整体性”。换言之，世界是经过人的活动创造的“属人世界”，在此意义上世界是属人的。人具有“属世界性”，世界具有“属人性”，人与世界之间的关系是一种通过生存实践活动所结成的相互构成、相互生发的一体性关系。

旧唯物主义孤立地看待人和外部世界，否定主体与外部世界历史的现实联系；唯心主义则认为精神是物质的创造者，世界统一于精神。历史唯物主义既反对自然本体论，也不赞成精神本体论，它所关注和研究的不是与人无关的自然，而是与现实的人发生关系的现实的世界、属人的世界。因为，“被抽象地理解的，自为的，被确定为与人分隔开来的自然界，对人来说也是无。”[①]这里所说的“无”，并不是说纯粹自然“全属子虚”，而是对人没有现实“意义”，因为离开人的实践活动去谈“世界”，只能是一个经院哲学的问题。

在马克思、恩格斯看来，整个所谓世界历史不外是人通过人的劳动而发展的过程，是自然界对人而言的生成过程。换言之，人和自然界、自然和历史具有本源性的统一性，这种统一性不是抽象和空洞的，而是现实的、具体的和有机的，它是由物质生产活动所确立并得以合理理解的，是人和自然实现物质、能量、信息交换从而既改变外界自然也改变人自身的自然的历史过程。劳动是人与自然之间不断交互的根源。简言之，只有从实践论的高度，只有从人类物质生产劳动的视野才能真正理解和把握人与自然的一体性，以及人类历史发展的辩证过程。

历史唯物主义坚持人与自然一体，坚持从人类物质生产实践活动的历史去理解自然史和人类史的内在统一性，反对旧唯物主义和唯心主义把自然与历史对立起来，反对脱离历史的抽象自然观和脱离自然的抽象历史观。正如马克思、恩格斯在《神圣家族》中谈到黑格尔哲学特征时所说的：“在黑格尔的体系中有三个要素：斯宾诺莎的实体，费希特的自我意识以及前两个要素在黑格尔那里的必然充满矛盾的统一，即绝对精神。第一个要素是形而上学地改了装的、同人分离的自然。第二个要素

① 《马克思恩格斯全集》第3卷，人民出版社2002年版，第335页。

是形而上学地改了装的、同自然分离的精神。第三个要素是形而上学地改了装的以上两个要素的统一，即现实的人和现实的人类。”①

马克思、恩格斯从存在论的高度看待人与自然的关系，坚持“人直接地是自然存在物”“人是自然界长期发展的产物”“自然界是人的无机的身体”等基本观点，直接地反映了人与自然在存在论上的一体性。马克思认为：“在实践上，人的普遍性正是表现为这样的普遍性，它把整个自然界——首先作为人的直接的生活资料，其次作为人的生命活动的对象(材料)和工具——变成人的无机的身体。自然界，就它自身不是人的身体而言，是人的无机的身体。人靠自然界生活。这就是说，自然界是人为了不致死亡而必须与之处于持续不断的交互作用过程的、人的身体。所谓人的肉体生活和精神生活同自然界相联系，不外是说自然界同自身相联系，因为人是自然界的一部分。”②

只有在人类的工业或技术性活动中形成的自然界才是人的现实的自然界，这样的自然界是渗透着人的本质力量的自然界。恩格斯既热爱自然又重视历史。1893 年，他在给英国地质学家乔治·威廉·兰普卢的信中表示：“历史比起大自然来甚至更加宏伟壮观……归根结底，自然和历史——这是我们在其中生存、活动并表现自己的那个环境的两个组成部分。”③在《德意志意识形态》中，马克思、恩格斯批评过去的一切历史观时指出：“迄今为止的一切历史观不是完全忽视了历史的这一现实基础，就是把它仅仅看作与历史过程没有任何联系的附带因素。因此，历史总是遵照在它之外的某种尺度来编写的；现实的生活生产被看作某种非历史的东西，而历史的东西则被看作某种脱离日常生活的东西，某种处于世界之外和超乎世界之上的东西。这样，就把人对自然界的关系从历史中排除出去了，因而造成了自然界和历史间的对立。”④同时，他们还明白无误地提出：“历史可以从两方面来考察，可以把它划分为自然史和人类史。但这两方面是不可分割的；只要有人存在，自然史和人类史就彼此相互制约。”⑤历史唯物主义认为，人类社会的历史就是以技术为核心的，

---

① 《马克思恩格斯文集》第 1 卷，人民出版社 2009 年版，第 341 页。

② 《马克思恩格斯全集》第 3 卷，人民出版社 2002 年版，第 272 页；《马克思恩格斯全集》第 39 卷，人民出版社 1974 年版，第 64 页。

③ 《马克思恩格斯选集》第 1 卷，人民出版社 1995 年版，第 93 页。

④ 《马克思恩格斯选集》第 1 卷，人民出版社 1995 年版，第 93 页。

⑤ 《马克思恩格斯选集》第 1 卷，人民出版社 1995 年版，第 66 页。

以物质生产劳动为基础的发展史。劳动是人与人、人与自然相互作用的过程。恩格斯从对劳动的分析入手，阐述了人与动物、社会与自然之间的对立统一关系。

旧唯物主义执着于物质实体，唯心主义则偏执于精神实体，从而陷入物质与精神、存在与意识、自然与人等不可解决的"二律背反"，原因在于他们都孤立地看待人与自然，而不是从以使用和制造工具的劳动为核心的人类实践活动去理解问题。正是通过漫长的实践活动，自然界的规律和结构不断内化于人类实践活动之中，而实践的规律和结构又通过自觉注意和自我确证等能动性作用而内化、积淀为智力和对自然的规律性认识。正是物质生产实践活动，一方面使自在之物变成了为我之物；另一方面，在精神、意识、人性和自由方面也消除了人的空疏的主观性，从而具有了客观实在性。因而，人类的物质生产实践活动就是自然的人化和人的自然化的过程。

自然的人化包括人自身的自然的人化和外界自然的人化两个有机统一的方面。一方面是人自身的自然的人化。在劳动过程中原始人的自然（包括机体、器官、情感和智力等）越来越人性化，同时，外界自然也日益人化。通过长期的劳动过程，外部自然界也通过人的改造而更加适于人的生存，即外界自然的人化。现实的自然界就是在包括工业和商业在内的人类能动的活动过程中生成的自然界。在批判费尔巴哈的直观唯物主义错误时，马克思、恩格斯指出，费尔巴哈之所以割裂自然和历史，坚持没有历史的自然和没有自然的历史，只不过是形而上学的虚构而已。其问题在于他对感性世界是工业和社会状态的产物没有理解。事实上，现实的感性世界"绝不是某种开天辟地以来就直接存在的、始终如一的东西，而是工业和社会状况的产物，是历史的产物，是世世代代的结果……甚至连最简单的'感性确定性'的对象也是由于社会发展、由于工业和商业交往才提供给他的。大家知道，樱桃树和几乎所有的果树一样，只是在数世纪以前由于商业才移植到我们这个地区。由此可见，樱桃树只是由于一定的社会在一定时期的这种活动才为费尔巴哈的'感性确定性'所感知"。

"打个比方说，费尔巴哈在曼彻斯特只看见一些工厂和机器，而一百年以前在那里只能看见脚踏纺车和织布机；或者，他在罗马的坎帕尼亚只发现一些牧场和沼泽，而在奥古斯都时代在那里只能发现资本家的葡萄园和别墅……这种活动、这种连续不断的感性劳动和创造、这种生产，是整个现存感性世界的非常深刻的基础……当然，在这种情况下，外部世界的优先地位仍然保持着，而这一点当然不适用于原始的、通过自然发生的途径产生的人们。但是，这种区别只有在人被看作某种与自然界不同的东西时才有意义。此外，先于人类历史而存在的那个自然界，不是费尔巴哈生活其中的自然界；这是除去在澳洲新出现的一些珊瑚岛以外今天在任何地方都不再存在的，因而对费尔巴哈来说也是不存在的自然界。”①

对于人类实践过程中外部自然界的人化过程，恩格斯做了详尽阐述。正如人学会吃一切可以吃的东西一样，人也通过利用和改造外界自然条件使之更加适宜于自己，而人是唯一能独立自主地这样做的动物。其他动物虽然也习惯于各种气候，但这不是独立自主的行为，而只是被动适应和进化的结果。为了适应不同的环境，人能够创造不同的住房、不同的服装等，这就使人离开动物越来越远了。由于手、发音器官和脑不仅在每个人身上，而且在社会中发生共同作用，人慢慢地能够完成越来越复杂的动作，提出并达到越来越高的目标，劳动本身也变得日益完善了。除打猎和畜牧外，又有了农业，农业之后又有了纺纱、织布、冶金、制陶器和航行。伴随着商业和手工业，最后出现了艺术、科学、法和政治等，产生了民族和国家。在这一过程中，劳动所起的核心作用是唯心主义历史观所认识不到的。恩格斯指出，人与外界自然的关系与动物和外界自然的关系具有根本的差别。“只有人才办得到给自然界打上自己的印记，因为他们不仅迁移动植物，而且也改变了他们的居住地的面貌、气候，甚至还改变了动植物本身。”②而人之所以能做到这一点，主要是由于手的作用，甚至包括蒸汽机在内的一切现代技术设备，作为人类活动的最有力工具，其制造和使用归根结底还是依赖于手。

正是基于从生存论和实践论的原则高度去看待人与自然的有机统一、协同进化，人与自然的统一性也就不难理解了。对此，恩格斯指出：“如果完全自然主义地把‘意识’‘思维’当作某种现成的东西，当作一开始就和存在、自然界相对立的东西，那么结果总是如此。如果这样，那么意识和自然、思维和存在、思维规律和自然规律如此密切地相适合，就非常奇怪了。可是，如果进一步问：究竟什么是思维和意识，它们是从哪里

① 《马克思恩格斯全集》第 1 卷，人民出版社 1995 年版，第 76 页。

② 《马克思恩格斯选集》第 4 卷，人民出版社 1995 年版，第 274 页。

来的，那么就会发现，它们都是人脑的产物，而人本身是自然界的产物，是在自己所处的环境中并且和这个环境一起发展起来的；这里不言而喻，归根结底也是自然界产物的人脑的产物，并不同自然界的其他联系相矛盾，而是相适应的。”①在恩格斯看来，人是自然的产物，同时自然也在“按人化的方式同人发生关系”，逐步成为“人化的自然界”，人的现实的自然是人的本质力量对象化的结果。因而，与旧唯物主义和唯心主义所追求的自然统一性不同，马克思、恩格斯立足于以物质生产劳动为基础的人的实践活动去解决人与自然的统一问题，人的本质性的实践活动是人向自然生成和自然向人生成相统一的过程，即自然的人化和人的自然化的双向运动。在这个不断产生矛盾又不断解决矛盾的过程中，展示着人与自然界的现实的统一。

第三节　人与人、人与自然相异化

在恩格斯生活的时代，人类对自然界的改造、资本主义工业的发展对生态系统的破坏，人与人、人与自然关系的异化日渐显露，其灾难性后果日渐明显。对此，恩格斯予以深切的关注，并从自然观的高度做了分析。

早期人类的原始宗教对自然界取敬畏、崇拜的态度。随着人类主体性力量的发展，人与自然的有机统一性关系逐渐发生变化。人类文明的进步基本上是一部人类对抗自然的原始性与荒野的野蛮性的历史，都是以“土地贫瘠”“森林荒芜”“土壤不能产生其最初的产品，并使气候恶化”为代价的。对此，恩格斯在《关于弗腊斯〈各个时代的气候和植物界〉的札记》中做过详细的论证。他以当时文明最为发达的德国和意大利为例，说明“进步的各民族的文化遗留下来相当大的荒漠”。

青年恩格斯基于对英国工人阶级悲惨生存环境和生活状况的深切体验和深入考察，已明确认识到在资本主义制度下，由于竞争的日益激烈，人与人的关系严重异化。资本家为了追求最大的剩余价值，千方百计迫使工人超出必要劳动来做剩余劳动。只有这样，资本才能增殖自身，创造出剩余价值。与此相应的是工人阶级的日益贫困化，更谈不上自由而全面地发展了。由于残酷的剥削和压迫，贫富差距极度扩大，阶

① 《马克思恩格斯选集》第3卷，人民出版社1995年版，第374页。

级对立日益尖锐。对此，恩格斯指出："由于文明时代的基础是一个阶级对另一个阶级的剥削，所以它的全部发展都是在经常的矛盾中进行的。生产的每一进步，同时也就是被压迫阶级即大多数人的生活状况的一个退步。对一些人是好事的，对另一些人必然是坏事，一个阶级的任何新的解放，必然是对另一个阶级的新的压迫。这一情况的最明显的例证就是机器的采用，其后果现在已是众所周知的了。如果说在野蛮人中间，像我们已经看到的那样，不太能够区别权利和义务，那么文明时代却使这两者之间的区别和对立连最愚蠢的人都能看得出来，因为它几乎把一切权利赋予一个阶级，却几乎把一切义务推给另一个阶级。"①

在《国民经济学批判大纲》中，恩格斯对私有制所导致的全面竞争、资本对人与自然的全面强制进行了深入研究。他指出："资本同资本、劳动同劳动、土地同土地的斗争，使生产陷于高烧状态，使一切自然的合理的关系都颠倒过来。要是资本不最大限度地展开自己的活动，就经不住其他资本的竞争。要是土地的生产力不经常提高，耕种土地就会无利可获。要是工人不把自己的全部力量用于工作，他就对付不了自己的竞争者。总之，卷入竞争斗争的人，如果不全力以赴，不放弃一切真正人的目的，就经不住这种斗争。"②

资本主义社会的全面竞争必然导致社会道德伦理的堕落，对此，恩格斯进行了严厉批判和谴责。他指出，建立在资本主义生产关系基础之上的资产阶级道德的最根本原则就是极端的个人主义与利己主义，金钱万能是其奉行的最根本的行为准则。基于这种自私自利的道德价值观，资本主义社会通过残酷的竞争，不仅使人与人之间的关系变成了冷酷无情的金钱关系，而且每个人都进行着反对其他一切人的战争。"每个人都把别人看作必须设法除掉的敌人，或者最多也不过把别人看作一种可供自己利用的手段。"③由于资本主义社会这种人与人之间冷酷无情的竞争关系，就使得极端的利己主义和个人主义成为资产阶级道德最根本的原则。恩格斯在《英国工人阶级状况》中深刻地揭露伦敦这个资本主义大都市的道德状况时指出："所有这些人愈是聚集在一个小小的空间里，每一个人在追逐私人利益时的这种可怕的冷淡、这种不近人情的孤僻就

① 《马克思恩格斯选集》第 4 卷，人民出版社 1995 年版，第 177 页。

② 《马克思恩格斯全集》第 3 卷，人民出版社 2002 年版，第 463 页。

③ 《马克思恩格斯文集》第 1 卷，人民出版社 2009 年版，第 446 页。

愈是使人难堪，愈是可恨。虽然我们也知道，每一个人的这种孤僻、这种目光短浅的利己主义是我们现代社会的基本的和普通的原则，可是，这些特点在任何一个地方也不像在这里，在这个大城市的纷扰里表现得这样露骨，这样被人们有意识地运用着。人类分散成各个分子，每一个分子都有自己的特殊生活原则，都有自己的特殊目的，这种一盘散沙的世界在这里是发展到顶点了。”[①]一切人反对一切人的社会战争已经在这里宣告开始，把别人仅仅看作可以利用的东西，视他人为“地狱”。

马克思、恩格斯在《共产党宣言》中指出，资本所导致的是人与人的全面对抗，“资产阶级在它已经取得了统治的地方把一切封建的、宗法的和田园诗般的关系都破坏了。它无情地斩断了把人们束缚于天然尊长的形形色色的封建羁绊，它使人和人之间除了赤裸裸的利害关系，除了冷酷无情的‘现金交易’，就再也没有任何别的联系了。它把宗教虔诚、骑士热忱、小市民伤感这些情感的神圣发作，淹没在利己主义打算的冰水之中。它把人的尊严变成了交换价值，用一种没有良心的贸易自由代替了无数特许的和自力挣得的自由。总而言之，它用公开的、无耻的、直接的、露骨的剥削代替了由宗教幻想和政治幻想掩盖着的剥削。”[②]

在资本主义社会中，不仅人与人之间的关系发生了严重异化，人与自然的关系也必然发生异化。因为人们对自然界的关系制约着他们之间的狭隘关系，而他们之间的关系又制约着他们对自然界的狭隘关系。社会作为人类改造自然的产物，在一定程度上又制约着人与自然的关系。人与人的关系和人与自然的关系是有机统一体。“实物是为人的存在，是人的实物存在，同时也就是人为他人的存在，是他对他人的人的关系，是人对人的社会关系。”[③]然而，资本主义制度导致人与自然的和谐共生关系演变成为占有与被占有的关系，它不再被视为人的无机的身体，不再被视为人自身本质力量的确证，而只是被看作有用的物，被视为少数人谋求财富、控制他人的工具或手段，由此决定了自然生态环境的急剧恶化。这是资本逻辑的“生态悖论”，是资本的反生态性的展现。

近代以来，随着资本主义的产生与发展，科学、技术和工业生产对自然的渗透逐渐加强，自然不断去魅，包括人在内的所有自然资源都成了

---

① 《马克思恩格斯全集》第2卷，人民出版社1958年版，第304页。

② 《马克思恩格斯全集》第1卷，人民出版社1995年版，第274～275页。

③ 《马克思恩格斯全集》第2卷，人民出版社1957年版，第52页。

资本追求自身增殖的手段，成了有用的物、被掠夺和压榨的对象。人与自然的关系已经发生了质的变化，作为自然之子的人反倒成了自然的统治者。这是对人与自然本然的一体化关系，以及对历史的自然与自然的历史的统一性的极端片面化的理解。资本对剩余价值的无限追求，导致资源的过度消耗、环境的严重破坏以及人和自然关系的疏离。资产阶级为了克服经济危机以获取更大的利润，一方面通过发展科学技术以提高劳动生产率，另一方面这些科学技术也加大了对自然征服和掠夺的力度。难能可贵的是，在人类工业化的早期，恩格斯就十分敏锐地洞察到工业、技术的运用对社会发展所产生的巨大推动作用及其在人与人、人与自然之间所导致的不断加剧的对立，并在《英国工人阶级状况》等一系列早期著作中做了详尽阐述和分析批判。

早在《国民经济学批判大纲》中恩格斯已指出，资本主义种种危机的根源在于资本主义私有制。“私有制如何最终使人变成了商品，使人的生产和消灭也仅仅依存于需求；它由此也指出竞争制度如何屠杀了并且每日还在屠杀着千百万人；这一切我们都看到了，这一切都促使我们要用消灭私有制、消灭竞争和利益对立的办法来消灭这种人类堕落。”①

在科学技术高歌猛进、一片欢呼的乐观氛围中，恩格斯在高度赞赏技术对于推动人类社会快速发展的巨大作用的同时，十分尖锐地指出了资本主义社会技术应用带来的负面效应，谆谆告诫我们要时刻牢记人与自然的有机统一性，正确认识和看待人与自然的关系；否则，我们将会遭到自然界的报复。对此，恩格斯谆谆告诫道：“但是我们不要过分陶醉于我们人类对自然界的胜利。对于每一次这样的胜利，自然界都对我们进行报复。每一次胜利，起初确实取得了我们预期的结果，但是往后和再往后却发生完全不同的、出乎预料的影响，常常把最初的结果又消除了。美索不达米亚、希腊、小亚细亚以及其他各地的居民，为了得到耕地，毁灭了森林，但是他们做梦也想不到，这些地方今天竟因此而成为不毛之地，因为他们使这些地方失去了森林，也就失去了水分的积聚中心和贮藏库。阿尔卑斯山的意大利人，当他们在山南坡把在山北坡得到精心保护的那同一种枞树林砍光用尽时，没有预料到，这样一来，他们就把本地区的高山畜牧业的根基毁掉了；他们更没有预料到，他们这样做，竟使山泉在一年中的大部分时间内枯竭了，同时在雨季又使更加凶猛的洪水倾

① 《马克思恩格斯全集》第3卷，人民出版社2002年版，第468页。

泻到平原上。在欧洲传播栽种马铃薯的人，并不知道他们随同这种含粉的块茎一起把瘰疬症也传播进来了。因此我们每走一步都要记住：我们统治自然界，绝不像征服者统治异族人那样，绝不像站在自然界之外的人似的——相反地，我们连同我们的肉、血和头脑都是属于自然界和存在于自然之中的。”①

对于人与人、人与自然关系的严重异化，恩格斯指出其深层原因恰恰在于资本主义私有制：对于资本的反生态本性及其所导致的结果早在一百多年前恩格斯就有着清醒的认识并予以尖锐批判。他指出：在资本主义社会，“统治阶级的利益就会成为生产的推动因素。在西欧现今占统治地位的资本主义生产方式中，这一点表现得最为充分。支配着生产和交换的一个个资本家所能关心的，只是他们的行为的最直接的效益。不仅如此，甚至连这种效益——就所制造的或交换的产品的效用而言——也完全退居次要地位了；销售时可获得的利润成了唯一的动力……在各个资本家都是为了直接的利润而从事生产和交换的地方，他们首先考虑的只能是最近的、最直接的结果。一个厂主或商人在卖出他所制造的或买进的商品时，只要获得普通的利润，他就满意了，而不再关心商品和买主以后将是怎样的……在今天的生产方式中，面对自然界以及社会，人们注意的主要是最初的最明显的成果，可是后来人们又感到惊讶的是：人们为取得上述成果而做出的行为所产生的较远的影响竟完全是另外一回事，在大多数情况下甚至是完全相反的；需求和供给之间的和谐竟变成两者的两极对立，每十年一次的工业周期的过程就显示了这种对立，德国在‘崩溃’期间也体验到了这种对立的小小的前奏——以自己的劳动为基础的私有权必然进一步发展为劳动者丧失所有权，同时一切财产越来越集中在不劳动的人的手中”。②

通过对资本主义社会矛盾的深入分析，恩格斯认为，正是科学技术的资本主义应用使得生产资料和人口不断离开原来的农村而涌向大城市，进而造成环境污染和农业土地的不断萎缩。他在《反杜林论》中写道：“大工业教会我们，为了技术上的目的，把几乎到处都可以造成的分子运动转变为物体运动，这样大工业在很大程度上使工业生产摆脱了地方的局限性。水力是受地方局限的，蒸汽力却是自由的。如果说水力必

① 《马克思恩格斯选集》第4卷，人民出版社1995年版，第383页。
② 《马克思恩格斯选集》第4卷，人民出版社1995年版，第385页。

然存在于乡村，那么蒸汽力却绝不是必然存在于城市。只有它的资本主义的应用才使它主要地集中于城市，并把工厂乡村转变为工厂城市。但是，这样一来它就同时破坏了它自己运行的条件。蒸汽机的第一需要和大工业中差不多一切生产部门的主要需要，就是比较纯洁的水。但是工厂城市把一切水都变成臭气冲天的污水。因此，虽然向城市集中是资本主义生产的基本条件，但是每个工业资本家又总是力图离开资本主义生产所必然造成的大城市，而迁移到农村地区去经营。关于这一过程，可以在兰开夏和约克郡的纺织工业地区详细加以研究。在那些地方，资本主义大工业不断地从城市迁往农村，因而不断地造成新的大城市。在金属加工工业地区也有类似的情形。在那里，一部分另外的原因造成同样的结果。"①

针对按工业方式经营的资本主义农业的反生态性，恩格斯深刻地指出，由于资本主义的生产目的在于追求高额利润，而不是满足人们的实际需要，其结果不仅使生命力（雇佣劳动者）遭到摧残，也使自然力（土地、资源、环境）遭到严重破坏。1892 年 6 月 18 日，恩格斯在写给尼·弗·丹尼尔逊的信中指出："不过所有已经或者正在经历这种过程的国家，或多或少都有这样的情况。地力耗损——如在美国；森林消失——如在英国和法国，目前在德国和美国也是如此；气候改变、江河干涸在俄国大概比其他任何地方都厉害，因为给各大河流提供水源的地带是平原，没有像为莱茵河、多瑙河、罗讷河及波河提供水源的阿尔卑斯山那样的积雪。农业旧有条件遭到破坏，向大农场资本主义经营方式逐渐过渡——这些都是在英国和德国东部已经完成了的而在其他地方正在普遍进行着的过程。"②

面对科学技术对人类社会进步的巨大推动作用和它同时对人类造成的灾难这一悖论，恩格斯进行了深入的批判性分析。他指出，要有效地支配和调节人类生产行为的种种不利影响，"仅仅有认识还是不够的。为此需要对我们的直到目前为止的生产方式，以及同这种生产方式一起对我们的现今的整个社会制度实行完全的变革"③。显然，恩格斯认为资本主义社会种种异化现象的产生源于以下两个方面的原因：

① 《马克思恩格斯选集》第 3 卷，人民出版社 1995 年版，第 646 页。
② 《马克思恩格斯选集》第 38 卷，人民出版社 1960 年版，第 365 页。
③ 《马克思恩格斯文集》第 9 卷，人民出版社 2009 年版，第 561 页。

一方面，源于人类认识的相对性和有限性。尽管随着科学技术的发展，我们对自然界的作用越来越带有经过思考的、有计划的、向着一定的和事先知道的目标前进的特征，但由于人的“有限理性”和自然界普遍联系、辩证发展的复杂性，以及我们认识的特定时代条件，使我们的认识总是带有暂时性、相对性和局限性。在技术选择和预测时既不可能知道全部备选方案，也无力准确预测任何决策所导致的可能后果。实际的技术决策往往是抓住问题的主要矛盾，本着趋利避害或利大于弊的原则做出的，因为不这样我们就永远无法付诸行动。其结果往往是，随着事态的发展，技术的报复日渐显露，即便是那些当初完全是出于善良意志的技术过程也带来了预料不到的负面效应。对此，恩格斯早在一百多年前就发出告诫：“但是我们不要过分陶醉于我们人类对自然界的胜利。对于每一次这样的胜利，自然界都对我们进行报复。每一次胜利，起初确实取得了我们预期的结果，但是往后和再往后却发生完全不同的、出乎预料的影响，常常把最初的结果又消除了。”①其根源在于，我们只从局部的、片面的观点去看问题，而不是从整体的、系统的观点去看问题；只追求眼前的、短期的利益，而不是以长期的、整体的理由为目标。正如恩格斯所说：“到目前为止的一切生产方式，都仅仅以取得劳动的最近的、最直接的效益为目的。那些只是在晚些时候才显现出来的、通过逐渐的重复和积累才产生效应的较远的结果，则完全被忽视了。”②对此，恩格斯认为，需要我们经过长期的、往往是痛苦的经验，经过对历史材料的比较和研究，才能渐渐学会认清我们的生产活动的间接的、较远的社会影响，因而才有可能去控制和调节这些影响。今天，在抗生素、核技术、转基因技术的发明和使用中，人类所面临的正是这种状况。

另一方面，源于资本主义的生产方式。这是马克思恩格斯技术批判理论的核心所在（确切地说，他们所指的“消除技术的异化”应仅限于这一层面）。恩格斯认为，人与自然的关系“是受社会形态制约的”，资本主义以追求资本为最高目标，造成了历史上对自然界的前所未有的掠夺和占有，导致了人与人、人与自然之间关系的尖锐对立，从而造成严重的社会灾难和生态危机。他指出其根源在于不合理的资本主义制度。

在恩格斯看来，人与自然是有机统一、共生共荣的关系，绝不是掠夺

① 《马克思恩格斯文集》第 9 卷，人民出版社 2009 年版，第 559 页。
② 《马克思恩格斯文集》第 9 卷，人民出版社 2009 年版，第 562 页。

与被掠夺的二元对立关系。他既反对自然主义的历史观，也反对片面夸大人对自然的能动作用的错误观点，强调要尊重自然、按照自然规律行动。“我们一天天地学会更正确地理解自然规律，学会认识我们对自然界的习常过程所做的干预所引起的较近或较远的后果。特别自本世纪自然科学大踏步前进以来，我们越来越有可能学会认识并因而控制那些至少是由我们的最常见的生产行为所引起的较远的自然后果。但是这种事情发生得越多，人们就越是不仅再次地感觉到，而且也认识到自身和自然界的一体性，而那种关于精神和物质、人类和自然、灵魂和肉体之间的对立的、荒谬的、反自然的观点也就越不可能成立了，这种观点自古典古代衰落以后出现在欧洲并在基督教中取得最高度的发展。”[①]然而，人类对自然的认识是贯穿于整个人类历史的复杂而长期的任务。恩格斯既强调人对自然的能动作用，又强调人要尊重自然规律，与自然协调发展，这是恩格斯自然观和历史观有机统一的光辉体现。

随着现代社会的不断发展，生态危机日益恶化，由此引起许多有识之士的深思与研究。我们在海德格尔、法兰克福学派等许多学术流派那里可看到它们对马克思主义观点的引述、讨论乃至批评。当代生态学家卡逊就指出，把大自然看作服务于人类并成为人类的奴隶的观点是完全错误的：“当今世界崇拜速度和数量，崇拜快捷地获取利润，这种盲目崇拜滋生了滔天罪恶。”导致恶性生态危机的罪魁祸首是为了尽快获得经济回报而把自然当作工厂。资本只是一味追求扩大自己的影响范围，不接受自身以外的阻力，不考虑对生物圈的负面作用。

生态学家康芒纳指出，在利用技术追求利润的各种过程中，“我们被渗入了一种致命的错觉：通过我们的各种机器，我们至少已经从对自然环境的依赖中摆脱出来了”[②]。在这种错误引导下，全球性生态危机日益严重，人与人、人与自然的关系的异化日渐突出，人类生存的家园正在消失。用尤纳斯的话来说，“战线”已经转移了。“面对江河的肆虐泛滥，我们应该保护自己；但到了今天，不是江河威胁人类，而是人类威胁江河，因此我们应该保护江河不受人类的伤害。自然曾对我们构成威胁，但今天是我们威胁自然。危险包围着我们，我们被迫在危险中生存，但对我

---

① 《马克思恩格斯选集》第4卷，人民出版社1995年版，第384页。

② [美]巴里·康芒纳：《封闭的循环》，吉林人民出版社1997年版，第11页。

们构成威胁的,则是我们自己”①。

生态学马克思主义者马丁·奥康纳在《自然的理由》一书中运用马克思主义的基本观点剖析了资本主义生态危机产生的深刻原因,指出资本主义条件下的技术必然导致生态危机的发生,提出了资本主义双重矛盾和双重危机理论,并探讨了走出生态危机的途径。对马克思的批评尽管存在着诸多不合理之处,但在谈到马克思、恩格斯对资本主义批判的深刻性时,他指出:“在他们(指马克思和恩格斯)的视域中,人类历史和自然界的历史无疑是处在一种辩证的相互作用关系之中;他们认知到了资本主义的反生态本质,意识到了建构一种能够清楚地阐明交换价值和使用价值的矛盾关系的理论的必要性。”

生态学马克思主义者福斯特认为:“在我们可称之为的资本生态阶段,人类作用于自然以生产出价值,并随后被资产阶级剥夺的相关景象已不复存在,取而代之的是作为资本化身的自然在全球投资体制控制之下日复一日地自我再生产;通过穿越对时间的价格体系的神奇作用,一切都纳入生产和交换的理性计算。这就是资本意象中所孕育的自然。”②在他看来,资本主义制度是生态恶化之根:“资本主义经济把追求利润增长作为首要目的,所以要不惜任何代价追求经济增长,包括剥削和牺牲世界上绝大多数人的利益。这种迅猛增长通常意味着迅速消耗能源和材料,同时向环境倾倒越来越多的废物,导致环境恶化。”③

当代生态危机的不断加剧致使大气、水资源、土壤严重污染,森林锐减,大量物种灭绝或濒临灭绝,江河湖泊大量消失或沦为死湖、死河,这就意味着地球的死亡,也即人的死亡,是紧迫的生存危机。海德格尔用“人类已被连根拔起”来形容当代人的生态危机绝非危言耸听。这是对恩格斯在一百多年前对我们的谆谆告诫的积极回应。为了建构人与自然之间的和谐共生关系,必须冲破传统人类中心主义的误区,必须用“有计划”的生产方式对自然进行“有意识”的控制,通过合理的社会制度的建构,遏制“资本”的恶性膨胀所导致的人的异化、技术的异化,克服试图把人置于自然界之上的形而上学观点,实现从“中心”到“和谐共生”的思想变革。

---

① 李文潮:《德国技术哲学研究》,辽宁人民出版社 2005 年版,第 234 页。

② [美]福斯特:《生态危机与资本主义》,上海译文出版社 2006 年版,第 29 页。

③ 李文潮:《德国技术哲学研究》,辽宁人民出版社 2005 年版,第 2~3 页。

第四节 马克思与恩格斯自然观的根本一致性

在马克思与恩格斯的哲学思想关系这一问题上，国内外的观点大致可归为三种："一致论""差异论"和"对立论"。前两种观点区别不大，即认为马克思、恩格斯的哲学思想具有根本的一致性，至于两者因为个人风格、知识背景以及理论分工等方面所带来的差异和区别则是次要的。"对立论"对恩格斯的自然辩证法提出了批评，认为恩格斯的历史观是"物质自然主义""非人哲学"，是向自然本体论的回归，是认识论上的"消极直观反映论"，是与马克思哲学立场有根本分歧的。因而，从20世纪20年代开始，后一种思潮就喊出了"回到马克思"的口号，他们强调人的能动性在社会实践活动中的重要作用，力图恢复马克思学说中人本主义的内容。这些看法完全是对恩格斯的曲解！

西方马克思主义的创始人和奠基者卢卡奇在《历史与阶级意识》一书中认为，马克思之后，恩格斯背离了辩证法的最核心的主体与客体、理论与实践统一的因素，完全转向了自然领域，把"社会辩证法"变成了"自然辩证法"，而与主体的活动无关的自然又何以能具有辩证的性质呢？问题在于，卢卡奇否定自然的先在性，忽视自然与社会的区别，过分强调人的主体性对自然的作用，认为自然完全是社会和历史的产物，从而否定了自然的客观性存在的事实。换言之，他割裂了自然的客观性与社会性，只强调后者而否认前者。

卢卡奇反对恩格斯把工业和实验活动看作实践，其根据在于马克思没有讲过工业和实验属于实践的范畴。事实上，马克思在其著作中多处谈到工业和实验具有实践活动的特征。在谈到工业的历史和工业的已经生成的对象性的存在是人的本质力量的现实体现时，马克思指出："全部人的活动迄今为止都是劳动，也就是工业，就是同自身相异化的活动。"①

施密特在《马克思的自然概念》一书中，对马克思的"自然"概念和恩格斯的自然观的理解存在一定的片面性。首先，马克思的"自然"有三个层次，即自在的自然、人本身的自然和人化的自然。其中，只有人化的自然才是劳动的产物。因而，施密特把马克思的"自然"理解为已被人的劳

① 《马克思恩格斯全集》第3卷，人民出版社2002年版，第306页。

动加工过滤过的，从而是社会劳动的产物，显然是不符合马克思原意的。其次，施密特认为恩格斯在《自然辩证法》一书中所主张的唯物主义是一种素朴的自然主义，是对他自己和马克思在《德意志意识形态》中对费尔巴哈的论战中已经达到的立场的倒退。事实上，这是对恩格斯著作的误读。

在马克思主义发展史上，恩格斯公开发表了第一个表述马克思实践唯物主义思想的《关于费尔巴哈的提纲》，并指出这是“包含着新世界观的天才萌芽的第一个文件”，恩格斯与马克思合著了在其中正式提出“实践唯物主义”世界观的《德意志意识形态》。他们认为，人和自然界是在人类的物质生产实践活动中协同共生的，他们所关注的自然界无疑是人化的自然界、生成的自然界，是工业和商业活动的结果，不是抽象的本体论思维所指的抽象的自然界。在批判费尔巴哈的直观唯物主义时，马克思、恩格斯指出：“费尔巴哈对感性世界的‘理解’一方面仅仅局限于对这一世界的单纯的直观，另一方面仅仅局限于单纯的感觉，费尔巴哈设定的是‘一般人’，而不是‘现实的历史的人’……他没有看到，他周围的感性世界绝不是某种开天辟地以来就直接存在的、始终如一的东西，而是工业和社会状况的产物，是历史的产物，是世世代代活动的结果，其中每一代都立足于前一代所达到的基础，继续发展前一代的工业和交往，并随着需要的改变而改变它的社会制度。甚至连最简单的‘感性确定性’的对象也只是由于社会发展，由于工业和商业交往才提供给他的。大家知道，樱桃树和几乎所有的果树一样，只是在数个世纪以前由于商业才移植到我们这个地区。由此可见，樱桃树只是由于一定的社会在一定时期的这种活动才为费尔巴哈的‘感性确定性’所感知。”①

恩格斯明确反对的正是那种把精神和物质、人类和自然、灵魂和肉体孤立二分、相互对立起来的荒谬的反自然的观点。在人类社会与自然界的关系问题上，他反对自然主义的历史观，反对像征服异族人那样“征服自然”、掠夺和压榨自然。他并不认为人类出现后的自然是与人类历史活动无关的“纯粹自然”，而是一再强调人与自然界相互联系、共同进化的观点，强调历史的自然和自然的历史的统一，强调随着人类物质生

① 《马克思恩格斯选集》第1卷，人民出版社1995年版，第75页；《马克思恩格斯全集》第7卷，人民出版社1959年版，第241页；《马克思恩格斯选集》第4卷，人民出版社1995年版，第329页。

产活动的发展，随着工业和技术的发展，自然界日益成为人化的自然界。1850 年，在《新莱茵报·政治经济评论》第 2 期上发表的书评中，恩格斯指出："现代自然科学和现代工业一起变革了整个自然界，结束了人们对于自然界的幼稚态度和其他的幼稚行为，而对于这样的现代自然科学却只字未提。相反的，我们却听到些神秘的暗示和关于诺斯特拉达莫司的预言、苏格兰人的洞察力以及动物的磁性等令人不解的庸人猜测。巴伐利亚的落后的农村经济，即僧侣和道梅尔之流都同样可以滋生的土壤，现在已是用现代农作技术和现代机器来加以耕耘的时候了。"①

在批判自然主义历史观的片面性时，恩格斯强调指出："自然主义的历史观，如德雷帕和其他一些自然研究家或多或少持有的这种历史观是片面的，它认为只是自然界作用于人，只是自然条件到处决定人的历史发展，它忘记了人也反作用于自然界，改变自然界，为自己创造新的生存条件。日耳曼人移入时期的德意志的'自然界'，现在剩下的已经微乎其微了。地球的表面、气候、植物界、动物界以及人本身都发生了无限的变化，并且这一切都是由于人的活动，而德意志的自然界在这一期间未经人的干预而发生的变化简直微小得无法计算。"②

19 世纪，科学与技术的快速发展及其在生产中的运用对社会的影响引起马克思、恩格斯的密切关注。由于他们在知识背景和学术兴趣等方面各有特点，因此各自关注的重心和观察的视角有所不同。他们的亲密合作本身就包含着合理的分工。对此，恩格斯于 1887 年在《论住宅问题》一书第二版序言中曾写道："由于马克思和我之间有分工，我的任务就是要在定期报刊上，因而特别是在同敌对见解的斗争中，发表我们的见解，以便让马克思有时间去写作他那部伟大的基本著作。因此，在大多数情况下，我都必须采用论战的形式，在反对其他种种观点的过程中，来叙述我们的观点。"③然而，这种分工并非马克思长期埋头于研究"历史辩证法"而无暇顾及"自然辩证法"，而恩格斯则致力于探求纯粹的"自然辩证法"。实际上，青年马克思就对古希腊自然哲学做过深入研究，即便在忙于写作《资本论》时也曾对自然科学做了深入的研究，并用有机化学中的具体案例来论证质量互变规律。许多观点都是在深入讨论和交流

① 《马克思恩格斯全集》第 7 卷，人民出版社 1959 年版，第 241 页。
② 《马克思恩格斯选集》第 4 卷，人民出版社 1995 年版，第 329～330 页。
③ 《马克思恩格斯选集》第 3 卷，人民出版社 1995 年版，第 134 页。

的基础上形成的。正如马克思在1877年11月10日致威·布洛思的信中说道:“我的健康状况迫使我把医生给我限定的工作时间全都用于完成我的著作;恩格斯现在正忙于写几部篇幅较大的著作,同时仍在继续为《前进报》写文章。”①在信中他还表达了他和恩格斯对杜林派的攻击所持的态度,可以看出,他们之间不存在根本的意见相左。他们的合作之密切,以至于要想把这两位朋友的成就截然分开,即使他们自己也是办不到的。因此,对这两位思想家的观点不能做简单、孤立的分析。马克思着重从人类社会的特定形态考察人与自然的关系,他更多的是考察人与自然物质变换的社会条件,致力于通过将辩证法引入人类社会建立一种辩证的社会历史观;恩格斯从自然的历史考察自然,他并非以朴素实在论方式看待“纯粹自然”,而是注重从人类历史活动中人与自然的相互作用、共同进化阐述认识与利用自然规律,通过自然科学的发展成果揭示普遍联系和辩证发展的辩证自然观,进而描述物质自然界从无机界向人类社会的演化过程,从而与马克思的人化自然思想构成了相互衔接的整体。

恩格斯的“自然”概念并非与人相分离的旧唯物主义意义上的自然。事实上,对于自然科学界和哲学界流行的反辩证法的庸俗唯物主义思潮,恩格斯在《反杜林论》中做了有力批判,并计划写一本《反毕希纳论》予以专门批判。认真研读恩格斯的文本,的确可以注意到,恩格斯有时在讨论自然科学哲学问题中只提自然概念,字面上没有涉及人。但是,那种未进入人的实践活动范围的自在自然,包括时间上的史前自然,只是为人类实践活动的扩展提供可能性,是可能世界,而不是现实世界。正如恩格斯所言:“在我们的视野的范围之外,存在甚至完全是一个悬而未决的问题。”②“我们的自然科学的极限,直到今天仍然是我们的宇宙,而在我们的宇宙以外的无限多的宇宙,是我们认识自然界所用不着的。”③“因为我们如果不能探索事物,那么这些事物对我们来说就是不存在的了。”④换言之,那种被抽象地、孤立地理解的、与人分离的自然界是没有显示语言的。离开人的对象性活动而大谈原生态自然,不免过于浪

① 《马克思恩格斯选集》第4卷,人民出版社1995年版,第628页。
② 《马克思恩格斯选集》第3卷,人民出版社1995年版,第383页。
③ 《马克思恩格斯选集》第4卷,人民出版社1995年版,第344页。
④ 《马克思恩格斯选集》第4卷,人民出版社1995年版,第337页。

漫。综合恩格斯的一贯立场，他所指的“自然”概念并不是纯粹的与人的活动无涉的自然，而是在人类物质生产劳动中不断生成和进化的自然，是人化的自然，“不是存在着的，而是生成着和消逝着”的自然。马克思、恩格斯关注的是与人类生活实践相关的、现实的自然界。恩格斯研究自然辩证法的意义绝不限于对马克思主义自然观的阐述，更根本的还在于使自然界和人类社会两大领域的研究连接成一个整体，为完善马克思主义哲学理论奠定了基础。因此，自然辩证法与历史辩证法并不像莱文所说的那样是根本对立的，而是在实践基础上辩证统一的。

显然，恩格斯并不是先验地设定一种抽象的自然对象，更谈不上什么旧哲学意义上的物质本体论。他所关注的是人化自然，而不是与人无关的自然。因而，那种把人与自然割裂开来，把人与自然抽象化为脱离特定的社会关系和实践活动，并不符合马克思、恩格斯创立的新唯物主义哲学思想。

恩格斯始终坚持对旧唯物主义机械论自然观的批评立场，主张人与自然在人类社会历史发展过程中的有机统一性，坚持自然界自身的普遍联系和运动发展的自然辩证法与人类历史辩证法的统一。其天才著作《劳动在从猿到人转变中的作用》是从劳动发展史理解全部社会史的经典，深刻揭示了从自然到社会历史的辩证发展过程。在他看来，人和自然界的统一是从人的感性活动中实现的，由此，自然界作为单纯的直观对象变成我们感性活动的客体，“自在”的自然界变成“为我”的自然界。这一切都是与马克思的实践唯物主义思想及人化自然的观点相吻合、相一致的。

综上所述我们可以看出马克思和恩格斯对人与自然关系研究的不同角度，他们之间的区别是建立在人与自然根本性一致的基础上的，正如普里戈金在论述自然界的发展是一个过程的时候，曾以欣赏的态度肯定道：“自然史的思想作为唯物主义的一个完整部分是马克思所断言，并由恩格斯所详细阐述过的。当代物理学的发展，不可逆性所引起的建设性作用的发展，在自然科学中提出了一个早已由唯物主义提出的问题。对他们来说，认识自然就意味着把自然界理解为能产生人类和人类社会的自然界。”①

---

① [比]普里戈金、[法]斯唐热：《从混沌到有序》，上海译文出版社 1987 年版，第 2 页。

第五章

科学技术与社会

近代资本主义社会的产生和发展与近代科学技术的产生和发展是现代性形成和发展过程的不同方面，资本与科学技术相互加强、相互推动，铸就了现代社会不同于传统社会的一系列根本特征。不研究资本主义制度，就不可能准确把握近现代科学技术的发展，同样，不深入探讨近现代科学技术的种种特点，也就不可能深刻认识资本主义的发展。

德国著名的社会学家马克斯·韦伯认为，现代技术和资本主义的产生是一个整体合理化的过程。西方在宗教改革以后形成的充满理性的“资本主义精神”对近代资本主义的发展及科学革命起到了巨大的推动作用。而中国、印度等古老民族传统文化中的主流部分缺少这种理性的资本主义精神，因而阻碍了现代资本主义及现代科学在中国的产生。[①]

当代技术哲学家安德鲁·芬伯格在论及技术与现代性时也指出：“正是技术发展使现代性成为可能，如果人们不充分了解技术发展，怎么会有希望理解现代性？而如果缺乏对保证技术在其中得以发展的更宏大的社会的研究，又如何能研究具体的技术？大多数对这些领域做出突出贡献的人从未提出这些问题，更不用说给出有说服力的答案了。”[②]

法国当代著名哲学家斯蒂格勒指出，现代技术和现代资本主义的发展关系密切，是一种互为前提和互相决定的关系。“如果说经济体系的

---

① [德]马克斯·韦伯：《新教伦理与资本主义精神》，陕西师范大学出版社 2006 年版，第 10 页。

② [美]安德鲁·芬伯格：《现代性理论与技术研究》，载《马克思主义与现实》，2005 年第 4 期，第 69 页。

发展似乎顺应了技术决定的必然，而且现代资本主义的诞生是工业技术的必然要求，那么反之亦然，热力学技术体系，乃至整个工业技术体系的可能性都是由经济体系的改组决定的，这种改组的前提就是资本积累。实际上存在着一种独特的技术和经济的组合，其结果就是产生了'专家统治'和'技术化科学'：经济体系的变换使'流动资本'和'技术革新'这两种不同性质的倾向的聚合成为可能。促成这一聚合已成为一项治国大策(这是科尔・贝尔开创的传统)。这既标志了文化同化和全民性科学与技术的信息联络，也代表了最高团体层次的全民性介入和投资形式。"①

著名科学社会学家贝尔纳基于对科学与社会相互关系的历史研究，深刻地指出："科学从理智上的系统化、工业中的技术改革和资本主义在经济和政治上的优势，都同在那几个时期，同在那几处地方长成和繁荣起来，这并非是偶然的。"②默顿在研究 17 世纪科学、技术与社会时，对科学技术与资本之间的互动关系做了深入阐发。他指出："与资本主义的介入相连的是一种由兴趣、愿望和活动所构成的复合体，这是一个影响深远的理性化的过程，以及把科学和经验性的技术知识应用于工业生产的过程。"③以上学者对技术与资本互动关系的认识可谓深刻而精湛。

科学、技术与社会之间的相互关系问题受到恩格斯的关注，在《英国状况・十八世纪》中，恩格斯就已开始对当时的科学技术发明与产业革命和资源消耗之间的内在联系进行了认真研究。从 1763 年詹姆斯・瓦特博士开始制造的蒸汽机，到 1764 年詹姆斯・哈格里沃斯发明的珍妮纺纱机，到 1768 年理查・阿克莱发明的水力纺纱机，到 1776 年赛米尔・克伦综合珍妮纺纱机和水力纺纱机的机械原理而发明的骡机，到 1787 年卡特赖特博士发明的动力织机等，高效率工作机的发明对大功率动力机提出了强烈的需求，由此推动英国的工业革命在多个领域协同发展：从棉纺织业开始，到机械化学工业，到钢铁锻造业，到采矿业，到交通运输业等，这些新的技术发明和随之出现的新的产业部门加大了自然资源消耗的种类和力度。"蒸汽机第一次使绵延于英国地下的无穷尽的矿

---

① [法]斯蒂格勒：《技术与时间：爱比米修斯的过失》，译林出版社 2000 年版，第 45 页。

② [英]贝尔纳：《历史上的科学》，科学出版社 1959 年版，第 289 页。

③ [美]罗伯特・金・默顿：《十七世纪英格兰的科学、技术与社会》，商务印书馆 2002 年版，第 185～186 页。

层具有真正的价值。开发了许多新的煤矿，对原有的煤矿则加倍紧张地开采。”①

马克思恩格斯时代正值资本主义大工业快速发展之时。技术的力量、工业的影响无处不在。工业的发展、技术广泛而自觉的应用与社会其他因素的相互影响必然成为马克思、恩格斯关注的焦点。恩格斯的一生十分重视技术发展对社会的重大影响。早在不来梅时期，恩格斯关于“阿基米德号轮船”的论述就已经显示出他对技术发展及其社会后果的关注。基于历史唯物主义的基本原则，他们从不脱离具体的社会现实去考察技术，总是历史地、具体地从技术的社会属性，即从技术对社会的依存性去考察它的产生、发展和利用，从而揭示了技术发展对生产力、生产关系和社会变革的重大影响，以及技术发展中的社会条件。其基本观点为我们分析技术与社会的相互作用提供了重要的理论指导。

在马克思、恩格斯看来，资本主义大工业生产的发展、科学技术广泛而有意识的应用，充分展示了科学技术是一种在历史上起推动作用的革命力量，是以往的时代根本想象不到的。他们在《共产党宣言》中对资本主义推动生产力发展的强大力量予以高度赞赏：“资产阶级在它的不到一百年的阶级统治中所创造的生产力，比过去一切世代创造的全部生产力还要多，还要大。自然力的征服，机器的采用，化学在工业和农业中的应用，轮船的行驶，铁路的通行，电报的使用，整个大陆的开垦，河川的通航，仿佛用法术从地下呼唤出来的大量人口——过去哪一个世纪料想到在社会劳动里蕴藏有这样的生产力呢？”②与此同时，马克思、恩格斯对于工业、技术的发明和应用与社会政治变革之间的关系也做了深入阐述。在马克思看来：“蒸汽、电力和自动走锭纺纱机甚至是比巴尔贝斯、拉斯拜尔和布朗基诸位公民更危险万分的革命家。”③“火药、指南针、印刷术——这是预告资产阶级社会到来的三大发明。火药把骑士阶层炸得粉碎，指南针打开了世界市场并建立了殖民地，而印刷术则变成新教的工具，总的来说变成科学复兴的手段，变成对精神发展创造必要前提的最强大的杠杆。”④

---

① 《马克思恩格斯文集》第 1 卷，人民出版社 2009 年版，第 101 页。

② 《马克思恩格斯文集》第 2 卷，人民出版社 2009 年版，第 36 页。

③ 《马克思恩格斯文集》第 2 卷，人民出版社 2009 年版，第 579 页。

④ 《马克思恩格斯文集》第 8 卷，人民出版社 2009 年版，第 338 页。

恩格斯深刻地认识到作为近代社会有机组成部分的科学技术的快速发展的资本动因和资本主义性质，及其所导致的工人阶级日益贫困、阶级对立日益严峻、政治斗争日益尖锐等一系列重大的社会问题，并予以深刻分析和尖锐批判，准确地阐发了从机器的使用引起的工艺革命、生产力革命、生产关系变革的历史规律。

第一节　作为生产力的技术

鉴于马克思、恩格斯分工的不同，恩格斯更多的是从自然科学的视野去阐发历史唯物主义的基本观点，因而科学史和技术史的内容就格外丰富。在谈到中世纪的生产和技术时，恩格斯指出："由中世纪的市民等级所创立的工业生产和商业获得无限高度的发展：一方面，生产更加完备，更加多样化，规模也更大；另一方面，商业交往更加兴盛，航海从萨克森人、弗里西安人和诺曼人时代起更加无比地大胆；再一方面，还有大量的发明以及东方发明的输入，它们使希腊文学的输入和传播、海上探险以及资产阶级宗教改革真正成为可能，并且使它们的活动范围大大扩展，进展大为迅速。此外，它们提供了古代从未想到过的、虽然还未系统化的许多科学事实：磁针、印刷、活字、亚麻纸（十二世纪以来阿拉伯人和西班牙犹太人所使用的；棉纸自十世纪以来就逐渐出现，而在十三和十四世纪已经传布得更广，莎草纸从阿拉伯人占领埃及以后就根本不再使用了）、火药、眼镜、在计时上和力学上是一巨大进步的机械时计。"[①]在此，技术与社会诸因素的内在联系就已明确地体现出来。

近代科学技术是伴随着资本主义的出现而兴起的。随着科学技术的发展和应用，机器工厂代替了手工工场，生产规模扩大了。生产工具、劳动工具、管理技巧得到了改善，大大提高了劳动生产率。以工厂为中心的城市地位得到了强化，整个社会受到了一次科技的"洗礼"，面貌发生了翻天覆地的变化。资本主义生产的扩展使科学技术因素第一次被有意识和广泛地加以发展、应用，其规模是过去时代根本想象不到的。对此，马克思、恩格斯指出："现代自然科学和现代工业一起对整个自然界进行了革命改造，结束了人们对自然界的幼稚态度以及其他幼稚行

① 《马克思恩格斯全集》第 20 卷，人民出版社 1971 年版，第 530 页。

为。"[1]可以说，随着资本主义的产生与发展，现代工业和现代科学技术成为直接的生产力，这是具有深远意义的存在论事件。

《英国工人阶级状况》是恩格斯对英国产业革命社会史研究的进一步展开和深化。他指出："由于珍妮纺纱机不断改进，机器随时都会变成过时的，因此必须加以改造或者干脆弃置不用；资本家由于利用水力，即使机器已经过时，也还可以维持下去，而对于个体纺工来说，就难以为继了。如果说这样一来就为工厂制度奠定了基础，那么，由于翼锭纺纱机的出现，工厂制度又获得了进一步的扩展。这种机器是北兰开夏郡普雷斯顿的一个理发师理查·阿克莱在1767年发明的，在德国通常叫作经线织机，除了蒸汽机，它是18世纪最重要的机械发明。这种机器从一开始设计就考虑使用机械动力，而且是以全新的原理为根据的。菲尔伍德(兰开夏郡)的赛米尔·克朗普顿综合了珍妮纺纱机和经线织机的特点，于1785年发明了走锭精纺机。大约在同一时间，阿克莱又发明了梳棉机和粗纺机，于是工厂制度就成为棉纺业中唯一占统治地位的制度了。这些机器经过一些不大的改变，逐渐开始用来纺羊毛，以后(19世纪最初10年)又用来纺麻，于是在这里也排挤了手工劳动。但是事情还没有就此停止。在18世纪最后几年，乡村牧师卡特赖特博士发明了机械织机，大约在1804年，他把这种机器又改进得足以压倒手工织工；所有这些机器由于有了蒸汽机发动，就加倍重要了。蒸汽机是詹姆斯·瓦特在1764年发明的，从1785年起用来发动纺纱机。"[2]这一系列技术发明和应用给整个社会活动以巨大动力，其最直接的结果就是英国工业的诞生。

在《英国状况·十八世纪》中，恩格斯对生产力，尤其是产业革命对英国近代史所起的历史作用做了进一步研究，使恩格斯的历史观达到了一个新的高度。在他看来，科学和实践相结合首先推动了技术发展。他列举了18世纪英国的主要技术成就，包括陶器制造技术、珍妮纺纱机、瓦特蒸汽机、水力纺纱机及动力织机。

18～19世纪的工业革命标志着人类改造自然的新纪元和技术时代的真正来临。它以工作机的发明为起点，以蒸汽动力的普遍应用为中心内容，迎来了机器大工业体系的形成。在19世纪中叶以后，又出现了以电气技术为中心的新的技术革命。近代技术和工业的发展使社会生产

---

① 《马克思恩格斯全集》第10卷，人民出版社1998年版，第254页。

② 《马克思恩格斯文集》第1卷，人民出版社2009年版，第392页。

力水平空前提高。恩格斯认为这一时期西方资本主义社会的发展主要得益于科学技术的推动。特别是纺织机的出现，是劳动工具的重大革新，使整个棉纺工业在技术上完成了由手工业和工场手工业向机器大工业的过渡，并且引起了一系列连锁反应。恩格斯已准确地认识到，随着纺织部门的革命，必将发生整个工业的革命。在《英国状况·十八世纪》中，恩格斯指出："现在，蒸汽织机得到了实际应用，给予工业进步以新的推动。所有的机器都经过无数次微小的但总起来却很有意义的改进，而每一个新的改进都给予整个工业体系的扩展以有利的影响。所有的棉纺织业部门都革命化了。由于采用机械的助力，同时由于化学的进步使染色和漂白有了改进，印花布的水平空前提高；针织业也卷入这个潮流。从 1809 年起，细棉织品、绢网、花边等开始用机器生产。"①

恩格斯对新技术的应用所导致的一系列新兴产业的发展做了系统研究。他考察了生产工具发明、发展和运用的历史及意义，指出从瓦特的蒸汽机和哈格里沃的珍妮纺纱机直到动力织机等的发明和运用，促进了工业体系的发展，使棉纺织业、毛纺业、麻纺织业和丝纺织业得到发展，纺织业又带动了化工业、机器制造业、金属的冶炼与加工业、采矿业等相继出现，工业的全面发展推动了交通的改善，以及与手工劳动退出相关的工厂制度的建立。随着资本主义市场的扩大、需求的不断增加，工场手工业不再能满足需要。于是，蒸汽机和机器引起了工业革命（恩格斯当时称为社会革命）。这场革命是科学与实践相结合的产物，是科学技术应用于生产的结果。恩格斯对英国工业革命的这一分析，虽然是在他最终清算自己的哲学信仰之前做出的，但是已显示出其思想发展的一个新起点。对此，恩格斯深有感触地指出："一经形成的工业推动所带来的结果是无穷无尽的。一个工业部门的前进运动会传播到所有其他的部门。正如我们刚才所看到的，新产生的力量需要营养，新产生的劳动人口带来了新的生活关系和新的需求。机械生产的优越性降低了产品的价格，从而使生活必需品降价，其结果是使工资普遍更低了；所有其他的产品也卖得更便宜了，这样，由于价格低廉，就争得了一个与价格低廉相称的更广阔的市场。使用机械辅助手段而获益一旦成为先例，一切工业部门也就渐渐仿效起来；文明程度的提高，这是工业中一切改进的无可争议的结果，文明程度一提高，就产生新的需要、新的生产部门，而

---

① 《马克思恩格斯全集》第 3 卷，人民出版社 2002 年版，第 538 页。

这样一来又引起新的改进。随着棉纺业的革命,必然会发生整个工业的革命。如果我们不是一直都能密切注视这种运动着的力量怎样传播到工业体系中比较间接的部门,那么这只能归咎于统计材料和历史材料的不足。但是,我们到处都会看出,使用机械辅助手段,特别是应用科学原理,是进步的动力。”①在《反杜林论》中,恩格斯对科学技术的生产力功能做了更明确的阐述:“自从蒸汽和新的工具机把旧的工场手工业变成大工业以后,在资产阶级领导下造成的生产力,就以前所未闻的速度和前所未闻的规模发展起来了。”②

恩格斯不仅阐明了科学技术的发展推动生产力不断发展的功能,而且直接阐述了这种功能将无穷无尽地发挥作用的趋势,他在《国民经济学批判大纲》中指出:“人类支配的生产力是无法估量的。资本、劳动和科学的应用,可以使土地的生产能力无限地提高。按照最有才智的经济学家和统计学家的计算(参看艾利生的《人口原理》第一卷第一、二章),‘人口过密’的大不列颠在十年内,将使粮食生产足以供应六倍于目前人口的需要。资本日益增加,劳动力随着人口的增长而增长,科学又日益使自然力受人类支配。这种无法估量的生产能力,一旦被自觉地运用并为大众造福,人类肩负的劳动就会很快地减少到最低限度。”③在他看来,一向被经济学家忽视的科学是生产活动的重要因素之一,而且科学的增长是永无止境的,并以汉弗莱·戴维爵士和尤斯图斯·李比希两人的化学成就对 19 世纪农业的重大贡献为例,说明科学对推动社会发展的巨大作用。恩格斯所阐发的科学技术作为第一生产力的思想和预见在今天得到了有力的论证。根据历史唯物主义的基本观点,不同时代的区别不在于生产什么,而在于如何生产、用什么工具生产。我们把历史分为旧石器时代、新石器时代、青铜器时代、铁器时代、蒸汽机时代、电气时代、信息化时代,其依据是不同时代的技术条件。正是在这个意义上,马克思用手推磨与蒸汽机两种具体技术形态来形象地标识与区分两个不同时代。在恩格斯看来,工业、技术与技术进步是理解人类存在方式的钥匙,不同的技术造就人的不同现实生活世界。这个生活世界不仅包括通常所说的外在的自然界,而且包括通常所说的人的社会关系这一社会

① 《马克思恩格斯文集》第 1 卷,人民出版社 2009 年版,第 102 页。
② 《马克思恩格斯选集》第 3 卷,人民出版社 1995 年版,第 618 页。
③ 《马克思恩格斯全集》第 3 卷,人民出版社 2002 年版,第 463 页。

有机界。今天，技术已经成为人类文明的发展基础，技术条件是不同时代生产力发展的指示器，正是以劳动工具为核心的劳动资料的变革为条件，我们把人类文明分为农业文明、工业文明、后工业文明，后工业文明也常被称为“信息时代”“网络时代”“知识经济时代”等。

通过对英国社会状况的深入分析，恩格斯还阐述了工业革命是近代社会发展的基础和动力，进一步分析了工业革命的各种后果，显示出他开始立足于经济事实来说明其他社会现象，由此开始破解上层建筑等一系列社会问题之谜，揭开以往时代罩在其上的神秘面纱，揭示人类历史发展的真谛。而关于无产阶级的诞生及其历史使命的深刻论述正是马克思、恩格斯研究的核心。

第二节 工业革命的政治效应

近代资本主义大工业使从前的简单生产工具变成机器，手工业作坊变成工厂，小生产者变成工人无产阶级，大商人变成工业家。于是，与大机器生产相联系的人们便分裂为两个阵营——工人和资本家。这种分裂过程不可避免地要在手工业和商业中发生，在那里，代替从前的师傅和帮工，一方面出现了资本家，另一方面出现了失去上升到高于本阶级水平的任何希望的工人。资本主义的发展导致了资产阶级和工人阶级两大阶级的对抗和资本与劳动的尖锐对立。

在《英国工人阶级状况》中，恩格斯对生产工具的发明与各工种工人阶级的出现进行了系统描述：就机器的发展来看，珍妮纺纱机、水利纺纱机、骡机、梳棉机、粗纺机、动力织机、蒸汽机相继发明与应用；与此同时，就工人阶级的发展来说，兼农业的织工阶级、织工阶级（无产者）、工业无产阶级和农业无产阶级与新的大佃农阶级、新兴的工业资产阶级等新的阶层先后诞生，由此导致旧有的生产关系、人际交往关系、人们存在方式的解体和新的生产关系、社会关系的诞生。这样，在英国，新出现的工人阶级和资本家阶级一起构成了新社会的主要阶层。两大阶级之间的利益对立决定了新社会关系的基本矛盾。

恩格斯通过对英国这个当时最发达的资本主义国家的经济制度和政治制度的深入研究，阐明了资本主义生产的一系列规律以及产业革命引起的市民社会的全面变革，揭示了引起工厂无产阶级出现的产业革命的全部奥秘。恩格斯指出：在资本主义制度下，失业者产业后备军的形成、周期性经济危机的不断重复以及随着资本主义生产的扩大而对工人阶级和劳动群众剥削的日益加强等都是不可避免的，最终新的两大对立阶级——资产阶级和无产阶级之间的矛盾是不可调和的。他把分工、水力特别是蒸汽力的利用以及机器的应用看作自 18 世纪中叶以来工业用以摇撼旧世界基础的三个伟大杠杆。通过大工业的发展规律进一步阐明了资本主义生产方式的经济发展规律（如竞争、周期性的经济危机等），初步揭示了这个社会必然灭亡的必然规律，驳斥了所谓资本主义制度永恒存在的谬论。恩格斯揭示了工人阶级在资本主义制度下惨遭剥削和压迫的情景及其社会根源，指出工人阶级的凄惨状况必然促使他们奋起抗争，推翻资本主义统治，因而推翻资本主义、拯救英国的根本力量来自工人阶级，只有工人阶级“才是真正值得尊敬的人”，是推动人类社会进步的主导力量。

恩格斯在简单总结 18 世纪最后几十年和 19 世纪最初几十年英国工业的历史时，得出结论说：像这样的历史，在人类编年史中还不曾有过。在这个时期开始时，英国和其他国家一样，工业少而不发达，人口稀疏而且多半是农业人口。由于产业革命，英国变成与其他国家完全不同的国家了：有居民达 250 万的首都，有巨大的工业城市，有用机器生产的产品供给当时整个世界的工业。英国的积极工作而有教养的人口，其 2/3从事工业，完全是由另外的阶级组成的，而且与从前比较起来，可以说完全是具有另外的习惯和需要的另外一个民族。关于这些变化的历史意义，总的结论是：“工业革命对英国的意义，就像政治革命对法国，哲学革命对德国一样。1760 年的英国和 1844 年的英国之间的差别，至少像旧制度下的法国和七月革命的法国之间的差别一样大。”①

作为工业革命的重要产物，英国无产阶级的产生和壮大是人类历史上的重大事件。恩格斯最早对无产阶级作为资本主义社会的阶级、作为机器生产产生的阶级进行了科学分析。无产阶级是由机器创造出来的，工业的迅速发展需要工人，成批的工人便开始从农业地区迁往城市。大工业中心和商业中心产生了，在那里差不多 3/4 的居民是工人阶级。

生产力决定生产关系，这是历史唯物主义的基本观点。马克思、恩格斯不仅从生产力的角度论述了科学技术的巨大作用，而且把科学技术看作推动人类历史发展的有力杠杆，是最高意义上的革命性力量。正如

① 《马克思恩格斯文集》第 1 卷，人民出版社 2009 年版，第 402 页。

马克思所说:“随着新生产力的获得,人们改变自己的生产方式,随着生产方式即谋生的方式的改变,人们也就会改变自己的一切社会关系。手推磨产生的是封建主的社会,蒸汽磨产生的是工业资本家的社会。”①恩格斯对蒸汽机社会作用的分析是研究科学技术社会功能的典型案例。他肯定蒸汽机是巨大生产力,它存在的最初50年中给人类带来的东西要比人类从一开始为发展科学所付出的代价还要多。另一方面,蒸汽机导致了一系列政治变革,正如恩格斯在《奥地利的末日》中所说:“欧美的公众现在可以高兴地看到,梅特涅和整个哈布斯堡王朝怎样为蒸汽机轮撕碎,奥地利君主国又怎样为自己的机车辗裂。这是非常有趣的场面。”②

在《欧洲土耳其前途如何?》一文中,恩格斯谈到工业革命的世界性影响时指出:“每一个人,只要注意研究历史,学会正确对待人类命运中永不停息的变革,知道在人类的命运中除了不固定本身之外没有任何固定的东西,除了变化本身之外没有任何不变化的东西;只要注意观察历史的不可阻挡的进程,看到历史的车轮是怎样无情地驰过了一个个帝国的废墟、常常毫不惋惜地毁灭整整一代人;总之,每一个人,只要不是闭眼不看任何煽惑的宣言和谋叛的告示都不能像平凡而明显的历史事实那样起着革命作用,就是说,只要了解和重视我们时代的异常革命的性质——在这个时代里,蒸汽和风力、电力和印刷机、大炮和金矿的联合作用在一年当中引起的变化和革命要多过以往整整一个世纪——每一个这样的人,都不会仅仅由于这个问题的正当解决会引起欧洲战争而害怕提出这个历史性的问题。”③

机器劳动不断降低工业品的价格,旧的工场手工业制度或以手工劳动为基础的工业制度在激烈的竞争面前被完全摧毁了。那些迄今仍或多或少置身于这场工业革命之外的国家,被迫走出闭关自守状态。这些国家购买便宜的英国商品,将本国的工场手工业工人置于“死地”。因此,像印度、中国那些几千年来没有进步的国家,都被迫走向了革命。工业革命的全球化影响甚至达到这样的地步:今天英国发明的新机器,一年之内就会夺去中国千百万工人的“饭碗”。恩格斯关于工业和技术的

① 《马克思恩格斯文集》第1卷,人民出版社2009年版,第602页。

② 《马克思恩格斯全集》第4卷,人民出版社1958年版,第521页。

③ 《马克思恩格斯全集》第9卷,人民出版社1961年版,第37页。

发展必将导致经济的全球化趋势的科学预见在当代得到了有力的证实。

在《英国状况·十八世纪》《英国工人阶级状况》等著作中，恩格斯从工业革命入手，详细分析了蒸汽机、珍妮纺纱机、水力纺纱机等技术工具的发明和使用引起分工的进一步发展，进而推动工厂制度这一生产方式变革的过程，即工业革命是推动社会关系与阶级结构变化的根本动因。技术的发明和使用推动工业革命，工业革命同时又是推动市民社会全面变革的根本动力。通过深入研究，恩格斯进一步认识到技术、工业的发展是历史发展的基础和动力。正如他在《英国状况·十八世纪》中所说："英国工业的这一次革命化是现代英国各种关系的基础，是整个社会的运动的动力。"[①]在此后的《英国工人阶级状况》中，恩格斯对于工业、技术是推动社会发展的决定性力量的思想又做了更为深入、详尽的阐发。他指出："分工，水力特别是蒸汽力的利用，机器装置的应用，这就是从上世纪中叶起工业用来摇撼旧世界基础的三个伟大的杠杆。小工业创造了中间阶级，大工业创造了工人阶级，并把中间阶级的少数选民拥上宝座，但是，这只是为了有朝一日更有把握地推翻他们。目前，无可争辩的和容易解释的事实是，'美好的旧时代'的人数众多的中间阶级已经被工业摧毁，从他们当中一方面分化出富有的资本家，另一方面分化出贫穷的工人。"[②]

恩格斯认为，以技术为核心的物质资料的生产对人类社会的发展具有基础性作用，是社会形态的决定性因素。英国工业的这一次革命化是现代英国各种关系的基础，是整个社会运动的动力。不同的技术条件决定着不同的生产方式，在此基础上形成不同的生产关系和阶级关系。基于对英国工业革命和社会历史发展的深入调研，恩格斯运用实际材料和数据统计，描述了在英国从纺织业开始的机器生产和机器劳动逐渐在工业的各个主要部门对手工业劳动的胜利所引起的深刻变革。珍妮纺纱机、蒸汽机的发明和使用是导致英国阶级关系和其他社会变革的重要原因。冶金、机械制造业、采矿等行业都卷入了普遍发展的浪潮之中。产业革命还席卷了整个农业，并引起了交通、运输方面的革命。英国工业的革命化是现代英国各种关系的基础，是整个社会发展的动力。英国工业革命的这段历史在人类编年史中是无与伦比的。伦敦等大城市的发

① 《马克思恩格斯全集》第3卷，人民出版社2002年版，第544页。
② 《马克思恩格斯文集》第1卷，人民出版社2009年版，第406页。

展、工人的集中使社会阶级划分日益明显，阶级矛盾日益尖锐。恩格斯考察了无产阶级的起源，研究了无产阶级生活和斗争的情况。

英国工人阶级是资本主义大机器工业的产物，其历史是从18世纪下半叶蒸汽机和棉花加工机的发明和使用开始的。机器生产对工人提出了大量需求，于是成批的劳动力开始从农村迁往城市，涌入工厂。与大工业中心的出现相适应，商业中心也产生了。随着机器代替手工工具，工厂代替传统作坊，社会逐步形成了两大阵营的对立，即工人和资本家。

基于对工人阶级极端贫困的生活状况和恶劣的工作环境的深切体验和深入调研，恩格斯从无产阶级的起源问题开始，研究了无产阶级的生活和斗争情况。现代工业无产阶级是资本主义大机器工业的产物。正是由于蒸汽机、各种纺纱机、机器织布机和一系列其他机械设备的发明和使用所促成的产业革命，才造成了庞大的无产阶级队伍。他从纺纱机的广泛使用开始，深入研究了工人阶级以及"农业无产阶级"的形成。在《英国状况·十八世纪》的"导言"中，恩格斯指出："英国工人阶级的历史是从上个世纪后半期，随着蒸汽机和棉花加工机的发明而开始的。大家知道，这些发明推动了工业革命，工业革命同时又推动了整个市民社会的变革，它的世界历史意义只是现在才开始被认识。英国是发生这种变革（这种变革越是无声无息地进行，就越是强有力）的典型地方，因此，英国也是这种变革最主要的结果即无产阶级发展的典型国家。只有在英国，才能把无产阶级放在它的一切关系中并从各个方面来加以研究。"①

大工业的技术基础是革命性的。蒸汽和新的工具机把原有的工场手工业变成了现代大工业，从而把资产阶级社会的整个基础革命化了，传统社会的缓慢发展进入了狂飙突进时期。它不仅使社会结构发生了重大变化，而且使生产方式发生了根本性变化。"使工人的职能和劳动过程的社会结合不断地随着生产的技术基础发生变革。这样，它也同样不断地使社会内部的分工发生革命，不断地把大量资本和大批工人从一个生产部门投到另一个生产部门。"②

在《英国工人阶级状况》中，恩格斯对工业革命所导致的英国社会的

① 《马克思恩格斯文集》第1卷，人民出版社2009年版，第388页。
② 《马克思恩格斯文集》第9卷，人民出版社2009年版，第311页。

阶级分化和阶级融合的历史过程做了如下的生动阐发："像法国的政治一样，英国的工业和整个市民社会运动把最后一些还对人类共同利益漠不关心的阶级卷入了历史的巨流。"[①]1847 年，他在《关于波兰的演说》中谈到英国资产阶级和无产阶级的激烈斗争时指出："由于现代工业，由于运用机器，英国一切被压迫阶级已经汇合成一个具有共同利益的庞大阶级，即无产阶级；由于这种原因，对立方面的一切压迫阶级也联结成为一个阶级，即资产阶级。"[②]

1851 年，在《德国的革命和反革命》一文中，恩格斯再次谈道："工业中机器和蒸汽的采用，在奥地利，也像在所有别的地方一样，使社会各阶级的一切旧有关系和生活条件发生了变革；它把农奴变成了自由民，把小农变成了工业工人；它摧毁了旧有的封建手工业行会，消灭了许多这种行会的生存手段。"[③]历史事实也正是这样，无论是无产阶级还是资产阶级，都是近代科学技术的产物，特别是第一次工业革命的产物。正是由于工业、技术的发展，无产阶级一次又一次被抛向街头，无产阶级革命也就一次又一次地爆发。所以，谈到工业、技术与政治的关系时，恩格斯认为，"没有机器生产，就不会有宪章运动"。

科学发现和技术的发明，纺织机特别是蒸汽机的问世和推广，导致了采矿、冶炼、交通运输、电力等各个行业的根本变革，掀起了全社会的产业革命。产业革命同时又引起了市民社会的全面变革，所以产业革命具有深远的世界历史意义。据此，恩格斯指出："蒸汽和新的工具机把工场手工业变成了现代的大工业，从而把资产阶级社会的整个基础革命化了。"他通过产业革命洞察到生产领域的革命也是社会生活方式和社会关系的深刻变革，更重要的是阶级关系的变革。其结果是"一方面是一切纺织品迅速跌价，商业和工业日益繁荣，一切没有实行保护关税的国外市场几乎全被占领，资本和国民财富迅速增长；另一方面是无产阶级的人数更加迅速地增长，工人阶级失去一切财产，失去获得工作的任何保证。"[④]随着资本主义大工业的发展，财产的集中达到了极点：一个是越来越富有的资产阶级，另一个是极度贫困的无产阶级。可见，产业革命

---

① 《马克思恩格斯文集》第 1 卷，人民出版社 2009 年版，第 390 页。

② 《马克思恩格斯文集》第 1 卷，人民出版社 2009 年版，第 696 页。

③ 《马克思恩格斯全集》第 11 卷，人民出版社 1995 年版，第 32 页。

④ 《马克思恩格斯文集》第 1 卷，人民出版社 2009 年版，第 393 页。

既是生产领域的革命，也是社会关系的变革。

恩格斯通过对工人阶级从不自觉的反抗形式到有组织的工会罢工，再到一些盲目的骚乱，以及和平方式的宪章运动进行深入考察，其观点蕴含着关于阶级斗争、国家本质、暴力革命等学说的丰富内涵。他指出，正像法国的政治革命和德国的哲学革命一样，英国工人阶级反抗剥削和压迫的斗争也有其深刻的历史必然性。“产业革命对英国的意义，就像政治革命对于法国，哲学革命对于德国一样。而且 1760 年的英国和 1844 年的英国之间的差别，至少像旧制度下的法国和七月革命的法国之间的差别一样大。”[①]这意味着恩格斯已经抓住了生产力与生产关系这一社会发展的根本矛盾，明确地认识到社会发展的规律性。其间蕴含着历史唯物主义的基本原理：生产力决定生产关系、经济基础决定上层建筑，以及经济利益决定政治斗争。由此为随之而来与马克思的密切合作奠定了坚实的现实条件和理论基础。恩格斯通过对英国社会各种矛盾的深入分析与研究，对于认识资本主义社会的发展规律和工人阶级的历史地位提供了科学阐述。对此，列宁曾指出：“在恩格斯以前有很多人描写过无产阶级的痛苦，并且一再提到必须帮助无产阶级。但是，恩格斯第一个指出，无产阶级不只是一个受苦的阶级，正是它所处的那种低贱的经济地位，无可遏止地推动它前进，迫使它去争取本身的最终解放。而战斗中的无产阶级是能够自己帮助自己的。工人阶级的政治运动必然会使工人认识到，除了社会主义以外，他们没有别的出路。另一方面，社会主义只有成为工人阶级的政治斗争的目标时，才会成为一种力量。这就是恩格斯《英国工人阶级状况》一书的基本思想。现在，这些思想已为全体能思考的和正在进行斗争的无产阶级所领会。”[②]

在《反杜林论》中，恩格斯就科学技术的发展所导致的现代生产方式、交换方式和方法与传统社会做了深刻对比，揭示了科学技术的变革对社会关系的重大作用。他指出：“随着历史上一定社会的生产和交换的方式和方法的产生，随着这一社会的历史前提的产生，同时也产生了产品分配的方式方法。在实行土地公有制的氏族公社或农村公社中（一切文明民族都是同这种公社一起或带着它的非常明显的残余进入历史的），相当平等地分配产品，完全是不言而喻的；如果成员之间在分配方

① 《马克思恩格斯文集》第 1 卷，人民出版社 2009 年版，第 402 页。
② 《列宁专题文集 论马克思主义》，人民出版社 2009 年版，第 54 页。

面发生了比较大的不平等,那么,这就已经是公社开始解体的标志了——不论是大农业还是小农业,按照所有发展的历史前提,各自都可以有十分不同的分配形式。但是很明显,大农业所决定的分配,总是与小农业所决定的完全不同;大农业以阶级对立为前提或者造成阶级对立——奴隶主和奴隶,地主和徭役农民,资本家和雇佣工人;而在小农业中,从事农业生产的个人之间的阶级差别绝不是什么前提,相反地,正是这种差别的存在标志着小农经济在开始瓦解——在至今还完全是或主要是自然经济的国家中,金属货币的采用和推广,总是同先前的分配的或慢或快的变革相联系,这种变革使个人之间分配上的不平等,即贫富的对立日益增长起来——中世纪地方行会的手工业生产使大资本家和终身的雇佣工人不可能存在,而现代的大工业、今天的信用制度以及与此两者的发展相适应的交换形式,即自由竞争,则必然要使他们产生出来。"①

通过对资本主义大工业所导致的一系列社会变革的分析,恩格斯明确阐发了生产力决定生产关系的社会发展规律。正如他在《反杜林论》中所说:"正如从前工场手工业以及在它影响下进一步发展了的手工业同封建的行会桎梏发生冲突一样,大工业得到比较充分的发展时就同资本主义生产方式用来限制它的框框发生冲突了。新的生产力已经超过了这种生产力的资产阶级利用形式。"②

晚年,恩格斯为了使唯物主义历史观得到进一步发展和具体化,写作了《家庭、私有制和国家的起源》一书。他根据人类古代史丰富和可靠的事实材料,研究了原始社会的婚姻和家庭关系与生产力之间的内在联系,有力地论证了社会发展中的决定性因素归根结底是物质生活的生产和再生产这一历史唯物主义基本观点。在生产力水平低下的原始社会,生产关系和血缘关系尚未分化,社会制度在很大程度上主要受血缘关系的支配。家庭作为经济细胞和社会生活基本的组织形式,血缘关系、家庭关系是社会制度的基础。这种社会制度的存在和发展也是由物质资料的生产所决定的。劳动分工是与生产工具,即技术的发展直接相关的。分工实际上就是以一定的生产工具为前提,把统一的生产分解为既相互独立又相互联结的部分,不同形式的社会分工不过是物质生产中不

---

① 《马克思恩格斯文集》第 3 卷,人民出版社 1995 年版,第 490 页。

② 《马克思恩格斯选集》第 3 卷,人民出版社 2002 年版,第 618 页。

同过程的组合方式。因而,分工实际上是生产过程中劳动者和劳动工具的结合方式,标志着生产的技术构成形式。正是在这个意义上,我们说劳动的组织和划分视其所拥有的工具而各有不同。

随着生产力的发展和社会经济关系的变化,家庭形式经历了从低级向高级的演变过程,社会关系也发生着相应的变化,特别是阶级社会出现以后,家庭关系和血缘关系就不再是社会制度的基础,也不再是社会凝结的中心,物质资料的生产和再生产则成为社会发展的主导力量。对此,恩格斯指出:"在以血族关系为基础的这种社会结构中,劳动生产率日益发展起来;与此同时,私有制和交换、财产差别、使用他人劳动力的可能性,从而阶级对立的基础等新的社会成分也日益发展起来;这些新的社会成分在几个世代中竭力使旧的社会制度适应新的条件,直到两者的不相容性最后导致一个彻底的变革为止。"①在这里,恩格斯对原始社会发展的规律做出了科学的揭示,深刻地说明了原始社会走向瓦解的必然性和根本原因。

生产、社会分工和交换的发展导致私有制和阶级的产生,其间经过了三次社会大分工。第一次是牧业与农业的分离,进而推动了交换的发展和劳动生产力的提高,产品的剩余导致剥削者和被剥削者的出现,于是阶级产生了;第二次是农业和手工业分离,由于劳动生产率的进一步提高,以交换为目的的商品生产得以出现和发展,贫富差距加大,阶级矛盾进一步突出;第三次是商业与其他产业的分离,从而引起城乡的分享和城乡利益的对立,不仅创造了一个不再从事生产而只从事产品交换的阶级——商人,而且创造了人类历史上一个伟大的阶级——无产阶级,这是人类历史的划时代事件。对此,恩格斯指出:"17 世纪和 18 世纪从事制造蒸汽机的人们也没有料到,他们所制作的工具,比其他任何东西都更能使全世界的社会状态发生革命,特别是在欧洲,由于财富集中在少数人一边,而另一边的绝大多数人则一无所有,起初使得资产阶级赢得社会的和政治的统治,尔后使资产阶级和无产阶级之间发生阶级斗争,而这一阶级斗争的结局只能是资产阶级的垮台和一切阶级对立的消灭。"②

恩格斯关于劳动分工和生产力、生产关系、社会状况和意识,以及所

---

① 《马克思恩格斯文集》第 4 卷,人民出版社 2009 年版,第 16 页。

② 《马克思恩格斯文集》第 9 卷,人民出版社 2009 年版,第 561 页。

导致的阶级对立的历史考察与科学论述成为马克思、恩格斯合著的《德意志意识形态》的重要内容,为他们进一步深化对生产力与生产关系之间的矛盾运动以及历史唯物主义基本规律的认识奠定了坚实基础。

第三节 技术与社会互动论

技术与社会的关系问题是技术哲学的重要内容之一。由于对技术的本质及技术的二重性的不同认识,导致对技术与社会相互关系的认识出现了不同的观点,技术自主论(技术统治论、技术决定论)和社会建构论是其中的两种最主要、最基本的观点。马克思恩格斯的观点与技术的社会建构论较接近。

一、技术决定论

技术决定论作为当代技术哲学中一个不太严谨的概念,不同学者往往与技术自主论(埃吕尔)、技术统治论(法兰克福学派等)联系在一起。罗波尔认为,技术决定的核心概念是“技术的发展不依赖于外部因素,技术作为社会变迁的动力决定、支配人类精神和社会的状况”。美国布热津斯基在谈到电子技术在当代社会的巨大作用时认为,“技术,特别是电子学……越来越成为社会变革和改变社会习俗、社会结构、社会价值观以及总的社会观点的决定因素”。“正在形成一个‘技术电子’社会:一个文化、心理、社会和经济各方面都按照技术和电子学特别是电子计算机和通讯来塑造的社会。”我国于1994年出版的《自然辩证百科全书》把技术决定论定义为:“技术决定论(technological determinism)通常是指强调技术的自主性和独立性,认为技术能直接主宰社会命运的一种思想。技术决定论把技术看成是人类无法控制的力量。”

鉴于对技术决定论的不同理解以及对技术影响社会的强弱程度的不同看法,技术决定论的各种思潮可大致划分为:一是强技术决定论,认为技术是最重要的、唯一的左右和决定社会发展的因素,从而严重低估以致否认社会对技术发展的制约和影响,即否认社会对技术的影响;二是温和的技术决定论,既承认技术决定社会的发展,又承认社会的诸方面对技术有一定的制约作用。前面谈到的技术乐观主义和技术悲观主义都可以看作技术决定论的不同表现。这里我们只探讨作为技术决定论的基本理论内核的技术自主论。

技术自主论是法国技术哲学家埃吕尔从技术与社会、技术与人性的相互关系角度考察技术时所得出的重要观点。他认为，现代技术按其自身的内在逻辑和规律发展，并对人的思想和社会状况起着决定和支配作用。他的技术自主性思想虽然前后有过较大变动，但理论基点都在于：第一，现代社会已变成了一个“技术的社会”，在这个社会中，一切都出自技术，为技术而存在，任何东西也都是技术；第二，现代技术已经形成了复杂的技术系统，一个完全依赖自身的有机体，它按照自身的内在规律，向着自身的特定目标演化与发展，而不受任何外界因素的影响。在《技术的社会》一书中，埃吕尔进一步把现代技术的特点概括为合理性、人工性、自动性、自强性、一元性、普遍性和自主性。但所有这些特点都统一到技术的自主性之中。

所谓合理性，埃吕尔认为主要表现在两个方面：一方面，在一切行动中人们都必须遵从程序；另一方面，作为一种无所不包的科学方法，技术被还原成逻辑的东西，由于技术的介入，事实、工具等都被还原成逻辑图示。所谓人工性，是指由于技术手段的不断积累，整个世界已变成了一个与自在的自然根本不同的人工自然。所谓自动性，意味着技术的发展是自动进行的，而不是由人所做出的。任何非技术活动都受着技术活动的驱逐并最终被转化为技术活动。比如，我们解决问题时总是希望通过数学模式来决定达到最优结局的行动策略，鉴于数学与其他科学一样也是一种技术、一种理论化的技术，因此，这一选择实质上是人在技术的驱使下做出的，而不是人自己做出的。所谓一元性，意味着“无论什么地方和什么领域，技术现象都呈现出相同的特征”。尽管不同的技术现象之间的差别是可能存在的，但却是次要的，因此寻找这些差别是没有什么意义的。所谓普遍性，是指技术无处不在，它已渗透到了世界的每个角落和人们行动的各个领域，从而获得了一种普遍性的意义，成为所有人能共同理解的语言。

以上种种特点都在技术的自主性中得到充分的展示并相互融为一体。技术自身成了一种实在，它自我产生、自我决定、自我满足，并具有自己特殊的规律和决定。也就是说，技术无所崇拜、无所敬畏，它只有一个作用——对所有的事物进行揭示、阐明，继而加以利用并将其转化为手段。这意味着技术基本上无视社会准则，成了一种脱离社会控制的、不可抑制的自足的力量，它根本不顾及人们在政治、经济、伦理等社会方面的考虑，倒是所有的其他事物都要适应自主的技术的要求。在埃吕尔看来，技术的这种至高无上的自主性充分展示在技术过程中的技术目标、技术发明和技术应用等环节之中。

基于技术自主论的基本主张，埃吕尔认为自19世纪以来，就技术而言，传统上起着抑制技术革新力量的每一种社会因素都被推翻了，而原来对技术起阻碍作用的因素反倒变成对技术起有力推动作用的因素了。因此，技术失去了控制，没有东西能阻挡技术的进步，除了它自己的力量（这种力量似乎是无限和万世不竭的）之外就没有什么限制它的力量了，因而它想怎么前进就怎么前进。于是，赤手空拳地面对着技术的“暴政”，人类就只能听命于技术的摆布而别无他法。这与资本有着共同性。尽管埃吕尔对未来并不悲观，但他也不赞成逃避技术，因为那样既不现实，也不可能。他所希望的是人在文化中的正确取舍。然而对他来说，人能否摆脱技术及其影响是最不确定的问题。于是，人类的未来和前途就很难令人乐观了。

应当承认，埃吕尔的技术自主论从一方面较明确地阐发了现代技术的异化及其国际技术竞争所造成的严重后果，看到了技术发展固有的继承性和连续性，特别是技术系统在其高级阶段日益增强的自主性、自组织性及“自我强化”的特点，并为人类把握技术的未来发展提供了有益的忠告。但他过分强调了技术的威力，把技术的威力强调到了可以脱离社会而独立自存的地步，否定了技术的社会属性，从而走向了技术虚无主义。另一方面，技术自主论（技术决定论）还将面临许多难以回答的问题。比如，它不能说明技术在不同社会所呈现的多样性，以及为什么同样的技术在不同的社会竟然会有不同的境遇和命运。在技术哲学家F.拉普看来，如果把技术看作一种自主的主体，那将是一幅根本错误的图景。这种人格化的重大错误是它给人带来技术只服从无情的自然规律而无须人类介入的印象，因而造成严重的后果。此外，当代全球性的环境保护运动、普遍性的反对克隆人技术以及声势浩大的反核运动都表明，道德、公众舆论、社会结构、国家等因素影响技术发展的作用日渐增强，而不是像埃吕尔所认为的那样在技术面前无所作为。

随着技术哲学的发展以及人们对技术自主论（技术决定论）的认识的不断深入，一种旨在克服自主论的不足，关注社会因素对技术发展影响的理论——技术的社会建构论逐渐形成。

二、技术的社会建构论

对技术及技术哲学研究的重视相对于对科学及科学哲学的研究而言，是比较晚近的事情。正如技术史学家吉尔在《技术史》一书的最后所指出的那样："技术是思想史的重要组成部分，但人们在很长的一段时间内却忽略了这一点。"

随着技术哲学研究的不断深入，技术与社会的其他子系统间密切的相互联系和相互作用日益受到关注。事实证明，任何技术活动的发生与发展都有一定的社会前提。换言之，一切技术活动从其本质上来说都是社会性的活动，其实施都涉及社会的诸多因素，原因在于作为技术构成要素的技术主体、技术客体、技术目的、技术手段、技术产品都具有社会性。因而，作为人类社会文明的一部分，技术只有与社会相适应才能得到快速发展，只有考虑到社会条件，技术才能找到最佳发展途径，否则它就会受到制约。这便是技术社会学研究的视野。

关于技术的社会学思想，在威廉・F.奥格本和S.科拉姆・吉尔菲兰分别发表的《社会变革》(1922年)和《发明的社会学》(1935年)中就已经有所体现。技术哲学家F.拉普在一系列技术哲学论著中对技术社会学的相关问题做了大量研究，他把影响技术活动的各种因素概括为以下四类：物质世界的结构(逻辑、自然定律)、智力资源(科学知识和技术知识及能力的状况)、物质资源(原材料、能源、机械、人力)、社会条件(市场机制、政治和法律约束)。[①] 20世纪80年代初，平奇、比克、休斯等许多学者致力于把成熟的科学知识社会学的研究路线和方法用于技术研究，即技术的社会学研究。技术的社会建构论便是其中令人关注的一种"新技术社会学"观点。

正如科学知识社会学是对科学主义的否定一样，技术社会建构论可以看作在批判技术决定论的过程中逐步明确和形成的。尽管不同的社会建构论者的观点存在各种各样的区别，但共同点在于：他们都立足于技术活动的整个过程，运用社会学方法，考察了社会的、体制的、经济的和文化的力量对技术的形成和塑造产生作用的方式。例如，它是如何影响发明创新的方向和速度的？它是如何影响技术的形式和内容的？技术变化对于社会不同群体会产生怎样的不同结果？等等。就技术对社

① [德]F.拉普：《技术哲学导论》，辽宁科学技术出版社1986年版，第40页。

会的影响而论，技术社会建构论者特别关注技术影响社会的不同方式，以及形成这种方式的原因等。因而，在技术社会建构论者看来，任何技术都不是孤立于社会之外的，而是社会这个大系统的一部分，社会的价值观、组织、观念、风俗习惯等都在技术设计、制造、扩散过程中起着强有力的作用，它们以独特的方式塑造了我们的技术。如果我们要理解技术的命运，就必须认识技术所根植的社会环境，理解社会不同群体的利益、文化上的选择、价值取向及权力格局对技术所起的决定性作用。总之，在社会建构论者看来，技术并不是按照其自身的内在逻辑发展出的唯一的、必然的历史现象，而是社会群体在多种可能性中进行选择的结果。也就是说，技术是社会的产物，因而由创造和使用它的诸因素所决定。

作为对技术决定论的修正，建构论有其积极意义。然而，其中的强社会建构论观点则犯了过分强调社会因素，忽视自然因素在技术形成过程中的作用的极端化错误。技术哲学家温纳对之曾提出批评。按照马克思主义的基本观点，技术活动是人的本质力量对象化的过程，任何技术的产生与发展都不能脱离自然物的客观实在性，人不是在“自在自然”“自在之物”之外去从事技术活动，而是在自然界所提供的客观物质条件基础上展示自己的本质力量、做出发明创造的。因而任何技术都必须服从自然规律，违背自然规律的技术是不存在的。诚如 1856 年马克思在致恩格斯的信中所说：“不以伟大的自然规律为依据的人类计划，只会带来灾难。”①历史上关于永动机的设计不乏精巧之举，然而终归没能实现，因为其违背了能量守恒与转化定律。从本质上来说，强社会建构论观点是一种唯心主义观点，对此，马克思、恩格斯在《德意志意识形态》中曾予以如下生动而辛辣的批判：“有一个好汉忽然想到，人们之所以溺死，是因为他们被重力思想迷住了。如果他们从头脑中抛掉这个观念，比方说，宣称它是迷信观念，他们就会避免任何溺死的危险。”②如果真的有那位强建构论者像这位好汉一样狂妄，其后果是可想而知的。

三、恩格斯的技术与社会互动论思想

人们用以生产自己必需的生活资料的方式，首先取决于他们得到的现成的和需要再生产的生活资料本身的特性。这种生产方式应当从它

---

① 《马克思恩格斯全集》第 3 卷，人民出版社 1972 年版，第 251 页。

② 《马克思恩格斯文集》第 1 卷，人民出版社 2009 年版，第 510 页。

是个人肉体存在的再生产这方面加以考察。它在更大程度上是这些个人的一定的活动方式、表现他们生活的一定形式、他们的一定的生活方式。因此，他们是什么样的，这与他们的生产是一致的——既与他们生产什么一致，又与他们怎样生产一致。因而，技术与社会的经济、政治和文化等诸因素有着密不可分的相互影响。

恩格斯对工业、技术、生产力的社会作用的强调曾受到来自不同方面的批评，被冠以"唯生产力论""经济决定论"或过度的"技术激情"等不实之名。对此，恩格斯曾多次从他和马克思所持的社会整体论、系统论观点予以澄清和反驳。1890 年，在致约·布洛赫的信中，恩格斯针对把唯物史观简单化为经济决定论的错误倾向，阐述了历史合力论的思想。他指出："根据唯物史观，历史过程中的决定性因素归根结底是现实生活的生产和再生产。无论马克思或我都从来没有肯定过比这更多的东西。如果有人在这里加以歪曲，说经济因素是唯一决定性的因素，那么他就是把这个命题变成毫无内容的、抽象的、荒诞无稽的空话。经济状况是基础，但是对历史斗争的进程发生影响并且在许多情况下主要是决定着这一斗争的形式的，还有上层建筑的各种因素：阶级斗争的各种政治形式及其成果——由胜利了的阶级在获胜以后确立的宪法等，各种法的形式以及所有这些实际斗争在参加者头脑中的反映，政治的、法律的和哲学的理论，宗教的观点以及它们向教义体系的进一步发展。这里表现出这一切因素间的相互作用，而在这种相互作用中归根到底是经济运动作为必然的东西通过无穷无尽的偶然事件。"[①]在批评把经济对政治的决定作用绝对化，否认政治对经济的能动作用以及两者的相互作用的错误观点时，恩格斯指出："所有这些先生们所缺少的东西就是辩证法。他们总是只在这里看到原因，在那里看到结果。他们从来看不到：这是一种空洞的抽象，这种形而上学的两极对立在现实世界只存在于危机中，而整个伟大的发展过程是在相互作用的形式中进行的（虽然相互作用的力量很不相等：其中经济运动是最强有力的、最本原的、最有决定性的），这里没有什么是绝对的，一切都是相对的。"[②]

在恩格斯看来，技术活动是人的本质力量对象化的过程，是人与人、人与自然交互作用的过程。技术认识过程并不是一个纯粹的技术概念

---

① 《马克思恩格斯文集》第 10 卷，人民出版社 2009 年版，第 591 页。
② 《马克思恩格斯文集》第 10 卷，人民出版社 2009 年版，第 601 页。

的上升过程，也不是技术构想的单纯外推的实现过程，而是“技术质料＋社会形式”的建构过程。技术的逻辑是受社会因素干扰的，纯技术的逻辑即使存在也是不会单独发挥作用的，它永远是在具体的社会形式中体现出来的，使得不同的社会有着不同的技术路经。在谈到交通工具革新的真正动力时，马克思、恩格斯指出：“当马车和大车在交通工具方面已经不能满足日益发展的要求，当大工业所造成的生产集中(其他情况除外)要求新的交通工具来迅速而大量地运输它的全部产品的时候，人们就发明了火车头，从而才能利用铁路来进行远程运输。发明者和股东们在这里所关心的只是自己的利润，而商业界一般所关心的是减少生产上的开支。这种发明的可能性甚至绝对必要性，是由实际情况产生的。譬如在美国，就取决于把这个大国的各州统一起来，把大陆内部的半开化地区同海洋、货栈联系起来的必要性。”①

在《共产党宣言》中，马克思和恩格斯特别强调了科学技术推动产业结构和社会生产力迅速发展的巨大价值。他们指出：在不到一百年中所创造的生产力，比过去一切世代创造的全部生产力还要多、还要大。自然力的征服，机器的采用，化学在工业和农业中的应用，轮船的行驶，铁路的通行，电报的使用，整个大陆的开垦，河川的通航，仿佛用法术从地下呼唤出来的大量人口——过去哪一个世纪能够料想到有这样的生产力潜伏在社会劳动里呢？恩格斯把蒸汽力的利用、机器的应用与分工和水力一起称作从18世纪中叶起工业用来摇撼旧世界基础的三个伟大的杠杆；把蒸汽、电力和自动纺织看作比巴尔贝斯、拉斯拜尔和布朗基等公民更危险万分的革命家。这就进一步揭示了科学技术推动社会生产与社会劳动生产力发展的功能和价值是何等的巨大！

马克思恩格斯关于工业、技术与经济之间的相互影响，关于生产力中当然包括科学技术在内的思想，在今天被概括为“科学技术是第一生产力”的命题。关于工业、技术与政治的相互关系，马克思、恩格斯更多地从无产阶级与资产阶级的阶级关系、阶级斗争的视角做了系统的阐述。在当代新技术条件下，技术与政治的关系又有了新的发展和新的内容。首先，电视、网络等新传媒技术对于当代社会政治的影响之大是有目共睹的，其所发挥的越来越大的舆论宣传、控制等政治功能日益受到重视。或许可以说，没有任何一种传媒比电视、网络更关注意识形态和

① 《马克思恩格斯全集》第3卷，人民出版社1960年版，第344页。

国家利益了。其次，科学与技术专家越来越多地参与国家的政治事务和政策制定。最后，技术手段在当代军事和国际政治关系中的作用日益突出。此外，政治对重大技术的发展往往起着关键性的作用。在当代，政治因素对信息技术、核技术及其他高新技术的发展往往有着更为直接、更为巨大的推动作用。“冷战”时期，科学与技术水平的高低直接体现着社会主义与资本主义的政治威望。美国和苏联都曾把在军事技术和航天技术上的优势看作击败对方的首要目标，从而使各自的科学技术投入及发展方向受到“冷战”思维的直接影响，竞争也日趋激烈。其在核技术、航空航天技术、器官移植技术等领域充满着政治的巨大作用。

因而，任何现实的技术都是社会中的技术，其产生、存在、特征、价值和发展的路径都是受社会的作用和制约的。例如，今天的转基因食品技术、克隆技术在不同的国家就受到不同的评价。欧洲和美国对待转基因食物的态度存在着极大的差异，前者持激烈的反对态度，后者则以支持为主。造成这种差异的原因是一系列的社会因素，既有经济的因素，也有政治的和文化的因素。

技术与文化的相互作用也是恩格斯关于技术与社会互动论的重要内容。事实上，无论是对文化做广义的理解还是狭义的理解，技术都应是文化的有机组成部分。我们这里只是从狭义的技术去探讨问题，即把技术理解为人类所创造的一切精神财富以及创造这些财富的能力。在这个意义上，恩格斯曾指出：“人的思维的最本质的和最切近的基础，正是人所引起的自然界的变化，而不仅仅是自然界本身；人在怎样的程度上学会改变自然界。”[①]而人改变自然界是依赖于技术的，这种活动是实实在在的技术活动。因而，工业、技术活动是人类思维的最本质和最切近的基础，是使人类文明演进从可能性变为现实性的根本前提和条件。在科学技术发展与人类道德的关系问题上，卢梭把社会一切恶习和道德败坏的根源归于科学技术和文明的发展。不可否认，这种观点今天仍有知音。恩格斯在批判蒲鲁东“开历史倒车”的错误观点时，对科学技术和道德的关系进行了辩证的分析。在他看来，生产力和科学技术的发展，从最终意义上说，一定会有利于人类道德水平的提高。恩格斯在批判蒲鲁东时以英国的历史为例说：“我能想到要把这种可能是完全必然的历史发展过程看成一种退步，后退到‘比野蛮人还低下’吗？绝对不能。

① 《马克思恩格斯文集》第9卷，人民出版社2009年版，第483页。

1872 年的英国无产者的发展程度比 1772 年的有自己的‘家园’的农村织工不知要高出多少。”①

关于英国的交通技术革新及对资本主义的推动作用，恩格斯在《英国工人阶级状况》中指出：“第一条大铁路是从利物浦通往曼彻斯特的铁路（1830 年通车）。从那时起，所有大城市彼此之间都用铁路联系起来了……六十年至八十年以前，英国和其他任何国家一样，城市很小，只有很少而且简单的工业，人口稀疏而且多半是农业人口。现在它和其他任何国家都不一样了：有居民达 250 万人的首都，有巨大的工厂城市，有向全世界供给产品而且几乎全都是用极复杂的机器生产的工业。”②通过对资本本性的深刻批判，马克思、恩格斯指出，资本的扩张欲望必然导致世界一体化和世界历史结局的出现。“资产阶级，由于一切生产工具的迅速改进，由于交通的极其便利，把一切民族甚至最野蛮的民族都卷到文明中来了，它的商品的低廉价格，是它用来摧毁一切万里长城、征服野蛮人最顽强抵抗的仇外心理的重炮。它迫使一切民族——如果它们不想灭亡的话——采用资产阶级的生产方式；它迫使它们在自己那里推行所谓的文明，即变成资产者。一句话，它按照自己的面貌为自己创造出一个世界。”③

在谈到哲学发展的动因时，恩格斯特别强调科学技术进步所发挥的重大推动作用，对费尔巴哈的历史唯心主义提出了尖锐批判：“在从笛卡儿到黑格尔和从霍布斯到费尔巴哈这一长时期内，推动哲学家前进的，绝不像他们所想象的那样，只是纯粹思想的力量。恰恰相反，真正推动他们前进的，主要是自然科学和工业的强大而日益迅猛的进步。在唯物主义者那里，这已经是一目了然的了，而唯心主义体系也越来越加进了唯物主义的内容，力图用泛神论来调和精神和物质的对立；因此，归根到底，黑格尔的体系只是一种就方法和内容来说唯心主义地倒置过来的唯物主义。”④

在技术无孔不入的当代，技术与文化的相互作用又有了新的发展。通常，我们总是把技术或技术产品看作独立于我们、外在于我们的东西，

---

① 《马克思恩格斯文集》第 3 卷，人民出版社 2009 年版，第 257 页。
② 《马克思恩格斯文集》第 1 卷，人民出版社 2009 年版，第 401 页。
③ 《马克思恩格斯选集》第 1 卷，人民出版社 1995 年版，第 276 页。
④ 《马克思恩格斯文集》第 4 卷，人民出版社 2009 年版，第 280 页。

而较少从包括思想观念、文化冲突以及社会关系等人类生存方式这一更深层次去看待问题。就技术对文化的影响而言，今天以汽车、电视、网络技术为核心已经形成了新的汽车文化、电视文化和网络文化。关于技术对文化的影响，美国哲学家芬伯格以最司空见惯的案例谈道："快餐代替传统家庭的晚餐可以看作技术的无意识的文化后果的一种简单例子。每天晚上从仪式上一再得到证实的家庭和睦不再拥有表达的类似场合。没有人认为快餐的兴起实际上导致了传统家庭的衰落，但这种相互关联意味着以新技术为基础的生活方式的出现。也许工具论者会说，准备好的晚餐提供了一顿营养餐，这与社会因素没有关系。说到底，吃饭只是为了吸收卡路里，而对这一生物过程来说，所有消费食物时的仪式只是次要的。这种说法没有看到技术的文化含义……技术不是简单的手段，而是已经变成了一种环境和生活方式。这是技术的'实质性的'影响。"①

通过对蒸汽机、电力技术的巨大社会意义的深入研究，恩格斯准确地把握了工业革命、政治革命、哲学革命的相互关系，揭示了蒸汽机和棉花加工机的发明推动了产业革命，产业革命同时又引起了市民社会的全面革命的历史逻辑。"英国的革命是社会革命，因此比任何其他一种革命都更广泛，更有深远影响。人类知识和人类生活关系中的任何领域，哪怕是最生僻的领域，无不对社会革命发生作用，同时也无不在这一革命的影响下发生某些变化。社会革命才是真正的革命，政治的和哲学的革命必定通向社会革命。"②在写于1847年的《共产主义原理》中，恩格斯就已准确地预见到资本主义工业化的广泛影响。他强调指出：事情已经发展到这样的地步，"今天英国发明的新机器，一年之内就会夺去中国千百万工人的饭碗。这样，大工业便把世界各国人民互相联系起来，把所有地方性的小市场联合成为一个世界市场，到处为文明和进步做好了准备，使各文明国家里发生的一切必然影响到其余各国。"③恩格斯关于资本全球化的必然性的科学预见在今天得到了有力的证实。

就技术与社会的关系而言，把技术与社会分别看作研究方法上的简化处理，因而其结论只具有相对的意义，真实的过程要复杂得多，两者间的相互作用绝不是简单的、线性的，而是一种复杂性的相互作用。正如

① [美]安德鲁·劳伯格：《技术批判理论》，北京大学出版社2005年版，第6页。
② 《马克思恩格斯文集》第1卷，人民出版社2009年版，第87页。
③ 《马克思恩格斯文集》第1卷，人民出版社2009年版，第680页。

拉普在分析现代技术为什么恰恰在欧洲兴起时所指出的那样:“我们可以这样说明技术变化的过程:有特殊的文化态度、法律制度、社会结构和政治力量构成的社会,根据给定的技术知识和技能,考虑特殊的价值目标和观念,运用物质资源,在经济过程的框架内生产和运用技术系统。然后,这个过程又反过来作用于以前的技术系统,从而促进技术的进一步发展。”与此同时,技术的发展也在不断建构着社会的风俗习惯、道德风尚以及价值观等方面。因而,技术与社会是相互建构、共同发展的。

综上所述,恩格斯关于技术与社会相互作用的系统论述贯穿着历史唯物主义关于生产力与生产关系、经济基础与上层建筑之间辩证联系的光辉思想。正如他在《反杜林论》中批判空想社会主义时所说:“一切社会变迁和政治变革的终极原因,不应当到人们的头脑中,到人们对永恒的真理和正义的日益增进的认识中去寻找,而应当到生产方式和交换方式的变更中去寻找;不应当到有关时代的哲学中去寻找,而应当到有关时代的经济中去寻找。”①

① 《马克思恩格斯文集》第3卷,人民出版社2009年版,第547页。

第六章

科学技术与资本

——恩格斯现代性批判的双重维度

近代资本主义与近代科学技术是同一过程中密不可分的两个方面。前者起源于工场手工业时期的圈地运动，其统治主要通过国家暴力、货币购买和市场强制，其生产力仍局限于传统的经验性技术——畜力、体力、手艺和手工机械。此时，作为理性力量的科学尚未形成（牛顿力学完成于1687年，热力学和电磁学大约完成于1860年），因而不可能成为生产力的要素而存在。但手工技术和工场手工业在发展中提出了一系列需要理论解释的现实问题，由此推动了相应学科的产生与发展，如热力学是在开始对关于热机效率的研究约半个多世纪之后才创立的。随着社会生产和技术研究的发展，经典物理学等学科相继创立，17世纪以后，特别是到19世纪后期，科学、技术与产业（资本）的结合更为密切，也更为自觉，现代科学技术——以科学理论为基础的技术逐渐取代了古代经验性技术，科学、技术、产业（资本）一体化趋势日益明显和加强。最具代表性的就是19世纪末期的德国，其帝国——技术物理研究所的创立成为后世科学、技术与产业密切结合的典范，它的第一任所长为杰出科学家亥姆霍兹，经费捐赠人为著名企业家兼工程师西门子。另一个典范则是杰出化学家李比希，其把化学理论与农业相结合创立了农业化学。

就科学技术与资本互相加强、协同发展的关系而言，法国著名后现代理论家让—弗朗索瓦·利奥塔的《后现代状况——关于知识的报告》中深刻地指出："没有财富就没有技术，而没有技术也同样没有财富。技术装置需要投资，但由于使用技术装置，就会增加工作效率，改善生产，剩余价值亦随之增加。现在必须将这些剩余价值物质化，换言之，必须将这些产品变为商品。这一套运作体系，能用以下的方式来证明：用卖出后得到的部分钱，作为改善生产运作的研究基金。只有这样，科学才成为生产的动力，换言之，这也是一个资金流通的时代。促成生产运作改善的科技及其产品商业的原动力，与其说是从知识中获致，毋宁说是从追求财富而来。这种介于科技和利润之间的'有机联系'，是用科学来充当媾和之媒妁的。唯其对一种普遍化的生产运作精神加以多方面考虑后，科技才能变成当代知识的重要环节，即使在今天，知识的进步仍然不仅仅完全受科技投资的制约。资本主义用自己的方法，解决了科学研究基金的问题：其一是直接资助私营公司中的研究部门，要求公司做生产运作和商业化向导的研究，应用技术有优先权；其二是间接凭借设立私营、国营或公私合营的研究基金，并将研究计划交付大学所属的系所、研究实验室和独立的研究团体，但不求其研究工作能得到及时的回报。"①事实上，科学技术与资本的密切结合根源于科学精神与资本主义精神的内在相关性，这正是近代科学技术与近代资本主义作为同一过程的不同方面同步发展的内在动因和机理。在美国学者大卫·格里芬看来，"在人类历史上，似乎还没有一种力量更能影响我们的社会生活和社会进程了，事实上，不管技术从何而来，又流向何方，今天人类所有的问题似乎都在这里聚集起来""技术尽管不能被断定是问题之源，但却折射着所有问题。"②

就现代性批判而言，科学技术与资本无疑应是研究的关键。然而西方学者大多以理性批判或意识形态的观念论批判为主。恩格斯的现代性批判思想集中体现于对科学技术和资本这两个维度，进而从存在论意义上对现代性做出整体性的深刻批判，其内容包含哲学批判、经济学批判、政治学批判和科学技术批判内在融合与贯穿的总体性视野。

第一节　技术异化批判

"现代"常常被称作"技术时代"，没有现代技术难以想象现代性的诸多特征如何得以展开。在恩格斯生活的时代，现代技术是指以机器生产为核心的资本主义大工业。资本主义社会是与近代大工业联系在一起

① [法]让—弗朗索瓦·利奥塔：《后现代状况——关于知识的报告》，生活·读书·新知三联书店 1997 年版，第 95 页。

② [美]大卫·格里芬：《后现代科学》，中央编译出版社 1995 年版，第 7 页。

的，而大工业又是科学技术在生产中的大规模应用。

恩格斯高度赞赏资本主义对推动生产力发展的巨大作用，同时也深刻认识到资本主义社会的生产力是以异化的方式发挥作用的。新创造出来的工业力量本应该属于全人类，却由于私有制的存在而被少数富有的资本家所垄断，成为资本家奴役群众的手段和工具。资本家根本不关心工人的死活。在资产者眼中，一切生产关系都只能以是否赚钱、能否获取剩余价值来衡量。资本家无法理解，自己与工人之间除了雇佣关系和买卖关系之外，还存在着什么样的别的关系。工人在资产者眼中从未作为"人"的形象出现，工人被资产者当作"手"，是资本增殖的工具和手段。

在《英国状况·十八世纪》中，恩格斯指出：科学技术本是人的本质对象化的产物，是人的目的性和自然规律性的统一。然而在资本主义条件下，科学技术却被资本的逻辑所主导，成为资本增殖服务的最有效手段，异化为与劳动相对立的力量。对此，青年恩格斯就有着深刻的体认和研究。在高度赞赏大工业推动生产力发展以及社会变革的巨大作用的同时，他对技术的资本主义应用所导致的人与人、人与自然关系的异化进行了深刻揭示和批判。

随着资本主义大工业的发展和技术发明的应用，机器的每一次改进不仅没有改变工人的贫穷状况，相反还在不断加深工人的苦难。工人的工资和生存状况不是越来越好，而是越来越差；工人的劳动条件不是越来越好，而是越来越差。换言之，技术的发展每前进一步，工人的状况就倒退一步！对此，恩格斯写道："在一切人反对一切人的战争进行得正激烈的地方，个别的人把一切利益都攫为己有，从而剥夺了大多数人的生活资料。机器上的每一种改进都抢走了工人的饭碗，而且这种改进愈大，工人失业的就愈多。因此，每一种改进都像商业危机一样给某一些工人带来严重的后果，即匮乏、贫穷和犯罪。"[①]而这一切最使我们厌恶和愤怒的东西都是"最近的产物""工业时代的产物"！而工业就是资本主义工业，资本家的工业。恩格斯继续指出，"只是"工业才把大批工人赶到曼彻斯特旧城中那几百所被原主抛弃了的破烂房子里去。"正是"工业才使新房东在这些破烂房子的空隙中盖上无阳光、无空气的"新"房即"牲畜栏"来剥削来自农业区和爱尔兰的工人而发财致富。"正是"工业

① 《马克思恩格斯全集》第2卷，人民出版社1957年版，第421页。

才使刚刚摆脱农奴制的奴隶重新被当作"无生命的物体"来使用。对于在曼彻斯特的工人的悲惨境地，恩格斯发出了愤怒的呐喊：正是工业才把大批来自英国农业区和爱尔兰的工人赶到低矮、肮脏的房子里；正是工业才使这些牲畜栏的主人为了自己发财致富，而把它们当作住宅以高价租给人们，剥削贫穷的工人，毁坏成千上万人的健康；正是工业才可能把刚摆脱农奴制的劳动者重新当作无生命的物，当作一件东西来使用，才可能把他们赶进对其他任何人难以忍受的住所，而这种住所工人还必须花自己的血汗钱来享用，直到它最后完全倒塌为止。所有这些都正是工业造成的，而如果没有这些工人，没有工人的贫困和被奴役，工业就不可能存在。

资本主义现代性的悖论在于，异化的技术作为与人相对立的异己的力量的确逐渐支配和统治了人。一方面，它作为获得最大剩余价值的有效手段，成了资本家追逐的目标；另一方面，资本主义大工业的发展导致工人的生存状况更加险恶，劳动严重异化。正如马克思所说：随着机器的使用，"侵吞别人劳动时间的贪欲到处都在增长，而工作日——在尚未受到法律的强制干预之前——不是缩短了，相反地却延长到了超过它的自然界限"①。机器流水线上，不是工人支配机器，而是机器支配人，技术成了异己力量。对此，恩格斯愤怒地指出："人类所支配的生产力是无穷无尽的。通过应用资本劳动和科学这种办法可以使土地的收获量无限地提高。资本在日益增加，劳动力在随人口的增长而增长，科学又越来越使自然力服从于人类。这种无穷无尽的生产力，一旦被自觉地用来为大家造福，那么人类所肩负的劳动就会减少到最低限度。但是，在私有制和以私有制为基础的竞争占统治地位的情况下，一部分工人每昼夜工作十四小时到十六小时，而另一部分工人无工可做，活活饿死。"②

恩格斯明确认识到，当工业中机械能的巨大意义在实践中得到证明以后，人们便尽一切办法来全面地利用这种能量，使它有利于资本家和厂主。面对市场激烈的竞争和对剩余价值的贪欲，资本家总是千方百计地改进生产技术、完善劳动组织、改善经营管理，以提高劳动生产率。而这一过程同时表现为生产者的殉难历史。劳动生产力的提高和劳动量的增大都是以劳动力本身的"破坏"和"衰退"为代价的。工人阶级的生

---

① 《马克思恩格斯文集》第8卷，人民出版社2009年版，第277页。

② 《马克思恩格斯全集》第1卷，人民出版社1956年版，第616～617页。

存与劳动状况则日益恶化和悲惨，这是劳动的严重异化。

“劳动创造了人本身”，劳动是人的自由自觉的本质性活动，劳动是人的本质力量的对象化的活动，是劳动的意义与有意义的劳动一体的活动。然而在资本主义条件下，劳动发生了严重异化。对此，恩格斯有着深切的感受和极大的同情。他指出，在使用机器以前，纺纱织布都是工人以家庭为单位完成的，那时织工家庭大部分住在靠近城市的农村里，靠自己挣的钱也能生活得不错，虽说算不上富裕，至少他们还不是无产者。那时也不存在激烈的竞争，每个工人都有工作，劳动时间可以自由支配，并且有自己的闲暇时间去参加邻居的娱乐和滚木球、打球等一些有益于健康和增强体质的活动。他们大部分人身体强壮、结实，与邻近的农民几乎没有什么区别。他们无须过度劳动，愿意做多少工作就做多少工作。工人们就这样过着平静、庸碌而舒适的生活，诚实而安静地、和和气气而又受人尊敬地生活着，他们的物质生活状况比他们的后代好得多，其社会地位比现在的英国工人要高一等，其道德水准也相对较高。尽管那时他们也是一架替从前主宰着历史的少数贵族服务的“工作机”，但产业革命却促使这种情况达到顶点，使他们的生活方式发生了根本改变。工人完全变成了简单的机器，把他们最后剩下的一点独立活动的自由都剥夺了。使英国工人的状况发生根本变化的第一个发明是珍妮纺纱机，此后又有作为动力机的蒸汽机的发明和使用。于是，机器劳动在英国工业的各主要部门中逐步战胜了手工劳动。结果，一方面是纺织品迅速跌价，商业和工业日益繁荣，国外市场不断扩大，资本和国民财富迅速增长；而另一方面是无产阶级队伍的迅速膨胀，工人阶级失去一切财产，失去获得工作的任何信心，道德败坏，政治骚动等。

为了实现剩余价值最大化的目的，资本家不管劳动力的寿命长短，不顾工人的身心健康，迫使工人在令人难忍的高温、污浊的空气和震耳欲聋的喧嚣的工厂里工作。资本家唯一关心的就是无限度地盲目追逐剩余劳动，像狼一般地贪求剩余价值。为此，资本家最大限度地使用劳动力，不仅突破了工作日的道德极限，而且突破了工作日的纯粹身体的极限。资本家这种置工人们的死活于不顾，通过延长工作日、节约劳动条件等对工人的健康状况造成极大的破坏。这哪里是真正的劳动，而是纯粹的无聊，是世界上最折磨人、最使人厌倦的无聊。工厂工人从 8 岁起就整天地受这种无聊的折磨，毁掉他的全部体力和智力，导致他们身体衰弱，精神萎靡不振。这些非人劳动所带来的不幸就是妇女不能生育，孩子畸形发育，男人虚弱无力，四肢残缺不全，整代整代的人都被毁灭了。面对严重的社会异化，恩格斯发出了严厉的控诉："一边是可以增进身体健康的最高尚的享乐，精神活动，无害身心的娱乐，一边却是极端的贫穷！财富，辉煌的客厅，欢乐的笑声，轻率而粗暴的笑声，近旁却是富人不能理解的那种由贫穷造成的苦难！欢乐无意识地但残酷地嘲笑着在底层呻吟的人们的苦难！"①财富不可遏制地集中于富人手中，社会日益被划分为大资本家和一无所有的工人。国家的整个工业的发展正在大踏步地走向不可避免的危机。

在《英国状况·十八世纪》中，恩格斯研究了以机器的大规模运用为条件的大工业生产第一次使自然力，即风、水、蒸汽、电大规模地从属于直接的生产过程，借助于机器对自然力占有，同时使技术和自然资源成为生产力的重要因素。他指出，资本主义第一次使自然界成为有用物，蒸汽机第一次使在英国地下沉睡多年的无穷矿藏具有了真正的价值，许多新的煤矿相继建成，原有的煤矿则加倍紧张地开采。"蒸汽力的采用……炼钢……以及新铸钢法的发现都在这个部门内引起了彻底的革命。仅设菲尔德一个地方每年就要消耗 50 万吨煤和 12 000 吨铁，其中有 1 万吨是外国的(主要是瑞典的)……采矿业的发展只是上述情况的必然结果。1788 年以前，铁矿石全是用木炭来熔解的，由于燃料不够，铁的开采受到限制。从 1788 年起，人们用焦炭(烧焦的煤)来代替木炭，因此六年之间铁的年开采量增加了五倍。1740 年一年开采了 17 000 吨，1835 年开采了 553 000 吨。1770 年以来，锡矿和铜矿的开采量增加了两倍。除铁矿外，煤矿也是英国最重要的一个矿业部门。从上一世纪中叶以来，煤的开采量的增加是无法计算的。现在，工厂、矿山使用的无数蒸汽机所消耗的大量煤炭，以及锻工炉、冶炼炉、铸造场和人数增加了一倍的居民的取暖设备所消耗的大量煤炭，在数量上远非一百年前或八十年前所能比拟。现在，仅熔炼生铁一项，每年就要耗费 300 万吨以上(一吨合 20 公担)。"②在系统论述了蒸汽动力的采用给纺织、金属加工、交通等行业所带来的重大革命的同时，恩格斯也指出了物质和利益关系成为社会的支配关系的拜物教的产生，显示对资本主义和技术异化进行批判的萌芽。

---

① 《马克思恩格斯全集》第 2 卷，人民出版社 1957 年版，第 312 页。

② 《马克思恩格斯文集》第 1 卷，人民出版社 2009 年版，第 103 页。

面对资本主义社会技术的异化，恩格斯曾愤慨道："我们在最先进的工业国家中已经降服了自然力，迫使它为人们服务；这样我们就无限地增加了生产，现在一个小孩所生产的东西，比以前的一百个成年人所生产的还要多。而结果又怎样呢？过度劳动日益增加，群众日益贫困，每十年发生一次大崩溃。达尔文并不知道，当他证明经济学家们当作最高的历史成就加以颂扬的自由竞争、生存斗争是动物界的正常状态的时候，他对人们，特别是对他的同胞做了多么辛辣的讽刺。"①

在《德意志意识形态》中，针对资本主义大工业时代技术的异化，马克思、恩格斯深刻地批判道："大工业通过普遍的竞争迫使所有人的全部精力处于高度紧张状态。它尽可能地消灭意识形态、宗教、道德等，而在它无法做到这一点的地方，它就把它们变成赤裸裸的谎言。它首次开创了世界历史，因为它使每个文明国家以及这些国家中的每一个人的需要的满足都依赖于整个世界，因为它消灭了各国以往自然形成的闭关自守的状态。它使自然科学从属于资本，并使分工丧失了自己自然形成的性质的最后一点假象。它把自然形成的性质一概消灭掉，只要在劳动的范围内有可能做到这一点，它并且把所有自然形成的关系变成货币的关系。它建立了现代的大工业城市——它们的出现如雨后春笋——来代替自然形成的城市。凡是它渗入的地方，它就破坏手工业和工业的一切旧阶段。它使城市最终战胜了乡村。它的[……]是自动化体系。[它造成]了大量的生产力，对于这些生产力来说，私有制成了它们发展的桎梏，正如行会成为工场手工业的桎梏和小规模的乡村生产成为日益发展的手工业的桎梏一样。在私有制的统治下，这些生产力只获得了片面的发展，对大多数人来说成了破坏的力量，而许多这样的生产力在私有制下根本得不到利用。大工业不仅使工人对资本家的关系，而且使劳动本身都成为工人不堪忍受的东西。"②在他们看来，在充满着尖锐阶级对立的资本主义社会，机器的采用、生产的发展、财富的增加、社会的前进往往是以大多数人付出沉重代价而换来的，与此相伴的往往是多方面的堕落，而不是进步。

在《反杜林论》中，恩格斯对生产的社会化与生产资料私人占有所导致的不可调和的矛盾做了深刻分析。"赋予新的生产方式以资本主义性

① 《马克思恩格斯选集》第 4 卷，人民出版社 1995 年版，第 275 页。

② 《马克思恩格斯选集》第 1 卷，人民出版社 1995 年版，第 114～115 页。

质的这一矛盾，已经包含着现代的一切冲突的萌芽……社会的生产和资本主义占有的不相容性，也必然越加鲜明地表现出来。”①“社会生产和资本主义占有之间的矛盾表现为无产阶级和资产阶级的对立。”

恩格斯对于科学技术的资本主义应用所导致的种种悖论的揭示，在卓别林主演的《摩登时代》中得到了最为生动的体现。片头出现羊群争先恐后地涌入与工人们鱼贯而入的场景。两者形成对照，暗示工人正如这些毫无生气的牲畜，被人摆弄、被人操控，像无头苍蝇般横冲直撞，反映出工人内心的焦虑和困惑。资本家则无所事事，通过现代技术设备严密监视着工厂的每一个角落和工人的一举一动。流水线工艺的发明使工人成了机器的附属品、生产线上的一个附件，人必须按照机器的节奏劳作，劳动成了枯燥、乏味的拧螺丝的行为，人的东西（抓痒等生理要求）反倒成了不可理喻的东西，成了谬误的根源。片中以夸张的流水线速度，加强了对资本主义异化劳动的讽刺。自动喂食机与高速流水线有着异曲同工之妙，连喂食都是强制性的高速进行，它生动地刻画了资本主义剥削无所不用其极。最后，查理由于单调乏味的强制性劳动的折磨而精神崩溃，疯疯癫癫地到处游荡，其病态的人的职业动作随处可见。这是对资本主义工业文明莫大的讽刺、畅快淋漓的痛骂与激烈抗争。喜剧大师卓别林以其卓越的表现手法，笑中带泪、喜中带悲的诠释方式，辛辣尖刻的讽刺手法揭示在资本主义工业时代，工人饱受资本家欺压剥削、异化严重劳动的残酷现实，向世人展示了一幅千百万工人悲惨遭遇的生动画面，对资本主义的控诉与批判可谓鞭辟入里。事实上，这种场景在当代的“富士康”工厂不是仍在重复吗？在霍克海默和阿尔多诺看来：“对于统治者来说，人们变成了资料，正像整个自然界对于社会来说都变成了资料一样。”②容格曾形象地说，在工业化的体制中，永远滚动着的轮子到处都引导着技术进步，可是最终“人类本身也变成了技术发展中和被技术发展左右的轮子。技术使人臣服于机械的苛求”③。与其说人利用技术，还不如说是技术利用人。“人本身成了技术体系的职员、附属、辅助甚至是它的手段。”④在工具理性对社会的全面支配中，以强制性的

① 《马克思恩格斯选集》第3卷，人民出版社1995年版，第621页。

② [德]马克斯·霍克海默、西奥多·阿道尔：《启蒙辩证法》，重庆出版社1989年版，第80页。

③ [荷]E.舒尔曼：《科技文明与人类未来》，东方出版社1995年版，第69页。

④ [法]斯蒂格勒：《技术与时间：爱比米修斯的过失》，译林出版社2000年版，第30页。

技术结构塑造自己的肉体和灵魂的个人进行自我外化。在泰勒制式的生产、交往和行政加工的流水线上，人必须没有灵魂，并将受意志支配的肉体变成对象性的工具。

在马克思、恩格斯看来，资本主义的大工业生产，即技术的资本主义应用，已使科学技术异化成了服务于资本增殖目的的工具理性，成了征服和统治人与自然的手段，这正是芒福德意义上的"单一技术"。针对资本主义社会劳动异化、技术异化，恩格斯则从理论的视野进行了深入批判。他在《反杜林论》中对资本主义时代科学技术的异化进行有力的控诉："人类所支配的生产力是无穷无尽的。应用资本、劳动和科学就可以使土地的收获量无限地提高。按照最稳健的经济学家和统计学家的计算（参看艾利生《人口原理》第一卷第一、二章），'人口过剩'的大不列颠在十年内，就能够使粮食生产达到足以供应六倍于目前人口所需的程度。资本在日益增加，劳动力在随着人口的增长而增长，科学又日益使自然力服从于人类。这种无穷无尽的生产能力，一旦被自觉地用来为大众造福，人类所肩负的劳动就会很快地减少到最低限度。要是竞争自由发展下去，生产能力虽然也会起同样的作用，然而是在对立的情况下起作用。一部分土地在实行精耕细作，而另一部分——大不列颠和爱尔兰的8 000万英亩好地——却荒芜着。一部分资本在以难以置信的速度周转，而另一部分却死死地躺在箱子里。一部分工人每天工作十四小时至十六小时，而另一部分却无事可干，无工可做，活活饿死。"①

在《共产主义原理》中谈到工业革命进一步产生了什么结果时，恩格斯指出："大工业创造了像蒸汽机和其他机器那样的手段，使工业生产在短时间内用不多的费用便能无限地增加起来。由于生产变得这样容易，这种大工业必然产生的自由竞争很快就达到十分剧烈的程度。大批资本家投身于工业，生产很快就超过了消费。结果，生产出来的商品卖不出去，所谓商业危机就到来了……从本世纪初以来，工业经常在繁荣时期和危机时期之间波动。这样的危机几乎定期地每五年到七年发生一次，每一次它都给工人带来极度的贫困，激起普遍的革命热情，给整个现存制度造成极大的危险。"②而造成这样"一个着了魔的、颠倒的、倒立着的世界"的根源何在呢？正在于资本的统治、资本的逻辑，在于不合理的

---

① 《马克思恩格斯全集》第 3 卷，人民出版社 2002 年版，第 463～464 页。

② 《马克思恩格斯选集》第 1 卷，人民出版社 1995 年版，第 236 页。

资本主义社会制度。他们已走上从生产力与生产关系这一社会基本矛盾分析问题和探讨人类社会的发展规律的历史唯物主义之路,标志着马克思、恩格斯迈向现代性批判的原则高度。

通过对资本主义社会的深入研究,恩格斯在《英国工人阶级状况》等论著中通过对英国工业革命以来经济上的竞争、剥削和政治上的极端手段的剖析,已经准确地把握到,科学和技术在资本主义社会已经与人相异化,成为与它的创造者(工人阶级)相对立并统治其创造者的力量,表现为资本的力量,揭示了资本主义时代开启了科学与技术的一体化和资本化进程。近代科学的发展从一开始就得到了资本的支持与调节,并按照资本的意志拓展与加速发展。科学从属并服务于技术的发展,是资本主义时代的内在要求与基本特征。技术的异化、人的异化是技术或工业的资本主义应用的一个必然结果。正如他在谈到这一点时所说:"赋予新的生产方式以资本主义性质的这一矛盾,已经包含着现代的一切冲突的萌芽。"[①]

资本主义私有制是造成技术异化、劳动异化,乃至整个社会异化的根源。恩格斯透过物(技术)对人的统治,进一步揭示人对人的统治,把批判的矛头对准资本主义制度本身,走上了一条由劳动异化、技术异化批判到资本批判的道路。

第二节　资本批判

在马克思、恩格斯看来,资本是现代社会的主导性力量,是"特殊的以太""普照的光",它一出现就"标志着社会生产过程的一个新时代"。[②]换言之,资本为现代社会提供了总的纲领和原则,"资本是现代世界的本质根据之一,在这个意义上说,现代世纪乃是以资本为原则的世界"[③]。资本的产生与发展包含着一部现实的人类史。由此而论,马克思、恩格斯以"资本"为核心对资本主义所做出的批判就是对"原本"而非对"副本"所做出的整体性批判。

早期资本主义制度对科学技术的发展起了巨大的推动作用。资产

① 《马克思恩格斯选集》第 2 卷,人民出版社 1995 年版,第 172 页。
② 吴晓明:《论马克思对现代性的双重批判》,载《学术月刊》2006 年第 2 期,第 46 页。
③ 《马克思恩格斯文集》第 5 卷,人民出版社 2009 年版,第 278 页。

阶级为了满足工业的需要和最大限度地获取剩余价值，尽力采用科学技术以提高生产率，这在客观上推动了近代科学的迅速发展。对此，马克思、恩格斯给予了极高的赞誉，指出资产阶级在不到一百年的阶级统治中所创造的生产力比过去任何一个世纪创造的全部生产力还要多、还要大。但是，马克思、恩格斯也指出，资本主义制度由于其剥削本性，其发展科学技术的根本目的是使科学技术从属于资本，追求剩余价值。《英国工人阶级状况》标志着恩格斯开始基于生产力与生产关系的矛盾运动去分析和研究人类社会的发展规律，已经认清了资本主义的本性，明确了资本主义制度是一切丑恶的社会现象的根源。可以说，这是《资本论》之前对资本主义社会所做的最为深刻和最为精彩的剖析与批判。对此，马克思在《资本论》第一卷中予以高度赞赏："英国从大工业产生到 1845 年这段时期，我只是在某些地方提到，有关情况，请读者阅读弗里德里希·恩格斯的《英国工人阶级状况》(1845 年莱比锡版)。1845 年以后发表的工厂视察员报告、矿山视察员报告等，都说明了恩格斯对资本主义生产方式的精神了解得多么深刻；把他的著作和过了 18～20 年后才发表的童工调查委员会(1863—1867 年)的官方报告稍加比较就可以看出，他对工人阶级状况的详细入微的描写是多么令人惊叹。"①

从写作《国民经济学批判大纲》开始，恩格斯就自觉地展开对经济学的哲学批判，通过对资本主义私有制基础上无产阶级与资产阶级的对立、生产的扩大与工人的贫困之间的矛盾，深刻揭示了资本的本性及其必将导致资本逻辑的自我否定和自我瓦解的历史必然性，"指出了危机从资本主义生产方式产生的不可避免性以及它作为这一生产方式本身的危机、作为社会变革的强制手段的意义"②。由此揭示了资本主义必然灭亡的历史命运。

在《英国状况·十八世纪》一文中，恩格斯透彻地分析了私有制的非人本质，认识到资本主义是私有制发展的高级阶段，资本作为私有财产发展的高级产物，是最高的抽象统治者，发挥着塑造世界的主导性力量，是现代性的核心原则。资本扩张过程具有深刻的内在危机，资本逻辑引起了人与人、人与自然关系的异化以及一系列社会问题和严重冲突。对此，恩格斯认为问题的根源在于不合理的资本主义制度。"赋予新的生

---

① 《马克思恩格斯选集》第 3 卷，人民出版社 1995 年版，第 744 页。

② 《马克思恩格斯文集》第 9 卷，人民出版社 2009 年版，第 304 页。

产方式以资本主义性质的这一矛盾，已经包含着现代的一切冲突的萌芽。”[①]马克思、恩格斯在《共产党宣言》中指出，资本通过自身的先发优势，对不发达国家和地区进行残酷的剥削与掠夺，它迫使一切民族采用资本主导的生产方式，迫使他们推行资本限定的现代文明，由此开创了世界历史：它使农村屈服于城市的统治，使未开化和半开化的国家从属于文明的国家，使农民的民族从属于资产阶级的民族，使东方从属于西方，资本力图按照自己的意志去创造一个自己所统治的世界。

只要私有制存在一天，一切终究会归结为竞争，而且随着资本主义的发展，其基本的社会矛盾必将导致竞争的日趋激烈化。恩格斯指出，在资本主义社会，资本的趋利本性必然导致竞争。土地、劳动、资本这三种要素彼此斗争，同时，私有制使得这三种要素各自进行了分裂。“一块土地和另一块土地对立，一个资本和另一个资本对立，一个劳动力和另一个劳动力对立。”[②]“利益被升格为人类的纽带——只要利益仍然正好是主体的和纯粹利己的，就必然会造成普遍的分散状态，必然会使人们只管自己，使人类彼此隔绝，变成一堆互相排斥的原子。”[③]私有制造成了社会关系中竞争的普遍存在，导致人与人之间关系的普遍异化。每个人都与其周围的人具有利害关系，因此，地主敌视地主，资本家敌视资本家，工人敌视工人，他人就是“地狱”。竞争贯穿于资本主义社会的方方面面，它正如一部庞大的机器，吞噬掉社会中日益边缘化的弱势群体。私有制使人们道德堕落，竞争造成了人们相互奴役、尔虞我诈的敌对状态，造就资本主义必然导致社会道德堕落的现实。“资本同资本、劳动同劳动、土地同土地之间的斗争，使生产陷于热病状态，使一切自然的合理的关系都颠倒过来。要是资本不拼命展开自己的活动，它就抵挡不住其他资本的竞争。要是土地的生产率不经常提高，耕种土地就会无利可获。要是工人不竭力工作，他就对付不了自己的竞争者。总之，卷入竞争斗争的人，如果不全力以赴，不放弃一切真正人的目的，就经不住这种斗争。”[④]

通过对资本主义私有制的批判、对资本本性的深刻揭示，恩格斯已

① 《马克思恩格斯选集》第3卷，人民出版社1995年版，第741～742页。
② 《马克思恩格斯文集》第1卷，人民出版社2009年版，第72页。
③ 《马克思恩格斯文集》第1卷，人民出版社2009年版，第94页。
④ 《马克思恩格斯文集》第1卷，人民出版社2009年版，第76～77页。

经深刻地认识到，在资本主义社会，“资本”作为最高统治者，执行着对人的生活的全面统治，它支配着人与世界、人与人以及人与自身的关系，是构成全部社会生活的主导原则。在此意义上，“资本”构成了资本主义社会中一切存在物的内在根据和尺度，一切存在物都必须在资本面前证明其存在的“价值”“目的”和“意义”，这正是中世纪“上帝”才具有的崇高地位，只不过后者是现实世界中的“世俗的上帝”。正如恩格斯在评价《资本论》时所指出的那样：“资本和劳动的关系，是我们现代全部社会体系依以旋转的轴心。这种关系第一次在这里做了科学的说明。”[①]

针对资本主义社会的全面异化，恩格斯进一步指出资本主义拜物教产生的必然性：“只要外在化的主要形式即私有制仍然存在，利益就必然是单个利益，利益的统治必然表现为财产的统治。”利益的这种彻头彻尾的主观性和纯粹的利己性，必然导致互相排斥的、自私自利的原子式个人。“封建农奴制的废除使‘现金支付成为人们之间唯一的纽带’。这样一来，财产——这是天然的、冷酷无情的准则，和人类应有的合乎人性的准则正相对立——就被捧上宝座。最后，为了完成这种外在化，金钱，这个财产的外在化了的空洞抽象物，就成了世界的统治者。人已不再是人的奴隶，而变成了物的奴隶，人的关系颠倒完成了。如果说生产表现为人的目的，那么财富则表现为生产的目的。现代生意世界的奴役，即一种完善、发达而普遍的出卖，比封建时代的农奴制更不合乎人性、更无所不包。”[②]只要私有制依然存在，资本主义利益关系的统治就必然表现为资本的统治，社会关系就只能是颠倒的、本末倒置的关系。

通过对英国工业革命所导致的一系列社会变革的深入研究，恩格斯看到这一重大历史过程的第一个结果就是利益被升格为对人的统治，本来属于人类的创造性能力的工业力量却成为资本家牟利的有效工具。“由于私有制的作用，这些按照法理应当属于全人类的力量便成为少数富有的资本家的垄断物，成为他们奴役群众的工具。商业吞并了工业，因而变得无所不能，变成了人类的纽带；个人的或国家的一切交往，都被溶化在商业交往中，这就等于说，财产、物升格为世界的统治者。”[③]资本不仅是社会价值的最高标准，而且是占主导地位的语言，只有资本的语

① 《马克思恩格斯选集》第 2 卷，人民出版社 1995 年版，第 269 页。
② 《马克思恩格斯选集》第 1 卷，人民出版社 1995 年版，第 24～25 页。
③ 《马克思恩格斯选集》第 1 卷，人民出版社 1995 年版，第 35 页。

言才是人与人在日常交往中可理解、可接受的语言。因而，工业革命所带来的英国社会的发展与繁荣，并不是真正意义上的社会进步，而只是一种表现为人性扭曲、技术异化、劳动异化的社会异化。资本主义社会人与人关系的颠倒和人—物关系的颠倒是资本的魔力所导致的完全颠倒，恩格斯对这种非人性质的颠倒的深刻批判正是对商品拜物教的深刻批判。

资本家正是人格化的资本，为了追求自己的扩张唯利是图，根本不考虑工人阶级和作为人类生存之根的自然界所遭受的破坏。正如恩格斯谈到"资产阶级对无产阶级的态度"时指出：资本家贪得无厌、利欲熏心，他们活着就是为了赚钱，除尽快发财，他们不知道还有别的幸福，除了金钱的损失，不知道还有别的痛苦。在他们看来，人格和美德与个人的利益、金钱相比苍白无力、毫无价值。"有一次我和这样一个资产者在曼彻斯特街上走，和他谈到工人区的恶劣的不合卫生的建筑形式，谈到这些地区的可怕的状况，我说我还从来没有看到过一个建筑得如此糟糕的城市。他静静地听完这一切，在走到拐角上和我告别的时候，他说：'但是在这里到底可以赚很多钱。再见，先生！'英国资产者对自己的工人是否挨饿，是毫不在乎的，只要他自己能赚钱就行。一切生活关系都以能否赚钱来衡量，凡是不赚钱的都是蠢事，都是不切实际的，都是幻想。所以国民经济学这门关于赚钱的科学就成为这些唯利是图者所喜爱的科学。他们每个人都是国民经济学家。厂主对工人的关系不是人和人的关系，而是纯粹的经济关系。厂主是'资本'，工人是'劳动'。当工人不愿意让别人把自己当作这样一种抽象的东西的时候，当他断言自己不是'劳动'而是人（这个人的确除了其他特性，也还具有劳动的特性）的时候，当他认为自己绝不能被当作'劳动'、当作商品在市场上买卖的时候，资产者就想不通了。他不能理解，他和工人之间除了买卖关系还有别的关系；他不把工人看作人，而仅仅看作'手'，他经常这样当面称呼工人；正如卡莱尔所说的，除现金交易，资产者不承认人和人之间还有其他任何联系。甚至他和自己的妻子之间的联系99%也只是'现钱交易'。由于资产阶级的统治，金钱使资产者所处的那种可怜的奴隶状态甚至在语言上都留下了痕迹。对于金钱所具有的操控一切、使一切发生扭曲和颠倒的魔力，马克思、恩格斯在《共产党宣言》中生动而尖锐地指出："资产阶级抹去了一切向来受人尊崇和令人敬畏的职业的神圣光环。它把医生、律师、教士、诗人和学者变成了它出钱招雇的雇佣劳动者——资产阶级撕下了罩在家庭关系上的温情脉脉的面纱，把这种关系变成了纯粹的金钱关系。"①

针对资产阶级信奉的"金钱万能"的道德理念和人异化为金钱的奴隶的拜金主义，恩格斯指出，这种道德理念正是资本家本性的集中体现。"在资产阶级看来，世界上没有一样东西不是为了金钱而存在的，连他们本身也不例外，因为他们活着就是为了赚钱，除了快快发财，他们不知道还有别的幸福，除了金钱的损失，不知道有别的痛苦。"②在这种价值观的作用下，资本家为了赚钱，无所不用其极，特别是对雇佣工人进行着极为残酷的剥削，以最大限度地攫取剩余价值。在《英国工人阶级状况》中，恩格斯对资本主义社会的拜金主义、人的异化做了辛辣的批判。他指出，在资本主义社会，金钱就是一切，就是人的价值的最高体现。"金钱确定人的价值：这个人值一万英镑，就是说，他拥有这样一笔钱。谁有钱，谁就'值得尊敬'，就属于'上等人'，就'有势力'，而他所做的，在他那个圈子里就是举足轻重的。牟利精神渗透了全部语言，一切关系都用商业术语、经济范畴来表现需求和供应，需要和提供，这就是英国人用来判断整个人生的逻辑公式。"③对此，马克思、恩格斯在《共产党宣言》中指出："在资产阶级社会里，资本具有独立性和个性，而活动着的个人却没有独立性和个性。"④1865 年在给朗格的信中，恩格斯愤怒地写道："我认为，现代资产阶级的发展还没有超出动物界的经济形式，这对他来说是极大的耻辱。"⑤

资本就是增殖。资本的拥有者都是把获取更多利润和剩余价值作为生产的根本出发点，这就决定了以资本为中心的生产，即资本主义生产具有无限扩大的趋势。

恩格斯通过对资本主义生产的内在机制的深入分析，批判了资本主义竞争所带来的种种社会灾难，进而得出了消除私有制、变革全部社会关系的论断。资本主义无序竞争的发展必然导致生产过剩，然而人民却因为生产过剩而日益贫困甚至饿死。无产阶级之所以陷入贫困和饥饿，并非由于社会生产力水平低下或者社会产品不足，而是因为工人无法占

---

① 《马克思恩格斯选集》第 1 卷，人民出版社 1995 年版，第 275 页。
② 《马克思恩格斯文集》第 1 卷，人民出版社 2009 年版，第 476 页。
③ 《马克思恩格斯文集》第 1 卷，人民出版社 2009 年版，第 477～478 页。
④ 《马克思恩格斯选集》第 1 卷，人民出版社 1995 年版，第 287 页。
⑤ 《马克思恩格斯选集》第 4 卷，人民出版社 1995 年版，第 571 页。

有和支配由他们自己生产出来的劳动产品。社会财富被资本支配，工人的剩余劳动被资产者无情压榨，资产者赚得“脑满肠肥”，无产者却连基本的生存都难以维持。资本主义社会中“所有这些微妙的分裂和划分，都产生于资本和劳动的最初的分开和这一分开的完成，即人类分裂为资本家和工人”[①]。要改变这种不合理的社会现实，就必须消灭私有制。可见，恩格斯对于现代社会的反思已经透过各种表象，深入触及问题的本质及根源。

在深刻分析和揭露资本的本质的同时，恩格斯对以资本理论为研究中心的国民经济学也进行了深入的批判分析。他指出，国民经济学本质上是虚伪的、无前提的抽象性和非历史性的。国民经济学是随着商业经济的发展而确立、发展的，但是这种理论并非对资本主义经济的实质和规律的科学理论，这种理论只是“一个成熟的允许欺诈体系、一门完整的发财致富的科学”[②]。这种关于发财致富的科学，天生就打着最丑恶的自私自利的烙印。私有制并不是合理、天然的社会现实，而是有其发生和发展的历史过程，它衍生出了各种不道德的状况以及各种剥削的罪恶行径。恩格斯指出，只要私有制还存在一天，“国民财富”这个名词就没有实际意义，它不过是对少数人集中占有大量社会财富这种不公正现实的辩护和掩盖，因而是为资产阶级服务的经济学。“政治经济学没有想到提出私有制的合理性问题。所以新的政治经济学只有一半是进步的；它不得不背弃它自己的前提，不得不求助于诡辩和伪善，以便掩盖它自己所陷入的矛盾。”[③]国民经济学家是伪善的、虚伪的，他们认为资本主义经济现实是永恒的、既定的，把异化劳动和私有财产看作合理性的存在，却从未去解释这种合理性从何而来。换言之，它把应当解释的东西当作理所当然的前提和出发点。这种学说充当了资本主义意识形态的工具，掩盖了资本主义生产方式及其剥削工人的秘密所在。而在历史唯物主义看来，我们在肯定资本的历史作用的同时，应当看到资本主义社会不过是人类历史发展的一个阶段和环节而已，它并非永恒的存在。通过对国民经济学的形而上学本质的透彻分析，恩格斯从理论上对资本主义的永恒性幻象进行了鞭辟入里的批判，指出资本主义必将走向灭亡的历史规

① 《马克思恩格斯文集》第1卷，人民出版社2009年版，第71页。

② 《马克思恩格斯文集》第1卷，人民出版社2009年版，第56页。

③ 《马克思恩格斯文集》第1卷，人民出版社2009年版，第57页。

律。正如马克思、恩格斯在《共产党宣言》中所说："资产阶级的生产关系和交换关系，资产阶级的所有制关系，这个曾经仿佛用法术创造了如此庞大的生产资料和交换手段的现代资产阶级社会，现在像一个魔法师那样不能再支配自己用法术呼唤出来的魔鬼了。"①

第三节　恩格斯对剩余价值的考察

资本是带来剩余价值的价值，追逐利润是资本的本性。恩格斯在《英国工人阶级状况》中描写了资本家对于资本的狂热追逐。对资本家而言，"金钱却具有一种固有的特殊的价值，即神的价值，这样，它就使资产者变成了卑鄙龌龊的'拜金者'。因此，对金钱没有这种敬畏感的工人，不像资产者那样贪婪，资产者为了赚钱不惜采取任何手段，认为自己生活的目的就是装满钱袋"②。资本家掌握着工人的剩余劳动，通过占有工人的活劳动实现价值的增殖。资本正是通过占有他人的劳动来使自己的价值增殖的。这种占有是无偿的，并且是强制性的。资本的诞生和扩张过程始终伴随着不光彩的对工人的剥削和压榨。恩格斯通过对工人恶劣的工作环境和悲惨生活的深切体悟，深刻认识到资本主义大工业的罪恶本质。他在其思想早期就开始对现代社会的种种弊端进行质疑和反思。

商品是资本主义经济社会的细胞，对商品二因素和劳动二重性的研究有助于揭示资本剥削的实质。《国民经济学批判大纲》是马克思主义经济学的开篇之作。恩格斯指出，政治经济学是以商品为起点的，要研究和揭示资本增殖的秘密，就必须从研究商品出发。商品是资本主义社会最基本的中介，各种经济参与者都采取商品的形式，通过市场交换来确立和实现自身的价值。其观点对早年马克思有着重要影响。

恩格斯在《卡尔·马克思〈政治经济学批判〉》里指出，如果考察的对象不是原始共同体的物物交换形式中的商品，而是高度发达的商品形式，那么，商品就表现为使用价值和交换价值两个方面。商品正是因为具有价值才可以被人们在市场上进行交换。然而，国民经济学家却蒙蔽人们，他们将生产费用称为实际价值，这就使得在竞争关系均衡、供求平

---

① 《马克思恩格斯选集》第1卷，人民出版社1995年版，第277页。
② 《马克思恩格斯文集》第1卷，人民出版社2009年版，第438页。

衡基础上确立的价格抽象化。因此，“经济学的一切就被本末倒置了：价值本来是原初的东西，是价格的源泉，倒要取决于价格，即它自己的产物。大家知道，正是这种颠倒构成了抽象的本质。”①

那么，剩余价值从何而来呢？恩格斯在《反杜林论》一书中批判了杜林关于剩余价值来源的错误观点，拥护和肯定马克思发现的剩余价值理论。他认为，马克思揭露了现代资本主义生产方式的内在机制。应该转化为资本的货币实现了价值增殖，这种增殖不会发生在货币本身，也不能发生在购买和出卖过程中。“所以这种变化必定发生在所购买的商品中，但不是发生在商品的价值中，因为商品是按照它的价值买卖的，而是发生在商品的使用价值本身中，就是说，价值的变化一定是从商品的使用中产生。”②市场上的商品中只有劳动力这一种商品符合这样的条件，劳动力的实际消费过程也是价值的创造过程。劳动力是一种特殊的商品，即它能够生产出大于其本身价值的价值，价值增殖发生在生产过程中劳动力的消费过程，资本家正是靠榨取工人的剩余劳动来获取剩余价值。

劳动力成为商品是现代资本主义产生的前提条件和重要标志，其最初表现即“雇佣关系”。这种关系表面看来是一种平等的人与人之间的交换和“契约”。然而这种平等关系只是一种形式的平等，却掩盖了事实上的剥削与不平等，因为工人自由到了除自身劳动力之外一无所有的地步。这是谁之公平？何种自由？其表面公平、自由的背后，掩盖着的是更大的不公。资本表面看来使个人获得了自由和独立，但实质上带来的却是更大的不公、更严重的奴役、更尖锐的阶级对立以及人与自然关系的高度紧张。

劳动力成为商品，标志着资本增殖这一根本原则的实现和完成，这也正是资本主义生产方式的全部秘密所在。资本主义社会的平等只是抽象的、虚伪的平等，它掩盖着剥削和压迫的罪恶现实。工人没有任何生产资料，只能靠出卖劳动力勉强维持生存。因此，恩格斯认为资本主义社会存在着“碾压工人”的两条规律：“一条规律把劳动力的价值限制在必要的生活资料的价格上，另一条规律把劳动力的平均价格照例降低到这种生活资料的最低限度上。”③这两条规律如同“自动机器”一样具有

---

① 《马克思恩格斯文集》第1卷，人民出版社2009年版，第66页。

② 《马克思恩格斯选集》第3卷，人民出版社1995年版，第548页。

③ 《马克思恩格斯选集》第4卷，人民出版社1995年版，第428页。

不可抗拒的力量，支配着资本家对工人的压榨和剥削，使得资产者愈加富有，而无产者却日益贫困。资本是商品的本质形式，恩格斯对商品形式的批判触及了资本主义剥削的秘密，从商品关系出发触动了资本统治的根基。

同时，恩格斯在《英国工人阶级状况》《国民经济学批判大纲》等多部著作中对经济危机进行了深入分析。恩格斯指出，虽然国民经济学家用看似完美的供求理论来说明生产绝对不会出现过剩的现象，但是现实中周期性爆发的经济大危机却成了反驳这一“完美”理论的最有力论据。经济危机像大瘟疫困扰着资本家，也同样给工人的生活带来灾难。事实上，只要资本依旧存在，资产者为了获取利润会无限扩大生产，那么经济危机就会不断爆发，并且会愈加严重。这就必然导致更多的小资本家破产，使得失业人数显著增加，无产阶级人数剧增。经济危机反复爆发，最后，“必定引起一场社会革命，而这一革命，经济学家凭他的书本知识是做梦也想不到的”①。

恩格在关注科学技术资本化的同时，也关注到了股票市场等新兴的资本形式以及资本的技术化运作。作为价值增殖的“酵母”，资本在科学技术上找到了实现自身宏愿的有效途径。所谓资本的技术化，就是资本按照技术的规则布局和运转，以便更多更快地获取剩余价值的过程。资本家总是不断提升技术装备水平、提高资本的有机构成，从而提高劳动生产率、缩短必要劳动时间，获取更多的相对剩余价值。

总之，通过对社会现实的体验和深刻分析，恩格斯充分认识到现代社会各种问题的根源所在。资本原则是现代社会的统治力量和基本原则，正是在资本的利益驱使下科学技术成为资本的统治力量和统治手段。恩格斯准确地把握了这一社会现实，从科学技术与资本的双重维度对资本主义现代性进行了深刻批判。

第四节 科学技术与资本：现代性的两大支柱

近现代史的发展表明，科学技术与资本的密切协同是现代性产生与发展的根本条件。正如著名科学史家李约瑟在《中国与西方的科学与社会》一文中谈到社会制度与科学技术之间的相互作用时明确指出的那

---

① 《马克思恩格斯文集》第1卷，人民出版社2009年版，第75页。

样:“直截了当地说,无论谁要阐明中国社会未能发展近代科学,最好是从说明中国社会未能发展商业的和工业资本主义的原因着手。”①同理,没有资本主义、资本主义社会的兴起和封建社会的衰亡,近代科学、改革运动及文艺复兴都是不可想象的。

现代性的本质内涵即现代形而上学和资本这两大支柱。其中,科学技术作为形而上学的核心内容而出现。科学技术和资本并不单纯是外在的互助关系,也是内在的相互拱卫和相互塑造。近代资本主义和近代科学技术诞生于西方并不是历史的巧合,实则是同一过程的不同方面,两者存在着内在协同激励机制和本质的一致性,科学技术与资本的协同发展和对社会的多维渗透过程就是现代性的建构过程。

在现代性的生成过程中,科学技术和资本并不单纯是外在的互动关系,也是内在的相互协调和相互加强。现代科学技术和现代资本的产生与演化是近代历史发展过程的两面,现代性的种种特征都是科学技术与资本协同共生的不同表现。只有兼顾资本才能真正地理解科学技术,统筹科学技术才能全面地认识资本。因而,单独的科学技术批判和资本批判都不足以解释完整的现代性,而必须把这两种批判结合起来,从科学技术与资本共谋的立场出发才能把握现代性批判的根本。现代性的产生与发展是在资本与科学技术的共同推动之下完成的,是科学技术与资本互动融合、协同共荣的历史结果。

资本主义社会,科学技术成为资本权力的统治工具,根源在于资本家通过购买科学技术,使科学技术行使了资本的权力。技术哲学家芬伯格指出:“资本霸权不是依赖于一种社会控制的特定技巧,而是在更根本上依赖于从技术上将资本霸权运行于其中的整个社会关系领域进行重新建构。”②资本巧妙地隐藏在科学技术背后,科学技术只是表象,成为一种作为“意识形态”的科学技术,渗透到人类生活的各个方面。科学作为资本的权杖、作为“真理的化身”的光环正渐渐淡去,技术的“中性论”面纱也渐渐被脱去。在资本的主导下,科学由求真逐渐转向求力,技术也由生存的技术蜕变为强制的技术、控制的技术——“座架”。这正是以资本为主导的现代社会对培根“知识就是力量”的呐喊的最强烈回应。

一方面,现代社会是与科学技术相伴而生的,但科学技术自身不可

---

① 潘吉星:《李约瑟文集》,辽宁科技出版社 1986 年版,第 84 页。

② [美]安德鲁·芬伯格:《技术批判理论》,北京大学出版社 2001 年版,第 73 页。

能成为社会的主导；相反，它只是资本增殖的工具。换言之，现代社会不是科学技术驾驭资本，而是资本驾驭科学技术，科学技术只有在被资本购买并为资本服务时才是现实的。科学技术与资本的互动既是现代社会发展的推动力量，又是现代性的根源所在。它们之间存在着逻辑关系上的共契。对此，恩格斯在《国民经济学批判大纲》中指出："在资本和土地反对劳动的斗争中，前两个要素比劳动还有一个特殊的优越条件，那就是科学的帮助，因为在目前情况下连科学也是用来反对劳动的。例如，几乎一切机械发明，尤其是哈格里沃斯、克朗普顿和阿克莱的棉纺机，都是由于缺乏劳动力而引起的。对劳动的渴求导致发明的出现，发明大大地增加了劳动力，因而降低了对人的劳动的需求。1770 年以来英国的历史不断地证明了这一点。棉纺业中最近的重大发明——走锭纺纱机——就完全是由于对劳动的需求和工资的提高引起的；这项发明使机器做的工作增加了一倍，从而把手工劳动减少了一半，使一半工人失业，因而也就降低另一半工人的工资；这项发明破坏了工人们对工厂主的反抗，摧毁了劳动在坚持与资本做力量悬殊的斗争时的最后一点力量（参看尤尔博士《工厂哲学》第 2 卷）。"①

另一方面，无限增殖是资本的本性。然而与传统资本不同，资本的增殖仅靠传统的生产经验是难以实现的，它主要不是通过延长个别劳动时间和增加个别劳动强度，而是通过精心的组织和管理，通过科学在生产中的应用去创造一种前所未有的社会生产力。只有仅仅依靠现代科学技术的抽象化、统一化的形而上学特性和其纯粹量化的精确算计功能，现代资本才能达到对世界进行有效的支配、控制和准确预测，从而实现其快速增殖的目的。于是，作为意志的资本紧紧抓住了精于算计的现代科学技术（理性），由此资本找到了使自己快速增殖的最有效手段，出现了与传统资本具有重大区别的新式资本——现代资本。这充分体现于近代以来西方科学技术与社会发展的一条逻辑主线之中：技术发明的推广→生产设备的革新→生产组织的适应性变革→社会其他部门的协同适应→生产管理体制的变革。泰罗制的产生就源于资本驱动之下科学技术理性对于生产、管理体制的专业化、标准化、同步化、集中化的规范运作，从而使生产效率大大提高。

资本的扩张要冲破包括地域在内的一切束缚，"以时间消灭空间"，

① 《马克思恩格斯选集》第 3 卷，人民出版社 1995 年版，第 472 页。

力求实现全球化，而没有通信、网络、快速交通手段是不可能实现的。网络金融的出现更彰显了资本与科学技术的密切协调与共荣的现代特征。在马克思、恩格斯看来，在资本统治时代，实现资本无限增殖、追逐物质财富的最大化是资本的本性。资本把自身的增殖作为最高目标，为实现增殖的本性，资本把其他一切都作为手段，都是实现自身增殖的资源，包括：劳动力，即人类生命体的"自然力"（特别是作为人类智力创造成果的科学与技术）；自然界的"自然力"，如水力、矿藏、土地肥力等自然资源；社会劳动的"自然力"，即社会劳动中的组织管理功能。其中，科学技术起着至关重要的作用，它与资本互相拱卫，被看作现代世界的两大支柱。资本武装了现代科学技术，提供其发展的现实力量，科学技术则作为最有效的工具理性助推资本实现其称霸一切的梦想，两者的密切结合是当代最具有世界历史意义的重大事件。

换言之，与现代科学技术的密切结合造就了现代资本不同于传统资本的根本特征。资本虽然并不创造科学技术，但是它为了自身增殖的需要而利用科学技术、占有科学技术、推动了科学技术的发展，由此资本主义生产第一次在相当大的程度上为自然科学研究和技术发明创造进行研究、观察、实验提供了现实力量和内在动力，科学技术为资本征服自然提供了有效手段。只有资本主义生产才第一次把物质生产过程变成科学在生产中的应用，使科学为直接的生产过程服务。只有在资本主义生产方式下，才第一次产生了只有用科学方法才能解决的实际问题，实验和观察以及生产过程本身的迫切需要才第一次达到使科学的应用成为可能和必要的那种规模。只有资本主义生产方式才达到了利用或掌握那些包括"知识和经验""技能和科学"在内的文明成果服务于财富的创造。

恩格斯认为，"劳动资料"发展为"机器体系"，资本的有机构成不断提高，是"资本生产方式"对资本增殖的不可遏制的追求所致。对此，马克思、恩格斯在《共产党宣言》中指出："资产阶级除非对生产工具，从而对生产关系，从而对全部社会关系不断地进行革命，否则就不能生存下去。反之，原封不动地保持旧的生产方式，却是过去的一切工业阶级生存的首要条件。生产的不断变革，一切社会状况不停的动荡，永远的不安定和变动，这就是资产阶级时代不同于过去一切时代的地方。一切固定的僵化的关系以及与之相适应的素被尊崇的观念和见解都被消除了，一切新形成的关系等不到固定下来就陈旧了。一切等级的和固定的东西都烟消云散了，一切神圣的东西都被亵渎了。人们终于不得不用冷静的眼光来看他们的生活地位、他们的相互关系。”[①]这是对科学技术受资本所强制并与资本密切协同推动资本主义社会发展的深刻阐述与准确把握。

科学技术在推动生产力和社会生活高速发展的同时，也不断被资本吸收和利用，作为提高资本有机构成、减少必要劳动时间、提高资本使用效率的有效手段，变成资本的力量。现代科学技术因被资本购买、使用而执行生产资本的职能，成为“资本的要素”，是现代技术成为技术现实的普遍根据和必要前提，也只有当科学技术从属于资本时，现代科学技术才能占有现实性而成为现实的技术。著名哲学家雅斯贝尔斯认为，当代科学已成了资本创造财富的工具，受资本所操控，而不是科学驾驭资本。科学技术只有在被资本购买并为资本增殖服务时，才是现实科学技术。因此，把现代社会的危机归罪于科学是肤浅的。理性形而上学的资本本质在于，包括科技、法律、道德、艺术在内，一切现代意识形态都服从和服务于资本的逻辑。在这个意义上，作为海德格尔眼中的“座架”的技术，现实地存在于资本“座架”之中。

资本强制推动现代科学技术不断进步，科学技术的应用不断巩固资本的统治地位并在全球扩张。因而，与现代科学技术不相关联的资本不是现代资本，也就不能真正成为现代性的根本原则；而与资本无关的现代科学技术也不可能成为现实的现代科学技术。现代社会，资本已成了主导性力量、第一原则，是渗透一切的“特殊的以太”“普照的光”。因此，彻底的现代性批判就是对于科学技术与资本共谋之下的现代社会的种种悖论与异化现象的总体性追问，对其前提和根据的澄明。恩格斯的现代性批判不是孤立的，单向度的经济批判、政治批判、文化批判、艺术批判或宗教批判，这种批判只是对应“副本”的批判，只有抓住现代社会的资本原则及使之变成现实的科学技术这个“原本”，才能把握现代性的根本纲领，这也正是恩格斯现代性批判的基本路向。

在经济、科学技术快速全球化的现代社会，科学技术与资本的相互推动日趋强化，两者相互塑造、相互支撑，在本质上构成了二而一、一而二的整体性关联。这种互动、关联绝不是一种简单相加，而是一种内在的融通，是一种内在的、本质的一致性。它们共同塑造了现代性的根本

① 《马克思恩格斯选集》第 1 卷，人民出版社 1995 年版，第 275 页。

特征，创造了人类新的生存论境遇。这是马克思恩格斯现代性批判的深刻性和整体性之所在，是包括法兰克福学派、海德格尔等现代西方学者所未达到的理论高度和思想境界。

第五节　恩格斯现代性批判的原则高度

近代以来，面对非人道的资本主义制度，批判之声不绝于耳。重农主义的先驱者极力反对工业、商业的发展，对货币及其社会后果进行了最激进的批评。19 世纪初，以捣毁机器为手段反对工厂主压迫和剥削的卢德运动可谓激烈、勇猛，当代“新卢德分子”对工业化、自动化、数字化及一切新科学技术的批判不可谓不尖锐。但他们混淆了作为人类智力成果的科学技术与不合理的社会制度的根本区别，错误地认为机器工业是导致贫困的原因，于是展开大规模捣毁工厂、破坏机器的运动。正如马克思在致帕·瓦·安年科夫的信中所说：“机器不是经济范畴，正像拉犁的牛不是经济范畴一样。现代运用机器一事是我们的现代经济制度的关系之一，但是利用机器的方式和机器本身完全是两回事。火药无论是用来伤害一个人，或者是用来给这个人医治创伤，它终究还是火药。”①近代学者卡莱尔、卢梭、西斯蒙第和蒲鲁东，以及所有空想主义者也对资本进行过最猛烈的攻击，但总的说来，他们对工业文明和科学理性提出质疑和批判都流露着对大自然和田园生活的眷恋与向往，从而带有浓厚的浪漫主义和虚无主义色彩，他们批判现代性的目标在于回到前现代性，即“开历史倒车”。

在科学技术高度发展的今天，价值观发生了严重的颠倒，科学技术似乎成了新的“上帝”，成了评判一切事物的标准，人的人性和物的物性统摄于科学技术之下。对此，马克斯·舍勒写道：“世界不再是真实的和有机的‘家园’，不再是爱和沉思的对象，而是变成了冷静计算的对象和工作进取的对象。”②爱因斯坦也对科学技术时代人性的堕落提出了严厉的批评：“我们认为今天人们的伦理道德之所以沦丧到如此令人恐惧的地步，主要是因为我们的生活的机械化和非人性化，这是科学技术思想发展的一个灾难性的副产品。真是罪孽！我找不到任何办法能够对付

---

① 《马克思恩格斯选集》第 4 卷，人民出版社 1995 年版，第 535 页。

② ［德］马克斯·舍勒：《知识社会学问题》，华夏出版社 2000 年版，第 10 页。

这个灾难性的弊端。人比他所居住的地球冷却得更快。”[①]显然，他也未深刻地认识到问题的社会根源。

西方马克思主义的先驱者卢卡奇面对技术理性所造成的种种危机，对资本主义工业文明做出了深刻而尖锐的批判。然而，他同样没有看清或忘记了导致危机的社会根源，错把科学技术的发展过程看作人性沦丧和异化的过程，从而把科学技术当成批判的对象。他看到了现实的苦难，却否认了现实的必然性，从而找不到通向自由与解放的道路，由此他的苦恼与感伤不免带有浓厚的浪漫主义情调。卢卡奇对科学技术的批判和对科学技术资本主义化的批判对包括法兰克福学派的许多人在内的西方马克思主义产生了重要影响。

雅斯贝尔斯认为技术破坏了人的生活，剥夺了人的尊严；技术控制人，使人机械化而丧失活力；技术毒化了社会和自然。因而应放弃技术，甚至回复到原始洪荒时代。

荣格先后在《技术的完善》《机器与财产》等著作中把技术作为批判的对象加以妖魔化，体现出浓厚的技术悲观主义色彩。他赞同斯宾格勒、尼采的悲观主义观点，把技术看作探索者的一种策略，是实现人的力量意志的手段。与那种把技术看作能为人类提供财富和自由的乐观主义相反，荣格认为技术非但不能创造财富，反倒是一种消费的力量。在技术中，人们总是力图制成某物，但他们得不偿失。的确，由当今的食品及能源的储运对技术的依赖便可知道，这整个过程中并未增加任何价值，反倒使大量能源浪费在其中的每一个环节上。最终，以掠夺性开发为特点的技术将耗尽所有的自然资源。技术的这种掠夺性开发处处留下了不可磨灭的毁灭性痕迹，使地球一步步走向死寂。当代的生态危机正在危及人类的生存，毁灭人类安身立命的家园。因而，技术“与其说是推进财富，毋宁说是分配贫困”。它所产生的绝不是幸福，而是灾难，是整体的毁灭。在技术的道路上看不到胜利，人只能听任技术的摆布，而不可能控制技术。当然，悲观之余，荣格还是极力想开启一种非技术理性，以摆脱技术的命运，为人类寻求一条走向美好未来的道路。最后，荣格渐渐认识到，阻止现代技术的力量必须到技术之外去寻找，这种力量来源于人自身，人必须通过顺应和保护自然来抵制技术的毁灭性力量，而不是滥用和掠夺自然。

---

① ［德］爱因斯坦：《爱因斯坦谈人生》，世界知识出版社 1984 年版，第 72 页。

法兰克福学派的科学技术哲学认为，科学技术已经异化为人控制自然的工具和人统治人的手段，异化为一种奴役人的意识形态。霍克海默和阿多尔诺认为，在资本主义社会中，科学具有包含压制群众和社会再生产的内涵，技术的压迫成了一种社会现象，造成了单面社会、单面人和单面思维。因而必须对之进行彻底的批判，以便实现自然的解放和人的解放。然而，他们的批判并未触及导致科学技术异化的社会根源和阶级根源。不仅如此，他们的批判仍带有卢梭的那种浪漫主义气息：留恋人与自然浑然一体的原始状态；把人与人、人与自然的异化归罪于科学技术的发展，视科学技术为万恶之源，从而走向否定科学技术的极端。此外，用感性代替理性，以理论代替实践，提倡通过艺术去获得解放，而不是把解放诉诸于现实的人的现实的行动。

存在主义大师海德格的技术批判思想在当代有着重要影响。在他看来，相对于现代科学，无处不在的现代技术更具有本质意义，它构造着人与人、人与自然关系的技术，生活变成对技术的迎合从而失去批判维度。“对于我们所有人，技术世界的装置、设备和机械如今是不可缺少的，一些人需要得多些，另一些人需要得少些。盲目抵制技术世界是愚蠢的。将技术世界诅咒为魔鬼是缺少远见的。我们不得不依赖于种种技术对象；它们甚至促使我们不断做出精益求精的改进。而不知不觉地，我们竟如此牢固地嵌入了技术对象，以至于我们为技术对象所奴役了。”[①]换言之，现代技术的一切进步和发现，其结果似乎使物质力量具有理性生命，而人的生命则化为愚钝的、被现代技术所支配的物质力量，导致人的非人化和人性的扭曲。不可否认，海德格尔准确地抓住了现代技术严重异化的特征，为此，他要批判性地分析现代技术，从而把握其本质，达到对技术的本真性理解。所谓“本质”，并非一般人所认为的那样，是与现象相对的一般概念，而是展示方式或“现身方式”。因而，追问现代技术的本质，就是追问现代技术所开启的存在世界如何显现自身。在这种追向之中，“座架”是海德格尔最核心的概念，是理解技术的关键。所谓“座架”，“就是这样一种展现方式，它支配着现代技术的本质，但他本身却不是技术的东西。”简言之，“座架”就是支配着人以特定的思维方式和价值观去看待一切的东西。正如鞋匠只低头看你的鞋子，理发师只关注你的头发，只有能被技术加工并获得利润的物才是有价值的，即物

① 《海德格尔选集》，上海三联出版社 1996 年版，第 1238～1239 页。

的价值是由技术条件来评判的，技术已成为展示物的意义与价值的主导方式。为更具体地阐释“座架”的含义，海德格尔又使用了“限定”和“强求”这两个概念。所谓“限定”某物，意味着从某一方向取用某物，从某种有用性或功能去评价和定位某物（如空气可以提供氮，大地可以提供矿石，矿石可以提供能量）。而事物丰富多样的其他属性及意义已荡然无存。所谓“强求”，即提出过分的要求，干扰、阻止事物顺其自然，按其本性的展现方式。这都意味着对于人和自然的挑战，从而在根本上改变着人与人、人与物之间的本真关系。对于现代技术的限定和强求特征，海德格尔进一步用物质化、齐一化、功能化、主客两极化、谋算、贯彻和统治、生产和加工、耗尽和替代八个环节做了透彻的剖析和阐述。

在技术严重异化的当代，“座架”时刻支配着人们的思维和行动，人与物都处于“限定”和“强求”之下。疯牛病的爆发也许是最真切地展示现代技术的本质的典范。疯牛病的产生正在于技术意志对牛和人的双重“强求”，牛只被“限定”为牛奶和牛肉的提供者，而不是具有自身生存权的独立的生物。在快产、高产思想的指导下，早已变成工业化大生产的欧洲农牧业，为了缩短家畜的产肉期，严重违背牛的生长发育规律和天性，不择手段地使用激素和由病牛及狗、猫等动物的下水加工而成的由电脑精确计算的混合饲料去喂养牛、羊、鱼及家禽。因为这种饲料含有动物生长所必需的蛋白质。使用这种饲料，原来需要 80 天，而现在只需 6 周就可以使一只 45 克的小鸡长到 2.5 千克。平均每 1.5 千克这种饲料可迅速长肉 1 千克。让本以食草为生的牛羊改吃荤，这不是违背事物的天性、挑战自然，又是什么呢？牛被迫在这种非自然状态下向饲养主超负荷地提供牛奶和牛肉，因而从根本上说，牛之疯正是追求金钱的狂人逼迫和强求所致。正如德国格赖夫斯瓦尔德大学植物、农业生态学和自然保护研究所所长米夏埃尔·苏科教授所指出的那样：在欧洲蔓延的疯牛病是人们对耕地实行工业化产生的后果。人们像对待机器一样地对待生物，这是违背自然规律的，长此以往肯定将出现问题。今天，遍布世界各地的“农业工厂”模式所具有的强求自然、挑战自然的严重弊端正逐渐为人们所认识。面对此景此情，回归自然的呼声正日渐高涨。

海德格尔的现代技术批判不能说是不深刻的，然而却是不彻底和没有原则高度的。面对现代技术的虚无主义和帝国主义特性，海德格尔正确地指出，立足于工具性的和人类学的解释的那些克服技术的想法都是过于简单和肤浅的，即只从技术所导致的可见的、具体的可怕后果去看待技术的真正危险，而真正本质性的东西却从视界中消退了。“人凝视着随着原子弹爆炸而能发生的东西。人没有看到什么东西长久以来已经来到，并且已经发生。这种东西把原子弹和它的爆炸只是当作它的最后的残渣从自身抛出来。”①也就是说，技术的真正危险根本不在于原子弹的爆炸，因为它只不过是一个过程的结果和“最后的残渣”，是外显的、可见的，隐而不显的、可怕的和根源性的东西在于技术思维方式，它使人和物的存在本性受到严重摧残、扭曲和丧失。所以，只从工具性和人类学的观点去克服技术的不利后果，并不能消除真正的危险。因为只要这种技术思维方式不改变，克服一种不利的技术后果可能产生另一种或多种新的更可怕的后果，从而导致技术的不断加速和恶性膨胀。尽管他从人与自然的关系出发深刻揭示了现代技术的“座架”本质及其对人和自然的“限定”与“强求”，但他忽视了技术存在和发展的社会条件，忽视了技术本质的生成性和历史性，从而未能深究这种本质的历史条件和历史界限，以及现代技术何以要去控制和统治对象？而现代技术的“座架”本质，实际上和本质地说来，就是一架巨大的意义过滤器：事物具有技术上的功用的意义作为唯一的意义被保留了下来，而事物本身所具有的其他的丰富多彩的意义和价值均被过滤掉了。

然而，海德格尔的技术批判并不彻底，他没有进一步追问：技术的“座架”本质是与生俱来的吗？就连他本身格外关注的现代技术与古代技术有着本质区别而言，为什么会有这种根本不同？为什么要发明一种统治自然的原理呢？为什么古代没有“进步强制”“生产强制”和“需求强制”，而恰恰现代才有？回答这些问题必然最为本质性地牵扯到资本的逻辑。问题的实质正在于现代性的原理不仅依赖于资本无限增殖的欲望，而且依赖于这种欲望得以满足所凭借的谋取方式（与传统社会根本不同的方式），即以现代科学技术为核心的现代形而上学体系。正是资本无止境的推动和现代形而上学无止境的算计、谋划，形成一种塑造世界的巨大力量，彰显现代性的种种特质。这正是马克思恩格斯现代性批判的深刻之处。

基于对资本主义社会现实的深入研究，马克思、恩格斯充分认识到现代性的资本本质。马克思在谈到货币的魔力时曾指出：“一切东西，不论是不是商品，都可以转化成货币。一切东西都可以买卖。流通成了巨

① ［德］海德格尔：《诗·语言·思》，文化艺术出版社 1991 年版，第 150 页。

大的社会蒸馏器，一切物都被抛到里面去，以便当作货币结晶再从那里出来。连圣骨也抵抗不了这个炼金术；人们商业范围以外的更为微弱的圣物，就更是抵抗不了。”①这正是马克思恩格斯技术批判的深刻之处。对此，海德格尔本人在晚年的讨论班上曾指出：“现今的‘哲学’只是满足于跟在知性科学后面亦步亦趋；它们完全误解了我们时代的两重独特现实，即经济发展以及这种发展所需要的架构；而马克思主义懂得这双重的现实。”②马克思恩格斯的现代性批判正是扎根于历史的本质性维度之一，从而才达到了历史唯物主义的原则高度。

面对技术发展与人的道德水准的滑坡，英国历史学家汤因比在与日本学者池田大作的谈话中指出：“迄今为止，人的伦理行为的水准一直很低，丝毫没有提高。但是，技术成就的水平却急剧上升，其发展速度比有纪录可查的任何时代都快。结果是技术和伦理之间的鸿沟空前增大。这不仅是可耻的，甚至也是致命的。”③这种批判不可谓不尖锐。

综合所述各种现代性批判观点，大多充分认识到工业文明的历史进步性是以多数人的牺牲为代价的，看到了科学技术异化所导致的种种社会弊端。在这个意义上，他们对现代性的批判至今仍有着深刻性和现实性。然而，他们却开错了“药方”，因而其批判没有触及深刻的社会根源，是不彻底的和不得要领的。海德格尔称为技术“座架”的东西，是资本最大化自身的思维方式、价值观的汇聚，从根本上说是资本逻辑的派生物和外在表现。因此，现代技术的异化，或者说现代技术的“座架”本质绝不是先于人类而存在的，并非先天就有的、与生俱来的和非历史的，而是源于劳动的异化、人的异化，其尘世起源在于资本，在于资本的不可遏制的增殖本性。资本唯有与现代科学技术结盟或共谋，才能对作为对象的存在者进行最有效的“限定”和“强求”，从而保证增殖过程稳定地、快速地进行。马克思、恩格斯深刻洞察到了现代科学技术和资本是现代性的密不可分的二重结构。其中，现代科学技术的逻辑服从于资本的逻辑，前者已经异化为服务于后者的工具理性，因而对现代科学技术的批判必须归结于对资本及资本主义制度的批判。

---

① 《马克思恩格斯文集》第5卷，人民出版社2009年版，第155页。

② [法]F.费迪耶等辑录：《晚期海德格尔的三天讨论班纪要》，载《哲学译丛》2001年第3期。

③ [日]汤因比、池田大作：《展望二十一世纪》，国际文化出版公司1985年版，第431～432页。

马克思、恩格斯认为，单纯的理论家算不上哲学家，因为纯粹理论家的批判只徒有批判的外表，而不能触动社会现实。对真正的哲学家而言，不仅要具有深厚的理论修养，而且要有丰富的社会经验，要能从实践中提升出理论，并把理论转化为实践的能力。换言之，对哲学家来说，最为重要的是在解释世界的基础上改变世界。恩格斯在《英国工人阶级状况》一书中指出，英国工业的发展在创造一个富有的资产阶级的同时，也造成了一个赤贫如洗的无产阶级。无产阶级所处的悲惨地位必然会推动他们去为自身的解放、为推翻资本主义而斗争，这将是一场深刻的社会革命。“英国所患的社会病的进程和身体生病的进程是一样的；这种病症按照一定的规律发展，它有它的危机，危机中最后和最厉害的一次就决定患者的命运。”[①]在这场革命中，无产阶级将成为变革现有一切社会关系的历史主体，成为英国最强大的阶级，英国的未来与这个阶级的命运紧密联系在一起。在《德意志意识形态》中，他们再次强调以实际行动改变世界的重要性：“实际上，而且对实践的唯物主义者即共产主义者来说，全部问题都在于使现存世界革命化，实际地反对并改变现存的事物。”[②]在这个意义上，他们是真正的哲学家，而不是纯粹的理论家。面对不合理的资本主义制度，他们并未仅仅停留于单纯的理论批判和道德谴责，而是进一步诉诸对不合理的资本主义社会的改造，彻底铲除这种非人道的基础，并以实际行动亲自参加和指导了这种改造运动，由此充分体现了他们与其他现代性批判家们的根本区别和他们对现代性批判的原则高度。

通过对现代性的透彻批判，恩格斯明确指出，问题的根源在于不合理的资本主义制度。只要资本主义社会存在，其自身存在的逻辑悖论就无法消除，人与人、人与自然的矛盾就不可能解决。他基于对资本主义不可克服的内在矛盾的深刻剖析，指出资本主义大工业的发展(技术的资本主义应用)所导致的不断重复的经济危机，充分表明了资本主义制度的历史暂时性，表明资本主义制度已经成为大工业的“枷锁”，因而应当粉碎它。面对不断发生的经济危机，“或者必须完全放弃大工业本身(这是绝对不可能的)，或者大工业使建立一个全新的社会组织成为绝对必要的，在这个全新的社会组织里，工业生产将不是由相互竞争的单个

---

① 《马克思恩格斯文集》第 1 卷，人民出版社 2009 年版，第 437 页。

② 《马克思恩格斯选集》第 1 卷，人民出版社 1995 年版，第 75 页。

的厂主来领导，而是由整个社会按照确定的计划和所有人的需要来领导”①。因而，必须面对资本主义不合理的社会现实，与之进行一场轰轰烈烈的消灭现存状况的现实的运动，而不是采取“泰然任之”的无所作为态度，或旁观者的理论态度。只有推翻资本主义统治，建立合理的社会制度，才是消除异化的根本之路。正如恩格斯在《国民经济学大纲》中所指出的那样：“私有制如何最终使人变成了商品，使人的生产和消灭也仅仅依存于需求；它由此也指出竞争制度如何屠杀了并且每日还在屠杀着千百万人；这一切我们都看到了，这一切都促使我们要用消灭私有制、消灭竞争和利益对立的办法来消灭这种人类堕落。”②

与西方绝大多数学者对现代性的批判不同，恩格斯对现代性的批判不是一种纯粹的理论批判：他并不局限于寻求和追溯导致种种现代性悖论的理论渊源和思想谱系，而是在揭示种种异化现象在现实生活中得以存在的社会历史基础和根据的基础上，以现实的行动去获得现实的解放。正如马克思、恩格斯在《德意志意识形态》中嘲讽唯心主义者时所生动指出的那样：“有一个好汉忽然想到，人们之所以溺死，是因为他们被重力思想迷住了。如果他们从头脑中抛掉这个观念，比方说，宣称他是迷信观念，是宗教观念，他们就会避免任何溺死的危险。”③

恩格斯的现代性批判绝不仅仅局限于理论的探讨，而是在哲学史上开创了超越“现实”的“现实关怀”。他并非仅仅停留于对资本主义现代性的理论批判，而且积极参与和指导工人运动，教会了工人阶级自我认识和自我意识，致力于推翻不合理的社会制度。为工人阶级开辟了消灭资本主义剥削的道路，用有关社会主义的方法和对社会进行社会主义改造的办法的精确的科学知识武装了劳动者的头脑。在他看来，要消除各种异化现象，仅仅通过劳动完成人从动物中的第一次提升还远远不够，因为这时的人还受到各种社会因素和社会关系的制约，还不是自然界的主人和社会的主人。人类要从必然王国迈进自由王国，必须建立合理的社会制度，完成在社会关系方面的第二次提升，才能消除技术异化、劳动异化，使人的本质复归于人。

---

① 《马克思恩格斯文集》第 1 卷，人民出版社 2009 年版，第 682 页。
② 《马克思恩格斯文集》第 1 卷，人民出版社 2009 年版，第 82 页。
③ 《马克思恩格斯文集》第 1 卷，人民出版社 2009 年版，第 510 页。

第七章

科学技术与人类解放

纵观人类历史，人类与科学技术的关系也许是最为复杂难解的。一方面，科学技术的确创造了无数奇迹，使人类的许多美好梦想变成现实。另一方面，技术并未像人们曾憧憬的那样带给人类真正的幸福、保证人类文明的价值和意义，而是伴生了人类的生存危机和精神文明衰退。技术将给人类带来什么？乐呼！悲呼！

第一节　面对技术的不同思考

科学技术是现代人类文明的重要标志之一，其对推动人类发展的巨大作用不言而喻。与此同时，科学技术也给人类带来了难以对付和难以预料的重大难题。技术与人类到底有何种关系？对此有着种种不同的观点或思潮。

一、技术乐观主义

技术乐观主义是与近代科学、技术的日益进步相伴而生的一种占主导地位的技术观。它强调技术对于促进生产力发展、增进人类文明的巨大作用，是现代理想主义的希望所在。它着迷于现代技术的奇迹，以致达到技术崇拜的地步。技术乐观主义思潮推崇技术，把技术看作人类征服、控制自然和获得自由，并使人类朝着更美好的方向发展的强有力的手段。无论问题的性质是政治的、经济的，还是生态的，几乎都能最终地靠应用或发展某种新技术来加以解决。换言之，我们所面临的问题不是由技术所致，而是由于技术还不够发达。在技术乐观主义者看来，正是由于技术的发展才有助于消除人类的苦难,如果某项技术一时失效或带来不幸的副作用,总有某种新技术来解决旧技术所导致的问题,消除其不良后果,并且技术的控制为人类控制社会、控制人类历史以及人类自身提供了有益的模式。正如技术在控制物质世界时带来的进步一样,技术对人的控制、对人类社会和未来的控制也必将带来新的繁荣和福祉。技术进步应该是人性进化的标准,而一切由科技进步所导致的负面影响(包括各种形式的异化)将为新的科技进步所弥补或消除,科技发展最终将促成道德伦理体系的新陈代谢。因而在时间上应让技术任意发展,能做什么就做什么,干预得越少越好。

显然,这种观点不仅片面夸大了技术的正面价值,忽视了由技术的自然属性所决定的技术能力的限度(例如,没有效率为100%的技术,没有不产生废气和废热的汽车),而且把技术与社会之间的复杂关系简单化,从而忽视了技术的社会属性,忽视了技术所具有的丰富的社会文化内涵,忽视了道德伦理等社会因素对技术的制约及范导作用,尤其忽视了社会改革和社会革命的意义。根本原因在于他们不理解技术的本质是人的本质的显现,技术的产生与发展始终受不同的社会需求和统治阶级的利益所支配,其发展的方向、目的、选择、组织和应用始终受社会的经济关系、政治关系等社会因素的重大影响。因而,技术乐观主义不乏浪漫主义色彩,面对生态危机、人性的失落,技术乐观主义显得无能为力,不能给人类指出一条切实可行的道路。

作为早期技术乐观派的代表,F.培根曾对技术给予高度赞誉。在他看来,技术是人的劳作,技术发明就是对上帝的作品的新的创造和新的模仿,人类对事物的支配必须基于技艺与科学,技术是人类支配自然和征服自然的强大力量,其《伟大的复兴》一书的扉页上所印的画面是一艘正驶向超越古代科学江域的航船,旁题献词是:plus ultra(超越)。他认为,由于人类模仿天体而实现了环球航行,因此近代人也可以超越古人有关“闪电无法模仿”的观点,实现人造闪电。亚里士多德关于技艺只能是大自然的“婢女”,只能帮助大自然完成其早已开始的工作以及我们凭借技艺的力量根本不可能与自然相竞争的观点是不可取的。那种认为人造之火不能像太阳一样做同样的事情,或者认为人类只能制成混合物而不可能制成真正的化合物的观点,都是毫无根据的。培根认为,以自然为基础,技艺能够制成与天然自然物没有任何区别的事物,人类正是以这种方式才得以引导事物的发展。在此,培根和亚里多德对于人的能力和技艺的作用的看法展示了明显的差异。亚里士多德认为,人类至多只能帮助大自然克服外在的困难及本身的弱点,从而使大自然完成其设计。培根则认为,人要主导大自然,自然力和自然物都直接受人类计划的引导,即人类要勇敢地利用大自然来实现自己的目标。

随着资本主义的发展和启蒙精神的张扬,人类认识和改造自然的主体性和能动性日渐增强,自然运动与人工运动之间的根本差异在人们的心目中渐渐消失。"制造"人工产品的观念逐步取代"繁殖"自然产品的观念,机械技艺的历史便成为自然史的一部分,甚至能够冠以"制作的或机械的自然史"的名称。因而,培根在强调人类支配自然的同时,又坚持人类应该驯服地仿效自然,这两方面是统一的,其理由在于"只有服从自然,才能驾驭自然"。换言之,为了达到对自然的成功统治与支配,人必须遵循自然的根本法则,而这必须依赖于对自然的可靠认识。

面对人类改造自然的巨大成就,培根对技术的未来做出了无比美好的憧憬。他指出,与自然科学相比,技术一直处于快速发展和不断完善之中,几个世纪以来,"各种科学始终站在原来的地方,几乎保持着同一的状况,得不到明显的发展……但是,在以自然和经验为依据的机械技术中间,我们看见发生的都是相反的情形,因为这些东西(只要它们是人民大众所需要的)是在不断地繁荣和生长,好像在它们中间有着一种生命的气息,起初很粗钝,然后便利起来,往后变得很美观,而且在一切时候都在向前进展"①。培根的技术乐观主义在其《新大西岛》一书中得到了更全面的展现。书中描绘了一个与柏拉图的理想国不同的另一种理想国度。对于柏拉图来说,他的理想国中的三类公民依次为:国家统治者或哲学家、保卫国家的武士、生产物质财富的手工业者(即技术家)和农民。而对培根来说,其理想国是一个技术活动兴旺发达、技术专家担任政府要员的理想国,其中不仅自然化合物和新的金属可以由人工制造,植物种类的嬗变、新的动物种类的繁殖以及气候的控制都可以人为地实现……在技术统治的这种国度中,到处莺歌燕舞,一片繁荣景象。

《新大西岛》所体现的技术乐观主义和实用色彩曾对英国皇家学会的工作产生了重大影响。正如雷恩起草的《皇家学会章程草案》中所说的那样:"我们明白,再没有什么比提倡有用的技术和科学更能促进这样圆满的政治的实现了。通过周密的考察,我们发现有用的技术和科学是

① 北京大学哲学系编:《16—18世纪西欧各国哲学》,商务印书馆1985年版,第38页。

文明社会和自由政体的基础。它们通过奥菲士的魔力把众人组织成城市，结合为行会。这样，通过把好几种技术和工业生产方法汇集起来，就可以用互相交流的办法使全体都学会每个人的特殊才能；因而脆弱人生的种种痛苦和劳累就可以通过同样多的各种现成的办法来消除或减轻；于是财富便会按照每人的勤劳，也就是按每人的功绩，公平分配给每个人。”[①]事实上，即使在技术的力量无处不在的当代，面对人类对食品、能源、医疗等方面的需求，培根所代表的技术乐观主义观点在当代仍有许多赞赏者和追随者。

然而，事实并没有像人们所预想的那样美好。技术在推动人类进步的同时，也给人类带来一系列问题乃至灾难，人性的压抑、自然灾害、生态问题、国际冲突有增无减，致使人类不得不对现代技术做出深刻的反思。对技术负面效应的关注正是技术悲观主义的现实根源。

二、技术悲观主义

技术悲观主义虽然古已有之，如中国古代的庄子，近代则以卢梭的观点最为著名。

庄子对于技术的悲观与戒备心态在以下对话中做了发人深思的论述：

“子贡游于楚，反于晋，过汉阴。见一丈人方为圃畦。凿隧而入井，抢瓮而灌。扌骨扌骨然，用力甚多而见功寡。”

子贡曰：“有械于此，一日浸百畦。用力甚寡而见功多。夫子不欲乎?”

圃者仰而视之，曰：“奈何?”

曰：“凿木为机，后重前轻，挈水若抽，数如失汤，其名为槔。”

为圃者忿然作色而笑曰：“吾闻之吾师，为机械者，必有机事；有机事者，必有机心。机心存于胸中，则纯白不备。纯白不备，则神生不定。神生不定者，道之所不载也。吾非不知，羞而为也。”[②]

以科学技术与资本的密切协同为根本特征的现代社会，科学技术竞争日趋激烈，核技术、核武器、转基因技术、克隆技术的发展并未给人类带来所期盼的美好未来，反倒给人类带来了诸多烦恼和技术恐惧，人类

---

① ［英］J. D. 贝尔纳：《科学的社会功能》，商务印书馆 1985 年版，第 60 页。

② ［联邦德国］W.海森伯：《物理学家的自然观》，商务印书馆 1990 年版，第 9 页。

本有的那份内心的宁静正在渐渐地消失，忧心忡忡和忐忑不安难以释怀，此刻不难理解这一寓言更显其睿智之见。

在近代西方社会，卢梭作为对现代性持尖锐批判态度的思想家，对后世有着重要影响。他面对科学技术迅猛发展的事实，勇敢地对科学技术的进步作用提出质疑和批判。在《论科学艺术的复兴是否有助于敦风化俗》这篇获奖论文中，卢梭批判了科学技术进步能够带来财富与善、美好与幸福，从而自动地促进社会进步的启蒙思想，并以杰出思想家的敏锐嗅觉洞察到了工业化所带来的“世风日下，人心不古”的悲观结局。

卢梭认为，远古时代是人类的黄金时代，那时人类处于一种自由、平等的“自然状态”，人心纯朴、胸无邪念。人们没有语言、没有住所、没有失业，也没有战争，人与人之间不存在任何联系，是最适于和平和最宜于人类的状态。在这种自然状态下，人们自由自在地漂泊于森林之中。“我看到他在橡树下饱餐，在随便遇到的一条河沟里饮水，在供给他食物的树下找到睡觉的地方，于是他的需要便完全满足了。”[①]但是，为了避免灾难、保全生存，人类发明了各种工具，积累了各种技巧、知识。然而，正是由于“技术和知识”的一定发展，带来了原始自然状态的毁灭。特别是冶金与农业两大技术的发明、工业和商业的发展、“铁和谷物”彻底终结了人类早期的那种自由自在的“自然状态”，个人为满足自己贪得无厌的欲望，不惜以他人、他物作为手段，导致社会充满了贪欲、尔虞我诈、敌对乃至战争，社会道德和风俗日趋衰落。而这些“使人类没落下去的东西，在诗人看来是金和银，在哲学家看来就是铁和谷物”[②]。

就科学技术和艺术对人类发展的影响而论，卢梭认为，知识和技术的进步伴随的是人类道德的衰落，而不是幸福、美好、友爱和善。奢侈很少是不伴随着科学与艺术的，而科学与艺术则永远不会不伴随着奢侈。科学和艺术越发展，人类的灵魂越肮脏，我们的灵魂正是随着我们的科学和艺术的臻于完善而越发败落的。工业和商业社会中的怀疑、猜忌、恐惧、冷酷、仇恨、戒备、背叛等正是与这个所谓的“文明时代”相伴而生的。人一旦有了知识，就会变得狡诈和阴险，好人的消失与学者的出现恰恰是同一个过程的两个方面。他甚至认为掌握知识比邪恶更糟。换言之，知识只会使人变得更坏。卢梭把人的才智与道德对立起来，把社

① [法]卢梭：《论人类不平等的起源和基础》，商务印书馆 1962 年版，第 75 页。

② [法]卢梭：《论人类不平等的起源和基础》，商务印书馆 1962 年版，第 64 页。

会的种种丑恶现象归罪于科学和艺术，必然导致他在寻求问题的解决之道时，主张放弃科学与艺术，回归人类的原始和洪荒状态。“我觉得，做一个自由的、有道德的人，无视财富与物欲而傲然自得，才是最伟大、最美好的。”[①]在此，卢梭面对科学和技术的发展所带来的消极后果所抱有的以怀旧心境与悲观情调为突出特征的浪漫主义跃然纸上，并对此后技术悲观主义、后现代主义的技术观产生了重要影响。

随着现代技术的迅猛发展，各个方面似乎都呈现美好的前景。就农业来说，随着新化学药剂的使用，耕作实现了机械化和能源集约化，使劳动力大为节省。于是，农业经营者受现代技术奇迹的诱惑，狭隘的效率观念使他们在短期内难以认清现代技术支撑的耕种方式将带来的弊端。20 世纪 70 年代，仍有许多人对这种农业抱有热情而天真的幻想：田野将变得更广阔，机器变得更大和更有力……它们将是自动的，甚至无线电操纵。备有闭路电视，坐在电脑前只要轻击健盘就可进行一切。天气控制可以驯服狂风暴雨……原子能将为平整山地或从大海提取灌溉用水提供动力。在工业上，计算机技术的广泛使用大大减轻和延伸了人的体力与脑力劳动，给人类带来了更多的闲暇和自由。这一切都是如此令人鼓舞。然而，事实并没有像人们所预想的那样美好。科学技术在推动人类进步的同时，也给人类带来一系列问题乃至灾难，疾病、贫穷、人性的压抑、自然灾害、环境污染、国际冲突有增无减，致使人类不得不对现代科学技术做出深刻的反思。对技术负面效应的关注正是技术悲观主义的现实根源，尤其在生态危机日益加深的当代，技术悲观主义大有成为社会主流的趋势。

显然，技术悲观主义走向了另一个极端，片面夸大了与技术相伴的人性的压抑、道德的沦丧，以及包括核技术在内的重大技术所导致的灾难等负面效应，忽视了技术推动社会发展的巨大物资作用和精神价值。把技术视为社会消极因素的唯一决定因素加以“妖魔化”，当作诅咒的大敌。正如丹尼斯·古莱特所说：“技术绝不是医治不发达所带来的各种疾病的万能药。它最多也只是靠不住的承诺。也没有任何可逃脱技术的浪漫方式可以将‘发达’社会从其特有的异化中拯救出来。”[②]面对异化了的技术，我们无能为力，似乎只有放弃技术，回归洪荒时代，这不免过

① [法]卢梭：《忏悔录》第 2 部，人民文学出版社 1983 年版，第 439 页。

② [美]丹尼斯·古莱特：《靠不住的承诺》，社会科学文献出版社 2004 年版，第 294 页。

于浪漫。因为人的进化发展就是伴随作为人的体外器官的技术而实现的，人的生存方式正是由技术建构起来的。如果说“劳动创造了人”，而真正的“劳动是从制造工具开始的、技术的”，那么，没有技术就没有劳动，也就没有人的生成，放弃技术也就意味着放弃做人。

三、第三种观点

承认技术存在的现实，不单纯地否定技术，而是诉诸艺术沉思、人性的改良、道德水平的提高、人的良知的呼唤、内在的精神革命以及宗教和爱去匡正和规范技术的发展，克服技术的异化，重建人与自然的和谐，从而拯救地球与人类的未来。特别是面对当前的核技术、基因技术、克隆技术的激烈争论，这种观点尤其流行。像汤因比和池田大作就赋予“精神革命”以根本的、基础性的意义。近年来我们也看到了社会道德、公众舆论在有关技术和生态治理等方面正开始显示出重要作用。的确，技术是人的本质力量的公开展示，其中渗透着人的目的性、价值观等因素。正如著名物理学家 F.J.戴森在谈到核武器时指出的那样：技术必须具有道德感，“一项没有道德的技术失之粗野，而没有技术支持的道德感则只能流于空谈。”[①]然而，在国际竞争日趋激烈，技术已成为征服、控制、权力和金钱的象征的今天，仅靠道德吁求似乎难以从根本上解决问题。

以上第二和第三种观点具有浓厚的“人本主义”或“人道主义”色彩，它们把人当作自己理论的出发点，他们的技术观都流露出明显的悲观主义气氛。其所倡导的观点及其所做的探求不能说是无意义的，其设定的目标也是非常崇高的。然而，残酷的现实更让我们懂得，要真正实现这一崇高目标，单凭道德的呼吁、良知的感召是绝对不可能的。试想，仅凭善良意志就能禁止汽车、电脑、现代生产流水线以及名目繁多的高科技项目吗？美国人拒签《京都议定书》不正是当今最好的例证吗？可见，在现实面前，单纯的“善良意志”往往相当软弱和过于浪漫。

综观以上三种观点，它们都具有程度不同的技术决定论倾向，把技术看作一种自律的力量，即技术按自身的逻辑演进，“技术命令”支配着社会和文化的发展，技术是社会变迁的主导力量。技术决定论强调技术的价值独立性，甚至将现代技术视为一种自主地控制事物和人的抽象力量，从而忽视了人类的主体性。诚如技术哲学家埃吕尔指出的：技术是

---

① [美]F.J.戴森：《全方位的无限》，生活、读书、新知三联书店 1991 年版，第 289 页。

一个完全依赖自身的有机体。所有的东西都被转化以满足自律技术的要求。“技术成为一个实在，是自足的，有其特定规律及其自身确定性。”“技术的特点在于它拒绝温情的道德判断。技术绝不接受在道德和非道德运用之间的区分。相反，它旨在创造一种完全独立的技术道德。”[①]针对技术自主论，西方一些学者提出了批评，如舒尔曼在谈到技术自主论时就指出：“现代技术是一种自主的力量，这种感觉可以在现代技术的结构中发现自己的产生，但是它的原因却应当在人类自身中去寻找。不管怎么说，是人把自己的信赖置于技术之中，他向它投降，他崇拜它、害怕它，把它当作了神……简言之，技术的完全自主问题是一个宗教性的问题。”[②]换言之，只有人类才有自主性。如果人类把本属于自己的自主性交给了技术（实际上是交给了“资本”），人就会从根本上失去对技术的控制，这就是现代技术危机的根本原因所在。

无论是技术乐观主义还是技术悲观主义，都未能认识到技术的社会性和技术异化现象背后的社会根源。技术悲观主义用技术批判去代替对不合理的资本主义制度的批判，从而为找不到解决问题的出路而苦恼和悲观，不能给人类指出一条走向自由与解放之路。前者过于“幼稚”，相信我们生活在可能有的最好的世界中；后者则是“早熟”，担心是否真是这样。正如伏尔泰所认为的那样，这两种人都对世界无所作为——前者是因为没有什么需要做了，后者是因为没有什么能够做了，因而都是肤浅的和不得要领的。现实主义则认为他能够塑造他生活的这个世界——所以他采取行动。作为现代性批判的成果的历史唯物主义，为正确解释人类历史的发展及其规律性、科学技术与人类发展的关系，从科学技术批判的现实主义立场克服技术乐观主义的“幼稚”和技术悲观主义的“早熟”提供了理论指导。

第二节　通达现实的正确道路

马克思、恩格斯是现代性的深刻批判者，但他们并没有因此走上彻底否定现代性的道路。在他们看来，人的解放绝非一个理论（如施蒂纳的“自我意识”）过程，也非“哲学的解放”。“真正的解放”是“现实的解

① ［荷］E.舒尔曼：《科技文明与人类未来》，东方出版社1995年版，第120页。

② ［荷］E.舒尔曼：《科技文明与人类未来》，东方出版社1995年版，第372页。

放”，是一个历史实践的过程。唯心主义哲学脱离人的现实活动、撇开实践，奢谈人的解放完全是自欺欺人。只有在现实的世界中，并通过现实的手段扬弃异化劳动，人才能获得真正现实的解放。

在恩格斯看来，技术异化现象正是资本主义罪恶的外在映像。他并不是将技术仅仅作为“技术”本身来考察，而是将其置于具体的社会生产关系中去研究。他绝非仅仅停留于对工人阶级悲惨处境和不合理的社会现实的道德吁求，而是透过不合理的社会现实直指产生这种罪恶的根源，即从制度层面反思现代社会的罪恶，寻找摆脱困境的出路。人不能控制技术的根本原因在于不合理的社会制度，使技术有了盲目的不可控制的破坏性力量。要拯救地球与人类未来，其力量不是来自上帝，不是来自浪漫情调的诗与思，也不能通过放弃技术、弃圣绝智、回归洪荒，因为以工具的制造和使用为标志的物质生产劳动是人的本质性活动，人的历史就是劳动发展的历史，就是技术的历史，技术是人的创造，是人的技术，是人的存在方式。所以，取消技术就是取消劳动，就是放弃生活、放弃生存，这是根本不可能的。关键在于发展何种技术，如何利用技术。换言之，人类不是缺少技术，而是缺少发展和应用技术的智慧。

在恩格斯看来，问题在于技术的资本主义应用。要消灭种种技术异化现象，“要消灭这个不断重新产生的现代工业的矛盾，又只有消灭工业的资本主义性质才有可能。只有按照一个统一的大计划协调配置自己的生产力的社会，才能使工业在全国分别最适合于它自身的发展和其他生产要素的保持或发展”①。

马克思、恩格斯对技术、工业的社会历史作用予以高度赞赏，同时又深刻认识到资本主义时代技术的异化所导致的种种灾难，并为消除这些灾难而奋斗。在他们看来，现代性的危机和困境绝不意味着现代性所内含的关于人和社会的价值理想已无能为力，更不意味着现代性失去了进一步发展的潜力，而只是表明了人们赖以实现这一价值理想的方式和途径出了问题。为此，必须在对现代性的批判中重新设计通往未来理想社会的道路。技术的异化和这种异化的消除走的是同一条道路，资本主义异化的技术为消除技术异化的共产主义社会提供了强大的现实基础。共产主义和资本主义不是否定关系，而是递进关系，共产主义在资本主义高度发达的生产力之上建立合理的社会制度，由此为现代性的发展指

---

① 《马克思恩格斯选集》第 3 卷，人民出版社 1995 年版，第 646 页。

明方向。

在马克思、恩格斯看来，人是事情的根本，技术是人的本质力量、人的主体性的公开展示，是人的本质力量的对象化的产物，因而技术从根本上是人类实现自由的一种现实的力量。技术不是完全天然的，也非完全人为的，而是自然规律性和人的目的性的统一，因而其中所实现的应该是人自身的价值，即"在工业中向来就有那个很著名的'人和自然的统一'"①。技术具有自然属性和社会属性的双重特质，由此决定着技术发展的自主和可控的双重特性。它的发展有其自身相对独立的规律性，同时又必须接受人的选择和社会其他因素的影响。因而，马克思恩格斯的技术观不同于盲目的技术乐观主义者或盲目的技术悲观主义者，他们不是把技术看作抽象概念，也不是社会系统中的一个孤立要素，而是在历史地发展着的社会系统中的一个对人的自由与解放起核心作用的变量。技术对人的"奴役"关键不在于技术的物化，而在于不合理的社会制度下的技术异化。

马克思恩格斯的科学技术批判不同于存在主义，前者充分肯定工业和科技对人类发展的推动和解放作用，而存在主义则尖锐地批评科学技术作为工具理性的负面作用。前者对人类有一种最基本的信任，这种信任来自于人的生存的实践批判性，而不是感伤和所谓的道德正义；后者则因为人类的利己本能而对人深深地怀疑和失望，要么就在感伤和浪漫之间徘徊。前者对人类的进步怀着积极的态度、充满信心，坚信自我异化的扬弃与自我异化走的是同一条道路；后者则对人类的前途感到迷茫。在《德意志意识形态》中，马克思、恩格斯在批判费尔巴哈的历史唯心主义时指出，现实的自然界是人的活动中生成的自然界，是工业和商业活动的结果，是历史的产物，因而试图返回原始的自然界是不可能的，是过于浪漫派的。他们反对"开历史倒车"，绝无任何表明人类可以或者应该回到原始生活方式之意。在他们看来，资本主义大工业虽然带来人的异化、自然的异化，但比起自然经济的田园诗画来，无论如何是一种进步，因为唯有通过这一现实的历史发展过程，人类才可能在先进生产力基础上实现人与自然之间新的、真正的统一。正如马克思在批判资产阶级的浪漫主义时所言："留恋那种原始的丰富，是可笑的，相信必须停留

---

① 《马克思恩格斯选集》第1卷，人民出版社1995年版，第76页。

在那种完全的空虚化之中，也是可笑的。”[①]

马克思、恩格斯也不像卢德主义那样把科学技术本身当作产生非人道的根源，进而捣毁机器，破坏现代技术。他们反对把技术异化现象归因于机器本身，而是归因于资本主义社会关系。正如马克思所说：“一个毫无疑问的事实是：机器本身对于工人从生活资料中‘游离’出来是没有责任的。机器使它所占领的那个部门的产品便宜，产量增加，而且最初也没有使其他工业部门生产的生活资料的数量发生变化。因此，完全撇开产品中被非劳动者挥霍掉的巨大部分不说，在应用机器以后，社会拥有的可供被解雇的工人用的生活资料同以前一样多，或者更多。而这正是经济学辩护论的主要点……矛盾和对抗不是从机器本身产生的，而是从机器的资本主义应用产生的！因为机器就其本身来说缩短劳动时间，而它的资本主义应用延长工作日；因为机器本身减轻劳动，而它的资本主义应用提高劳动强度；因为机器本身是人对自然力的胜利，而它的资本主义应用使人受自然力奴役；因为机器本身增加生产者的财富，而它的资本主义应用使生产者变成需要救济的贫民。”[②]

马克思、恩格斯是乐观的现实主义者。他们既承认技术异化存在的现实性，又强调人建构合理的社会制度的主体性与能动性。在他们看来，技术的异化、人的异化并不是历史的宿命，人类有能力、有信心与之斗争，并最终消灭戕害人类的各种异化。为此，必须具备两个条件：

第一，先进的生产力。他们把技术看作人的生成——人的异化——异化的扬弃——人的自由自觉的活动这一整个过程中的关键要素。他们不但不把技术看作奴役人的桎梏，反倒认为是人类解放的武器，是实现理想社会的现实条件。正如马克思、恩格斯在《德意志意识形态》中所指出的那样，异化的消除必然具备两个前提条件：一个是资本主义社会绝大多数穷人与富人的对抗性矛盾发展到极端尖锐化；另一个是人们之间的普遍交往的建立，从而促成人的世界历史性存在。而这些条件都是以生产力的巨大增长和高度发展为前提的。他们从历史唯物主义的高度阐明了无产阶级解放的真实含义，指出无产阶级的彻底解放不可能是别的，只有在现实世界中并通过现实的手段加以实现。“只有在现实的世界中并使用现实的手段才能实现真正的解放；没有蒸汽机和珍妮走锭

---

① 《马克思恩格斯文集》第 8 卷，人民出版社 2009 年版，第 56 页。

② 《马克思恩格斯全集》第 44 卷，人民出版社 2001 年版，第 508 页。

精纺机就不能消灭奴隶制；没有改良的农业就不能消灭农奴制；当人们还不能使自己的吃喝住穿在质和量方面得到充分保证的时候，人们就根本不能获得解放。‘解放’是一种历史活动，不是思想活动，‘解放’是由历史的关系，是由工业状况、商业状况、农业状况、交往状况促成的。”①只有随着资本主义大工业的产生和发展，才能产生消灭私有制的条件。“在大工业中，生产工具和私有制之间的矛盾才是大工业的产物，这种矛盾只有在大工业高度发达的情况下才会产生。因此，只有随着大工业的发展才有可能消灭私有制。”②只有生产高度发展了，人才能全面地发展和发挥自己的全部才能与力量。

第二，先进的生产关系。恩格斯指出，要真正解决人与自然之间的矛盾、协调人与自然的关系，仅仅靠人类认识的不断完善是不够的，还必须致力于消灭私有制，建立合理的社会制度与社会关系。因而，要实行这种调节，仅仅有认识是不够的。为此，需要对我们的到目前为止的生产方式，以及与这种生产方式一起对我们现今的整个社会制度实行完全的变革。③

通过合理的社会制度的建立，实现人在社会关系上的第二次提升，消除技术的资本主义应用，从而完善对自然力的统治，让伟大的社会革命支配资产阶级时代的技术成果，支配世界市场和现代生产力，让技术服务于全人类的共同利益，最终实现人类的自由和彻底解放。在《共产主义者和卡尔·海因岑》一文中，恩格斯针对海因岑对共产主义的攻击，强调指出作为必要前提的技术对于共产主义运动的根本意义："海因岑先生异想天开地认为，共产主义是一种从一定的理论原则即自己的核心出发并由此得出进一步的结论的教义。海因岑先生大错特错了。共产主义不是教义，而是运动。它不是从原则出发，而是从事实出发。共产主义者不是把某种哲学作为前提，而是把迄今为止的全部历史，特别是这一历史目前在文明各国造成的实际结果作为前提。共产主义的产生是由于大工业以及由大工业带来的后果，是由于世界市场的形成，是由于随之而来的不可遏止的竞争，是由于目前已经完全成为世界市场危机的那种日趋严重和日益普遍的商业危机，是由于无产阶级的形成和资本

① 《马克思恩格斯文集》第1卷，人民出版社2009年版，第527页。

② 《马克思恩格斯文集》第1卷，人民出版社2009年版，第556页。

③ 《马克思恩格斯选集》第4卷，人民出版社1995年版，第385页。

的积聚，是由于由此产生的无产阶级和资产阶级之间的阶级斗争。共产主义作为理论，是无产阶级立场在这种斗争中的理论表现，是无产阶级解放的条件的理论概括。”[①]

按照生产力决定生产关系的基本观点，私有制是在生产力发展到一定阶段的产物，同样它也只有在大工业生产充分发展的条件下才能被消灭。资本主义社会生产力和生产关系矛盾运动的客观必然性也为消灭私有制、解决各种社会问题（即社会革命）创造了必不可少的现实条件。换言之，社会革命不再是理论上的要求，而是客观发展的必然，为社会主义改造创造物质基础。所以，恩格斯指出，生产力的发展是消灭剥削和阶级差别的根本途径，“关键就在这里。人的劳动生产力既然已发展到这样高的水平，统治阶级存在的任何借口便都被打破了”[②]。

自由应包括外在的自由和内在的自由。没有外在的自由，就谈不上内在的自由，即没有科学技术和生产力的发展所带来的物质条件，内在的自由、理想的社会是不可能的。只有通过生产力的发展，才能缩短社会必要劳动时间，而工作日的缩短又是增加闲暇时间的根本条件。为此，必须以先进技术作为前提；否则，像原始人类那样地去生产，工作日的缩短是不可能的。只有在生产力高度发达的条件下，以每个人的全面发展为目的的真正的自由王国才能繁荣起来。“最初的、从动物界分离出来的人，在一切本质方面是和动物本身一样不自由的；但是文化上的每一个进步，都是迈向自由的一步。在人类历史的初期，发现了从机械运动到热的转化，即摩擦生火；在到目前为止的发展的末期，发现了从热到机械运动的转化，即蒸汽机。而尽管蒸汽机在社会领域中实现了巨大的解放性的变革——这一变革还没有完成一半——但是毫无疑问，就世界性的解放作用而言，摩擦生火还是超过了蒸汽机，因为摩擦生火第一次使人支配了一种自然力，从而最终把人同动物界分开。蒸汽机永远不能在人类的发展中引起如此巨大的飞跃，尽管在我们看来，蒸汽机确实是所有那些以它为依靠的巨大生产力的代表，唯有借助于这些生产力，才有可能实现这样一种社会状态，在这里不再有任何阶级差别，不再有任何对个人生活资料的忧虑，并且第一次能够谈到真正的人的自由，谈

① 《马克思恩格斯文集》第 1 卷，人民出版社 2009 年版，第 671 页。
② 《马克思恩格斯文集》第 3 卷，人民出版社 2009 年版，第 258 页。

到那种同已被认识的自然规律和谐一致的生活。”①这里的“这一变革还没有完成一半”意味着工业和技术还有待充分发展，从而为消灭私有制创造条件。对此，马克思、恩格斯在《德意志意识形态》中深刻地指出：“在大工业中，生产工具和私有制之间的矛盾才是大工业的产物，这种矛盾只有在大工业高度发达的情况下才会产生。因此，只有随着大工业的发展才有可能消灭私有制。”②而为人类实现第二次提升，获得自由与解放的另一个必要条件在于合理的社会制度的建立。作为人类消除异化，走向自由、解放的动力与关键，高度发达的技术为扬弃异化，为每个个人的全面发展创造了现实的前提、现实的生产力；而合理的社会制度的建立又消除了技术异化的社会根源，为技术的快速、健康发展提供了先进的生产关系和制度保障。这是共产主义运动过程密不可分的两个方面。

为此，合理的社会制度的建立才是唯一现实的道路，这就是马克思、恩格斯所指出的道路。

然而，在社会主义国家，从根本上消灭了不合理的社会制度，建立了合作、平等的人际关系，生产的目的是为了满足全体人民的物质、文化、环境生活需要，为什么还存在环境危机等一系列的问题呢？这是由多方面的原因造成的：第一，社会主义国家还尚未达到物质财富的极大丰富，因而解决贫困、落后及现实的物资生存需要是其首要任务。第二，建立于物质条件相对较差的基础之上的社会主义国家，为了摆脱资本主义国家的威胁并希望赶上和超过资本主义，往往比资本主义更加疯狂地开发和利用自然资源来发展经济，结果造成严重的生态问题。这意味着，在只有一个地球的前提下，即使是社会主义国家也不能超然于这场国际性的政治、经济、技术的无序竞争，免受“囚徒困境”的磨难。第三，企业体制的不合理性依然存在。各企业的自身利益与国家利益还存在着不协调，企业和当地政府为了自身经济利益往往忽视具有公共性的环境。第四，大众的文化水平相对偏低，环境保护意识淡薄以及对人与自然的辩证关系没有充分的认识。这些都是造成社会主义国家仍然存在环境问题的重要原因。但是，这些问题在性质上已根本不同于资本主义的环境问题，它只是由局部的而非阶级对抗性的矛盾所引起的，因而能够在发展中不断得到合理解决。当然，技术异化的根本解决有赖于在全球范围

① 《马克思恩格斯文集》第9卷，人民出版社2009年版，第120页。

② 《马克思恩格斯文集》第1卷，人民出版社2009年版，第556页。

内建立合理的政治、经济制度，即未来的共产主义，最终实现人与自然界之间、人与人之间的矛盾的真正解决。

第三节　超越资本主义现代性

恩格斯认为，资本主义社会技术之所以会异化，原因在于资本家应用技术的直接目的是为了获得更大的利润，为此，资本家相互之间必然产生残酷的竞争。在当代日趋激烈的国际竞争中，技术已成为决定一个国家生死存亡和国与国关系的核心力量，各国都力求凭借先进的技术在政治、经济、军事、外交等全方位交往中占据优势地位。发达国家力求保持自己的技术领先地位，以保证自己在国际事务中的主导权，发展中国家则致力于在技术领域赶上或超过发达国家，以摆脱受制于发达国家的不利地位。于是，出现了一场任何个人和任何单一国家都难以抗拒的、无序化的全球性技术竞争(军备竞赛是其中典型的案例)。这种以征服、统治为特征的技术滥用和误用不仅导致自然环境的破坏，而且导致精神文明的衰落、人类心灵的毒化。试想，从奢侈品和战争物资的大量生产到严重的生态危机，凡此种种不都是与几个世纪以来的现代技术相伴而生的吗？这是每一个理性国家、理性人都不愿看到的非理性结果。在技术渗透一切的今天，这是我们所面对的又一“囚徒困境”。对此，当代思想家 E.拉兹洛深刻地指出：“无论穷国富国，绝不会独树一帜地将武器熔化了铸成犁头——这等于熔刀剑铸铁锹，为自己掘坟墓。”①

应当看到，只要各个国家、团体仅仅从自身的利益出发，当代的环境治理就不可能达到目标。正如恩格斯在考察了当时的资本主义社会以后所指出的那样：“在这里，预定的目的和达到的结果之间还总是存在着极大的出入。未能预见的作用占据优势，未能控制的力量比有计划运用的力量强大得多……也就是今天的社会生产，还被未能控制的力量的意外的作用所左右，而人所期望的目的只是作为例外才能实现，而且往往适得其反，那么情况就不能不是这样。”②

在科学技术高度发达的今天，技术手段使人与人的交流更为便捷，然而人与人之间的情感距离似乎越来越远。正如 E.拉兹洛所言：“技术使人

---

① ［美］E.拉兹洛：《人类的内在限度》，社会科学文献出版社 2004 年版，第 40 页。

② 《马克思恩格斯文集》第 9 卷，人民出版社 2009 年版，第 422 页。

们的日常生活自动化了，减少了人与人的直接接触，最终引起人性的丧失和异化。技术使遥远的权力中心得以监视人民，控制他们的动向和自我表现；因此正是技术本身促成了把技术用于限制人的自由……这种情况使人……相互间没有感情，难以分辨事情的轻重，没有责任意识，因而也就失去了健康成长的人的本质。”①而摆脱这一困境，让技术造福于全人类，正是技术得以产生和发展的真实目标，也是理论批判家们的旨归。

马克思恩格斯对现代性的批判与反思是辩证的。他们在深刻批判资本主义现代性的种种弊端的同时，又不把这些弊端完全归罪于现代性本身，更不希望人类放弃对现代性目标的追求，而是要对现代性的悖论加以解构。对他们而言，批判资本主义不是目的，而只是一种手段，目的在于建构一个“新世界”。正是在这种意义上，伯曼把马克思、恩格斯的充满批判精神的《共产党宣言》称作“一部伟大的现代主义作品”。

在《反杜林论》中，恩格斯指出：“当社会成为全部生产资料的主人，可以在社会范围内有计划地利用这些生产资料的时候，社会就消灭了迄今为止的人自己的生产资料对人的奴役。不言而喻，要不是每一个人都得到解放，社会也不能得到解放。因此，旧的生产方式必须彻底变革，特别是旧的分工必须消灭。代之而起的应该是这样的生产组织：在这个组织中，一方面，任何个人都不能把自己在生产劳动这个人类生存的自然条件中所应参加的部分推到别人身上；另一方面，生产劳动给每一个人提供全面发展和表现自己全部的即体力和脑力的能力的机会，这样，生产劳动就不再是奴役人的手段，而成了解放人的手段，因此，生产劳动就从一种负担变成一种快乐。”②

1887 年，恩格斯在《英国北方社会主义联盟纲领的修正》中指出：“我们的目的是要建立社会主义制度，这种制度将给所有的人提供健康而有益的工作，给所有的人提供充裕的物质生活和闲暇时间，给所有的人提供真正的充分的自由。请所有的人在这个伟大的事业中给予社会主义联盟以协助。赞同者应该承认他们彼此之间以及他们同所有的人之间的关系的基础是真理、正义和道德。”③

资本主义的罪恶不在于生产财富的多少，而在于社会的不公，因为

---

① ［美］E.拉兹洛：《人类的内在限度》，社会科学文献出版社 2004 年版，第 220 页。

② 《马克思恩格斯文集》第 9 卷，人民出版社 2009 年版，第 310 页。

③ 《马克思恩格斯全集》第 21 卷，人民出版社 1972 年版，第 570 页。

它是按资本的原则来实现的，对无产阶级而言，只具有形式上的意义。要实现真正意义上的自由、民主、平等，必须消灭生产资料的资本主义私有制。正如恩格斯在《反杜林论》中深刻指出的："平等的观念，无论以资产阶级的形式出现，还是以无产阶级的形式出现，本身都是一种历史的产物，这一观念的形成，需要一定的历史条件，而这种历史条件本身又以长期的以往的历史为前提。所以，这样的平等观念说它是什么都行，就不能说它是永恒的真理。"①"要消灭这个不断重新产生的现代工业的矛盾，又只有消灭现代工业的资本主义性质才有可能。只有按照一个统一的大的计划协调地配置自己的生产力的社会，才能使工业在全国分布得最适合于它自身的发展和其他生产要素的保持或发展。"②

根据历史唯物主义的基本观点，共产主义与资本主义不是否定关系，而是递进关系，是前者对后者积极的扬弃，即继承资本主义高度发达的技术和生产力，根本否定其不合理的社会制度，否定资本的逻辑，把高度发达的技术从资本主义制度的控制下解放出来，使其置于合理的社会制度之下，才能使其最大限度地造福于全人类。这正是马克思、恩格斯所说的"现代社会主义""现代共产主义"的真实内涵。正如恩格斯所说："现代社会主义，就其内容来说，首先是对现代社会中普遍存在的有财产者和无财产者之间、资本家和雇佣工人之间的阶级对立以及生产中普遍存在的无政府状态这两个方面进行考察的结果……从今以后，迷信、非正义、特权和压迫，必将为永恒的真理、永恒的正义、基于自然的平等和不可剥夺的人权所取代。"③

对于这样一个未来的理想社会所带来的全面解放，恩格斯在《反杜林论》中充满激情地憧憬道："一旦社会占有了生产资料，商品生产就将被消除，而产品对生产者的统治也将随之消除。社会生产内部的无政府状态将为有计划的自觉的组织所代替。个体生存斗争停止了。于是，人在一定意义上才最终地脱离了动物界，从动物的生存条件进入真正人的生存条件。人们周围的、至今统治着人们的生活条件，现在受人们的支配和控制，人们第一次成为自然界的自觉的和真正的主人，因为他们已经成为自身的社会结合的主人了。人们自己的社会行动的规律，这些一

① 《马克思恩格斯文集》第 9 卷，人民出版社 2009 年版，第 113 页。

② 《马克思恩格斯选集》第 3 卷，人民出版社 1995 年版，第 646 页。

③ 《马克思恩格斯文集》第 3 卷，人民出版社 2009 年版，第 524 页。

直作为异己的、支配着人们的自然规律而同人们相对立的规律，那时就将被人们熟练地运用，因而将听从人们的支配。人们自身的社会结合一直是作为自然界和历史强加于他们的东西而同他们相对立的，现在则变成他们自己的自由行动了。至今一直统治着历史的客观的异己的力量，现在处于人们自己的控制之下了。只是从这时起，人们才完全自觉地自己创造自己的历史；只是从这时起，由人们使之起作用的社会原因才大部分并且越来越多地达到他们所预期的结果。这是人类从必然王国进入自由王国的飞跃。"①

自由与解放不是抽象的范畴，通过两个方面表现出来，其一是人与自然的关系，其二是人与社会的关系。在马克思、恩格斯看来，人是自然界的有机部分，自然界是人的无机的身体，人与自然界的联系就是自然界与自身的联系。因而，人是目的就等于自然是目的，人的解放就是自然的解放。

只有共产主义才能为社会的持续发展提供社会制度保障，才能真正消除人与人、人与自然之间矛盾的对抗，"使人们能够建立这样一种社会制度，在这种社会制度下，一切生活必需品都将生产得很多，使每一个社会成员都能够完全自由地发展和发挥他的全部力量和才能。"②"代替那存在着阶级和阶级对立的资产阶级旧社会的，将是这样一个联合体，在那里，每个人的自由发展是一切人的自由发展的条件"③。

"只有一种能够有计划地生产和分配的自觉的社会生产组织，才能在社会关系方面把人从其余的动物中提升出来，正像一般生产曾经在物种关系方面把人从其余的动物中提升出来一样。历史的发展使这种社会生产组织日益成为必要，也日益成为可能。一个新的历史时期将从这种社会生产组织开始，在这个新的历史时期中，人们自身以及他们的活动的一切方面，包括自然科学在内，都将突飞猛进，使以往的一切都大大地相形见绌。"④恩格斯在对资本主义发展和空想社会主义做出深入批判分析的基础上指出："当社会成为全部生产资料的主人，可以在社会范围内有计划地利用这些生产资料的时候，社会就消灭了迄今为止的人自己

---

① 《马克思恩格斯选集》第 3 卷，人民出版社 1995 年版，第 633～634 页。

② 《马克思恩格斯文集》第 1 卷，人民出版社 2009 年版，第 683 页。

③ 《马克思恩格斯文集》第 10 卷，人民出版社 2009 年版，第 666 页。

④ 《马克思恩格斯文集》第 9 卷，人民出版社 2009 年版，第 422 页。

的生产资料对人的奴役。不言而喻，要不是每一个人都得到解放，社会也不能得到解放。因此，旧的生产方式必须彻底变革，特别是旧的分工必须消灭。代替它们的应该是这样的生产组织：在这样的组织中，一方面，任何个人都不能把自己在生产劳动这个人类生存的必要条件中所应承担的部分推给别人；另一方面，生产劳动给每一个人提供全面发展和表现自己的全部能力即体能和智能的机会，这样，生产劳动就不再是奴役人的手段，而成了解放人的手段，因此，生产劳动就从一种负担变成一种快乐。"①

只有到那时，人类才能真正成为社会的主人和自然界的主人，实现人与人、人与自然、人与自身的和谐发展，真正实现自然主义和人道主义的统一。诚如马克思所指出的："共产主义是私有财产即人的自我异化的积极的扬弃，因而是通过人并且为了人而对人的本质的真正占有；因此，它是人向自身、向社会的即合乎人性的人的复归，这种复归是完全的、自觉的和在以往发展的全部财富的范围内生成的。这种共产主义，作为完成了的自然主义＝人道主义，而作为完成了的人道主义＝自然主义，它是人和自然界之间、人和人之间的矛盾的真正解决，是存在和本质、对象化和自我确证、自由和必然、个体和类之间的斗争的真正解决。它是历史之谜的解答，而且知道自己就是这种解答。"②1894 年，恩格斯在给卡内帕关于《新纪元》创刊号的信中说："我打算从马克思的著作中给您找出一则您所期望的题词。我认为，马克思是当代唯一能够和那位伟大的佛罗伦萨人相提并论的社会主义者。但是，除了《共产主义宣言》中的下面这句话(《社会评论》杂志社出版的意大利文版，第 35 页)，我再也找不出合适的了：'代替那存在着阶级和阶级对立的资产阶级旧社会的，将是这样一个联合体，在那里，每个人的自由发展是一切人的自由发展的条件'。"③在此，明确展示了恩格斯现代性批判的崇高目标，即超越资本主义现代性，实现人类的自由与解放。

在科学技术高歌猛进的近代，人们关注更多的是技术对人类的积极的、正面的推动作用，而其消极影响尚未得到社会的广泛认识与反思，因而始终未能形成一种有影响力的社会思潮。只有到了 20 世纪，面对两

---

① 《马克思恩格斯文集》第 9 卷，人民出版社 2009 年版，第 310 页。

② 《马克思恩格斯全集》第 3 卷，人民出版 2002 年版，第 297 页。

③ 《马克思恩格斯文集》第 10 卷，人民出版社 2009 年版，第 666 页。

次世界大战给人类带来的空前灾难、核武器的竞争、环境污染等一系列全球性问题的产生，致使对技术的消极、悲观的看法活跃起来。技术悲观论者把技术看作威胁人类及其自由的一种自主的、强大的非人性力量。他们的注意力大多集中于由技术和纯粹机械式的工作所导致的知识贫乏、灵魂空虚、人的个性与自由逐渐丧失的现实。由于技术悲观主义者把人的自由放在高于一切的位置，并且把这一点绝对化，对技术采取激烈的批判态度也就是他们的必然选择了。在海德格尔看来，作为“座架”的技术对人和自然万物都采取“逼迫”和“强制”，严重摧残了人类生存的自然根基和家园，把人类从地球上连根拔起，致使人类处于无家可归的状态，这种生存论危机是当代人类面临的生命攸关的根本性灾难。他的分析可谓深刻而透彻，发人深省。然而，这种站在科学技术的对立面的批判缺乏具体的、历史的分析，看不到克服对立的前景。带着悲观、感伤回归田园牧歌式的“原初状态”的企图是不现实的。

当代中国建构社会主义“新现代性”的过程中，问题不在于要不要技术，而在于要什么样的技术，如何实现对技术的伦理规范和约束。诚如爱因斯坦于 1933 年对加利福尼亚理工学院大学生的一次讲话中所说：“关心人的本身，应当始终成为一切技术上奋斗的主要目标；关心怎样组织人的劳动和产品分配这样一些尚未解决的重大问题，用以保证我们的科学思想的成果会造福于人类，而不致成为祸害。在你们埋头图表和方程时，千万不要忘记这一点。”[①]这同样是对全人类的忠告。

作为现代化进程中的中国，我们所面临的生态保护、价值重建等重大问题都必须立足于对科学技术和资本关系的深刻认识。因而，这既是一个重大理论问题，又是一个具有深远意义的现实问题。我们应当利用资本逻辑来发展现代性，“利用资本本身来消灭资本”，逐步超越资本逻辑对于现代性逻辑的控制，实现社会对资本的自觉支配，从而超越资本主义现代性，推进人与社会的全面发展。而“社会主义市场经济”即“社会＋主义＋资本”＝“社会主义市场经济”，就是对“资本主义社会”的重组，不是把资本当作唯一的和最高的原则，而是把全社会的共同利益放在第一位去约束和驾驭资本的逻辑，使资本服从全社会的根本利益，服务于人的生存与发展，从而使其在不造成社会性公害的前提下，最大限度地发挥其推动社会发展的积极作用。

---

① 《爱因斯坦文集》第 3 卷，商务印书馆 1979 年版，第 73 页。

附　录

恩格斯技术哲学思想论纲

实践的观点是马克思主义首要的、基本的观点，物质生产劳动乃人类改造世界和认识世界最基本的实践活动，是整个感性世界最深刻的基础。人们的思想、观念、意识都是人们的物质活动的产物。因而，物质生产劳动是破解人类的生存之谜、考察人类历史发展的关键。马克思、恩格斯正是以劳动和劳动的人为研究核心，从劳动发展史中找到了理解全部社会史的锁钥。

在恩格斯看来，人与其他动物的本质区别，不在于"人是理性的动物""人是宗教的动物""人是会制造工具的动物""人是符号的动物"或别的什么，而是物质生产实践活动。"可以根据意识、宗教或随便别的什么来区别人和动物。一当人们开始生产自己的生活资料的时候，这一步是由他们的肉体组织所决定的，人本身就开始把自己和动物区别开来。"[①]马克思将物质生产资料的生产活动称为"一切人类生存的第一个前提""历史的第一个前提""第一个历史活动"。恩格斯认为，人的肌体、语言、文化活动都是在此基础上得以产生和发展的，以至于他在《劳动在从猿到人转化过程中的作用》这一经典文献中精辟地指出：物质生产劳动"是一切人类生活的第一个基本条件，而且达到这样的程度，以致我们在某种意义上不得不说：劳动创造了人本身"[②]。关于这个起着关键性作用的"劳动"，恩格斯进一步指出，真正的人的劳动"是从制造工具开始的"，工具是人类自我确证的标志，人类的发展也是随着劳动的发展而发展的。

---

① 《马克思恩格斯选集》第 1 卷，人民出版社 1995 年版，第 67 页。

② 《马克思恩格斯选集》第 4 卷，人民出版社 1995 年版，第 373 页。

换言之，在恩格斯看来，技术性的劳动、技术或工业的发展是理解人类之谜的核心和关键，是一本打开了的人类本质力量的“书本”。基于历史唯物主义的这一基本观点，恩格斯科学技术哲学思想鲜明地贯彻着这样一条主线：从事物质生产活动（技术活动）的人→（人化自然、科学、技术与社会）→技术（劳动）异化→技术（劳动）异化的扬弃→人类的自由和解放。《劳动在从猿到人转化过程中的作用》一文深刻地体现着恩格斯从生存论出发，对于马克思主义的自然观、技术观与历史观的科学阐发。在这个总体框架中，科学作为人类技术活动的派生物而出现，其产生和发展的动因、有效性、真理性等问题都只有在这个实践活动中才能得到合理的解决（事实上，胡塞尔、海德格尔、后期维特根斯坦哲学都持有类似观点）。按照这一全新的思路，与对恩格斯自然辩证法体系的传统理解不同，我们从以下 6 个密切相关的部分，系统建构了恩格斯技术哲学思想的基本框架。

一、实践的观点

实践的观点是马克思恩格斯所创立的历史（实践）唯物主义的首要的和基本的观点。英国学者乔治·莱尔因认为：“实践概念是历史唯物主义的中心范畴；它构成了人类和自然、社会和物质、主体与结构、意识和现实的对立与统一。”[①]在实践活动的诸多形式中，以制造和使用工具的技术活动为核心的物质生产劳动乃人类改造世界和认识世界最基本的实践活动，是人类其他一切活动以及人类社会发展最根本的前提和基础，因而具有本体论地位。在恩格斯看来，劳动不仅是人与动物的本质区别，而且在某种意义上说，正是“劳动创造了人”，劳动既是人的本质生成的起点，也是人的本质展开的基础。“一句话，动物仅仅利用外部自然界，单纯地以自己的存在来使自然界改变；而人则通过他所做出的改变来使自然界为自己的目的服务，来支配自然界。这便是人同其他动物的最后的本质的区别，而造成这一区别的还是劳动。”[②]恩格斯在《劳动在从猿到人转化过程中的作用》等论著中所阐发的以劳动为社会存在本体论的基石的观点曾受到晚年卢卡奇的赞赏。卢卡奇一再重申恩格斯“劳动创造了人本身”的观点，并强调指出：“把劳动置于人的形成过程的中心，

① ［英］乔治·莱尔因：《重构历史唯物主义》，中国社会科学出版社 1991 年版，第 111 页。
② 《马克思恩格斯全集》第 20 卷，人民出版社 1971 年版，第 518 页。

这是恩格斯的功绩。恩格斯还考察了劳动在从动物到人的这种飞跃中所起的新作用的生物学前提。恩格斯从手的生活功能在猿类那里就已发生的分化中发现了这些前提。"[1]

二、技术论

技术是人在世的方式,是人类生存和发展的核心要素。"真正的劳动是从制造工具开始的"。换言之,只有带有目的性的技术性劳动才是真正的劳动。因而,在恩格斯那里,劳动、技术和工业往往是互用的。人类的发展史就是一部人与技术互动的历史。一方面,人创造了技术,技术也创造了人,人类的发展正是一个由主要依靠自然物而生存向以技术生存为主的过程;另一方面,技术或工业是人的目的性与自然规律性的统一,是人的本质力量打开了的"书本",其中包括恩格斯的技术建构论、技术价值论思想、技术与社会(政治、经济等社会因素)互动观点等。然而,在作为实践活动的基本形式的物质生产活动中,最核心的要素是什么呢?无疑,只有工业(技术)能担当此重任。事实上,技术化已然成为人类生存的手段和人类生产力发展水平的指示器。人生存于技术化之中且通过技术而生存。技术的真正意义不在于它作为通向世界的工具和桥梁,而在于它本身从存在论意义上构造了人、现实的自然、社会的内在因素。每一种新技术的引入都要求在人与人、人与自然之间建立一种新型的关系。每一种新的技术都为人类打开通向新型感知和活动的大门,创造出一种新的社会环境,并导致人的观念发生结构性的变化。人有什么样的技术,就有什么样的生产资料、生产方式和生活世界。正是在这种意义上,我们才能够理解人类对于以电子信息技术、生命技术等为标识的现代技术所表现出的前所未有的价值关切与忧虑。它们根本不同于人类先前已有的技术形态,因而将对我们产生难以预料的根本性影响。我们正是以此为根据把人类划分为旧石器时代、新石器时代、青铜器时代、铁器时代、蒸汽时代、电气时代、信息化时代。也正是在这个意义上,马克思认为当时的德国是一个"具有微不足道的历史发展"或"历史发展不足"的国家。因为在马克思、恩格斯看来,工业的历史才是真正的人类史。他们始终把人类的历史与工业和交换的历史密切联系起来进行研究和探讨。正如马克思在《1844 年经济学哲学手稿》中特别

---

① [匈]卢卡奇:《关于社会存在的本体论》(下),重庆出版社 1993 年版,第 5 页。

强调指出的那样："工业的历史和工业的已经生成的对象性的存在，是一本打开了的关于人的本质力量的书，是感性地摆在我们面前的人的心理学……因为全部人的活动迄今为止都是劳动，也就是工业……然而，自然科学却通过工业日益在实践上进入人的生活，改造人的生活，并为人的解放做准备，尽管它不得不直接地使非人化充分发展。工业是自然界对人，因而也是自然科学对人的现实的历史关系。因此，如果把工业看成人的本质力量的公开的展示，那么自然界的人的本质，或者人的自然的本质，也就可以理解了……在人类历史中即在人类社会的形成过程中生成的自然界，是人的现实的自然界；因此，通过工业——尽管以异化的形式——形成的自然界，是真正的、人本学的自然界。"①由此凸显着工业（技术）活动在历史唯物主义中的核心地位。换言之，技术与技术进步是理解人类存在方式的钥匙。

三、历史的自然与自然的历史

恩格斯认为，人类改造自然的物质生产活动是人不断自然化和自然不断人化的双向过程。离开人的生产活动而存在的自然界对人来说是非现实的自然界。只有在实践活动中，通过工业、技术活动形成的自然界才是人的现实的自然界和真正的人类学的自然界。人正是在其本质性活动——技术性活动中进化和发展的。正如他在批判杜林的唯心主义观点时所说："如果完全自然主义地把'意识''思维'当作某种现成的东西，当作一开始就和存在、自然相对立的东西，那么结果总是如此。如果这样，那么意识和自然、思维和存在、思维规律和自然规律如此密切地相适应就非常奇怪了。可是，如果进一步问：究竟什么是思维和意识，它们是从哪里来的，那么就会发现，它们都是人脑的产物，而人本身是自然界的产物，是在自己所处的环境中并且和这个环境一起发展起来的；这里不言而喻，归根到底也是自然界产物的人脑的产物，并不同自然界的其他联系相矛盾，而是相适应的。"②

在谈到自然科学忽视人、自然主义与唯心主义的极端化错误时，恩格斯类似地指出："自然科学和哲学一样，直到今天还完全忽视了人的活动对他的思维的影响；它们一个只知道自然界，另一个又只知道思想。

---

① 《马克思恩格斯文集》第1卷，人民出版社2009年版，第193页。

② 《马克思恩格斯文集》第9卷，人民出版社2009年版，第38页。

但是,人的思维的最本质和最切近的基础,正是人所引起的自然界的变化,而不单独是自然界本身;人的智力是按照人如何学会改变自然界而发展的。因此,自然主义的历史观(例如,德莱柏和其他一些自然科学家都或多或少有这种见解)是片面的,它认为只是自然界作用于人,只是自然条件到处在决定人的历史发展,它忘记了人也反作用于自然界,改变自然界,为自己创造新的生存条件。日耳曼民族移入时期的德意志"自然界",现在只剩下很少很少了。地球的表面、气候、植物界、动物界以及人类本身都不断地变化,而且这一切都是由于人的活动,可是德意志自然界在这个时期中没有人的干预而发生的变化,实在是微乎其微的。"①进而,恩格斯特别强调了自然界的普遍联系和"相互作用"的观点对于考察问题的重要性,"相互作用是事物的真正的终极原因。我们不能比对这种相互作用的认识追溯得更远了,因为在这之后没有什么要认识的东西了"②。在此,恩格斯关于人与自然一体,且相互作用、共同进化的思想明确地展示出来。少数西方学者曾批评恩格斯的"自然"概念否定人的主体性和能动性,是与人相孤立的"物质自然主义",是对马克思观点的背离。早年卢卡奇对恩格斯的自然观和自然辩证法曾多有诟病,而晚年的他则对此做了深刻的反思与自我批评。

四、实践论科学观(或历史唯物主义科学观)

在马克思、恩格斯看来,资本主义生产是近代科学发生和发展最基本的动力,科学只有从感性意识和感性需要出发,只有从自然界出发,才是现实的科学。在批判费尔巴哈的历史唯心主义时,他们尖锐地指出,费尔巴哈没有看到人的实践、工业和商业活动对自然科学的巨大推动作用,而没有工业和商业,就不可能有科学。恩格斯通过对科学史的深入考察,阐明了科学与技术互动的基本观点。他明确指出,在近代科学的快速发展过程中,尽管生产、技术在很大程度上依赖于科学,科学却在更大的程度上依赖于生产和技术的状况与需要,资本主义工业生产第一次在相当大的程度上为自然科学创造了进行研究、观察、实验的物质手段,因而科学应归功于生产的事更多、更根本。关于科学认识的真理性问题,马克思认为,这不是一个理性问题,而是一个实践问题。社会生活本

---

① 《马克思恩格斯选集》第4卷,人民出版社1995年版,第329~330页。

② 《马克思恩格斯文集》第9卷,人民出版社2009年版,第482页。

质上是实践的，凡是把理论导致神秘主义的神秘的东西，都能在人的实践中以及对这个实践的理解中得到合理的解决。恩格斯针对不可知论的错误明确指出，实践特别是实验和工业是反驳不可知论的有力武器，是检验认识的真理性的唯一标准。立足于历史唯物主义的基本观点，恩格斯对科学的起源、科学的真理性、数学的有效性根源、科学建构论思想、科学发展的动力及其发展规律性等科学哲学的重要问题做出深入、系统的科学阐述。

五、现代性批判的双重维度

在恩格斯看来，资本与现代科学技术是资本主义社会中两个相互关联、密不可分的孪生子，因而对资本的批判和对现代科学技术的批判就成了恩格斯现代性批判的双重维度。幼时的恩格斯就对家乡巴门市工人阶级的悲惨遭遇耳闻目睹，青年时代的他在赞赏技术(工业)的革命性作用的同时，就已开始对资本主义和技术异化进行深入批判，基于对伍珀河谷、不来梅以及曼彻斯特等地的技术(工业)的资本主义应用所导致的环境恶化、工人阶级的贫困以及各种尖锐的社会矛盾进行深切的体察、认真的思考和追问，并在《伍珀河谷来信》以后发表的《英国工人阶级状况》等早期著作中对资产阶级的伪善、工人阶级的非人生活做了翔实的描述。但对于当时历史唯物主义世界观尚在形成中的恩格斯而言，似乎更多的是出于对工人阶级的同情和道德吁求，以及对相关现实问题的困惑。但这些对于青年恩格斯哲学思想的转变和历史唯物主义世界观的形成有着巨大的推动作用。1844 年 8 月《英国工人阶级状况》的发表标志着恩格斯沿着另一条道路得出了与马克思同样的结果——历史唯物主义的基本观点。此后，马克思、恩格斯对于资本主义的透彻剖析与批判、资本主义社会技术的异化、异化的消除以及人类解放等问题的认识才走上了正确的道路。他们立足于历史唯物主义的基本原理，深刻阐明了技术异化的内在根源在于技术的自然属性(自然规律性)和人的认识的有限性，技术异化的外在根源在于不合理的社会制度，为最大限度地克服技术异化指明了正确的道路。

六、技术与人类解放

彻底变革不合理的社会制度，让技术服务于人类的自由和解放事业，是恩格斯终生追求的崇高目标。基于历史唯物主义的深刻分析，恩格斯指出，资本主义不是永恒的，它有自己的历史前提，也有自己的历史限度。资本主义与社会主义（或共产主义）不是否定性关系，而是递进关系。对于资本主义大工业所导致的种种灾难，仅仅依靠痛苦经验的长期积累，以及“对历史材料的比较和分析”达到认识水平的提高，从而去支配和调节人类改造自然的不良后果（技术负效应）是不够的，“这还需要对我们现有的生产方式，以及和这种生产方式连在一起的我们今天的整个社会制度实行完全的变革”①。

只有消灭工业的资本主义性质，最终实现共产主义，才能把高度发达的技术从资本主义制度的控制下解放出来，使其置于合理的社会制度之下，从根本上消除技术异化的社会根源，使其最大限度地造福于全人类。只有到那时，“一种有计划地生产和分配的自觉的社会生产组织，才能在社会方面把人从其余的动物中提升出来，正像一般曾经在物种方面把人从其余的动物中提升出来一样。历史的发展使这种社会生产组织日益成为必要，也日益成为可能”。② “个体斗争停止了。于是，人在一定意义上才最终地脱离了动物界，从动物的生存条件进入真正人的生存条件……只是从这时起，人们才完全自觉地自己创造自己的历史；只是从这时起，由人们使之起作用的社会原因才大部分并且越来越多地达到他们所预期的结果。这是人类从必然王国进入自由王国的飞跃。”③

基于历史唯物主义的马克思恩格斯的技术批判理论，既不同于近代的技术乐观主义，也不同于技术悲观主义，而是具有乐观主义倾向的技术现实主义。人类不仅需要技术，更需要智慧。面对技术的异化，“弃圣绝智”回归洪荒时代是不可能的，因为技术是人的历史命运，弃绝技术就等于放弃人的生存与发展；同样，像海德格尔那样通过艺术沉思以及通过道德吁求去克服技术的异化似乎过于浪漫，因而是不现实的。只有在大力发展技术的同时，对不合理的社会制度实行完全变革，才能最大限度地消除技术异化，实现技术理性和以全人类的共同利益为目标的价值理性的统一，让技术造福于全人类的自由和解放事业。

在技术无所不在的当代，我们既品尝技术的成功所带来的欢乐，也遭遇过技术所导致的灾难。换言之，我们对技术爱恨交加，为此我们不

---

① 《马克思恩格斯全集》第 20 卷，人民出版社 1971 年版，第 521 页。

② 《马克思恩格斯文集》第 9 卷，人民出版社 2009 年版，第 422 页。

③ 《马克思恩格斯文集》第 3 卷，人民出版社 2009 年版，第 564 页。

得不对技术与人类的关系做出深入的、整体性的思考。贝尔纳·斯蒂格勒在《技术与时间》中提出的一个根本性问题是：是否有一种先于技术学的人类学？能否离开技术去谈人的起源、存在和本性？即技术对人类来说到底只是外在的工具还是一种构成性的因素？

面对当代日益尖锐的社会矛盾与生态危机，以及中国现代化过程中所面临的种种困境，我们真切地认识到恩格斯的技术思想所具有的重要指导意义和时代价值。

参考文献

1.［荷］E.舒尔曼:《科技文明与人类未来》,李小兵等译,东方出版社1995年版。

2.［荷］R.霍伊卡:《宗教与现代科学的兴起》,丘仲辉等译,四川人民出版社1999年版。

3.［德］海德格尔:《海德格尔选集》(上、下卷),孙周兴译,上海三联书店1996年版。

4.［德］冈特·绍伊博尔德:《海德格尔分析新时代的技术》,宋祖良译,中国社会科学出版社1993年版。

5.［德］吕迪格尔·萨弗兰斯基:《海德格尔传:来自德国的大师》,靳希平译,商务印书馆1999年版。

6.［美］马尔库塞:《单向度的人》,张峰等译,重庆出版社1988年版。

7.［德］哈贝马斯:《作为"意识形态"的技术与科学》,李黎等译,学林出版社1999年版。

8.［美］杰里米·里夫金:《熵:一种新的世界观》,吕明等译:上海译文出版社1987年版。

9.［德］F.拉普:《技术哲学导论》,刘武译,辽宁科技出版社1986年版。

10.［美］福斯特:《马克思的生态学——唯物主义与自然》,刘仁胜译,高等教育出版社2006年版。

11.［美］奥康纳:《自然的理由:生态学马克思主义研究》,唐正东等译,南京大学出版社2003年版。

12. 吴晓明:《马克思早期思想的逻辑发展》,云南人民出版社1993年版。

13. 吴晓明:《科学与社会》,上海远东出版社1995年版。

14. 吴晓明:《超感性世界的神话学及其末路:马克思存在论革命的当代阐释》,中国人民大学出版社2011年版。

15. 吴晓明、陈立新:《马克思主义本体论研究》,北京师范大学出版社 2012 年版。

16. 曹志平:《马克思科学哲学论纲》,社会科学文献出版社 2007 年版。

17. 速继明:《资本与技术:现代性批判的双重视阈》,黑龙江人民出版社 2014 年版。

18. 刘贵祥:《马克思的感性活动论研究》,中国社会科学出版社 2016 年版。

19. 刘兴章:《感性存在与感性解放:对马克思存在论哲学思想的探析》,湖南师范大学出版社 2009 年版。

20. 乔瑞金:《马克思技术哲学纲要》,人民出版社 2002 年版。

21. 陈振明:《法兰克福学派与科学技术哲学》,中国人民大学出版社 1992 年版。

22. 高亮华:《人文主义视野中的技术》,中国社会科学出版社 1996 年版。

23. 赵建军《追问技术悲观主义》,东北大学出版社 2001 年版。

24. 胡大平:《回到恩格斯:文本、理论和解读政治学》,江苏人民出版社 2011 年版。

25. 朱传棨:《恩格斯哲学思想研究论稿》,人民出版社 2012 年版。

26. 牟焕森:《马克思技术哲学思想的国际反响》,东北大学出版社 2003 年版。

27. 刘戟锋:《哲人与将军——恩格斯军事技术哲学思想研究》,湖南教育出版社 1997 年版。

28. 孙荣:《恩格斯与马克思主义哲学》,黑龙江人民出版社 2005 年版。

29. 陈凡:《技术现象学概论》,中国社会科学出版社 2011 年版。

30. 肖峰:《人文语境中的技术:从技术哲学走向当代技术人学》,中国社会科学出版社 2011 年版。

31. 田鹏颖:《社会技术和社会工程》,中国社会科学出版社 2011 年版。

32. 王伯鲁:《技术困境及其超越》,中国社会科学出版社 2011 年版。

33. 罗骞:《马克思的现代性批判及其当代意义》,上海人民出版社 2007 年版。

34. 陈志刚:《现代性批判及其对话:马克思与韦伯、福柯、哈贝马斯等思想的比较》,社会科学文献出版社 2012 年版。

35. 卢风:《人、环境与自然:环境哲学导论》,广东人民出版社 2011 年版。

36. J.Ellul.*The Technological Society*. Alfred A. Knopf, 1964.

37. John Bellamy Foster.*Ecology Against Capitalism*.New York, Monthly Review Press,2002.

38. J.D.Hunley.*The Life and Thought of Friedrich Engels*:A Reinterpretation,Yale University Press,1991.

39. Tony Cliff.*International Struggle and the Marxist Tradition*. Selected Works, Vol. 1, Bookmarks,London 2001.

40. Kellner, Douglas.*Critical Theory*, *Marxism*,*And Modernity*. Polity Press,1989.